20
24

LIVIA TEIXEIRA LEAL

TUTELA *POST MORTEM* DE PERFIS AUTOBIOGRÁFICOS EM REDES SOCIAIS

Dados Internacionais de Catalogação na Publicação (CIP) de acordo com ISBD

L435t   Leal, Livia Teixeira
         Tutela Post Mortem de Perfis Autobiográficos em Redes Sociais / Livia Teixeira Leal. - Indaiatuba, SP : Editora Foco, 2023.

        176 p. : 16cm x 23cm.

           Inclui bibliografia e índice.
           ISBN: 978-65-5515-959-2

           1. Direito. 2. Direito Civil. 3. Tutela Post Mortem. I. Título.

2023-3122   CDD 347   CDU 347

Elaborado por Vagner Rodolfo da Silva - CRB-8/9410
Índices para Catálogo Sistemático:

        1. Direito Civil 347
        2. Direito Civil 347

LIVIA TEIXEIRA LEAL

TUTELA *POST MORTEM* DE PERFIS AUTOBIOGRÁFICOS EM REDES SOCIAIS

2024 © Editora Foco
Autora: Livia Teixeira Leal
Diretor Acadêmico: Leonardo Pereira
Editor: Roberta Densa
Assistente Editorial: Paula Morishita
Revisora Sênior: Georgia Renata Dias
Capa Criação: Leonardo Hermano
Diagramação: Ladislau Lima e Aparecida Lima
Impressão miolo e capa: FORMA CERTA

DIREITOS AUTORAIS: É proibida a reprodução parcial ou total desta publicação, por qualquer forma ou meio, sem a prévia autorização da Editora FOCO, com exceção do teor das questões de concursos públicos que, por serem atos oficiais, não são protegidas como Direitos Autorais, na forma do Artigo 8º, IV, da Lei 9.610/1998. Referida vedação se estende às características gráficas da obra e sua editoração. A punição para a violação dos Direitos Autorais é crime previsto no Artigo 184 do Código Penal e as sanções civis às violações dos Direitos Autorais estão previstas nos Artigos 101 a 110 da Lei 9.610/1998. Os comentários das questões são de responsabilidade dos autores.

NOTAS DA EDITORA:

Atualizações e erratas: A presente obra é vendida como está, atualizada até a data do seu fechamento, informação que consta na página II do livro. Havendo a publicação de legislação de suma relevância, a editora, de forma discricionária, se empenhará em disponibilizar atualização futura.

Erratas: A Editora se compromete a disponibilizar no site www.editorafoco.com.br, na seção Atualizações, eventuais erratas por razões de erros técnicos ou de conteúdo. Solicitamos, outrossim, que o leitor faça a gentileza de colaborar com a perfeição da obra, comunicando eventual erro encontrado por meio de mensagem para contato@editorafoco.com.br. O acesso será disponibilizado durante a vigência da edição da obra.

Impresso no Brasil (11.2023) – Data de Fechamento (11.2023)

2024
Todos os direitos reservados à
Editora Foco Jurídico Ltda.
Rua Antonio Brunetti, 593 – Jd. Morada do Sol
CEP 13348-533 – Indaiatuba – SP
E-mail: contato@editorafoco.com.br
www.editorafoco.com.br

A gente é o que a gente lembra. A gente é *porque* a gente lembra e é lembrado.

À memória de todos que nos deixaram, mas permanecem vivos nas redes sociais.

AGRADECIMENTOS

O processo que permeou esses sete anos – dois de mestrado e cinco de doutorado – foi de encontros e desencontros. Não sou mais a mesma Livia do ingresso no PPGD da UERJ e por muitas vezes precisei me reencontrar ao longo desse tempo.

Não é uma trajetória fácil. Muita abdicação é necessária para construir um pesquisador e as dores de tudo que fica pelo caminho nos acompanharão por toda a vida: lidar com as faltas é o primeiro grande desafio de um acadêmico. Contudo, é dessa dinâmica que nasce a compreensão de saber andar só com o que podemos carregar – entender o que deixar de fora no estudo é também um exercício de humildade e aprendizagem quanto aos limites que devemos impor à nossa autocobrança.

O mestrado e o doutorado também nos ensinam a conviver com a adversidade de estar só. A escrita acadêmica é solitária e o percurso é rodeado ora por momentos de caos, ora por instantes de clareza. Todavia, é dessa instabilidade que nasce o amadurecimento – e isso me faz recordar de algum ditado popular segundo o qual não existe crescimento sem dor.

E, por fim, o mundo acadêmico nos revela que devemos nos afastar cada vez mais das certezas e nos apresenta o benefício da dúvida, do questionamento, da curiosidade como forças motrizes para seguir em frente. Ingressamos na Universidade querendo devorar o mundo – pensamos que o estudo nos tornará grandes e que passaremos, assim, a ter algum domínio sobre o que nos rodeia. Com o passar dos anos enxergamos que o conhecimento nos traz justamente o contrário: a percepção de que o mundo é plural, de que aprender é também desaprender, e de que somos pequenos diante de tantas possibilidades e caminhos que a vida nos apresenta.

Esses são aprendizados que carregarei comigo e pelos quais serei eternamente grata.

Além dos mencionados processos internos que vivi, a UERJ também me presenteou com pessoas extraordinárias com quem pude conviver durante esses anos e que são partes fundamentais dessa construção. Não citarei nominalmente todos para não correr o risco de deixar de mencionar ninguém, mas quem esteve por perto sabe da minha gratidão e do meu afeto pelo apoio e pelas trocas nesse caminho.

Não posso deixar de agradecer também aos professores do PPGD e, em especial, à minha orientadora, a Professora Heloisa Helena Barboza, com quem tive o privilégio de ter conversas transformadoras e que me enriqueceram não apenas academicamente, mas também como ser humano. Foram diversas reuniões e debates para chegar até aqui e as contribuições da Professora Heloisa foram primordiais para essa construção.

Um agradecimento especial à minha avó Joaquina, a meus pais Fatima e Jefferson, ao meu irmão Leonardo e à minha cunhada Amanda, que foram os meus maiores incentivadores em todo esse percurso. Tenho muita sorte por ter tido suporte incondicional de toda a minha família nos meus estudos, o que também se estende às minhas tias Aida, Alzira, Belita e Márcia Lobo.

Às minhas amigas e amigos, em especial ao Henrique Rodrigues, à Aline Portelinha, ao Filipi Froufe, à Livia Branco, à Natália Kiss, à Tamara Silva, à Camilla Borges, à Danielle Magalhães, à Larissa Barcelos, à Elisa Cruz, à Jeniffer Gomes, à Beatriz Capanema, à Danielle Bouças, à Maici Colombo, ao Cássio Rodrigues, ao Marcos de Souza, ao Vitor Almeida, à Mariana Barbio, ao Rafael Mansur e ao Rodrigo da Guia, pela ajuda em momentos essenciais e pelas trocas ao longo desse período.

À Jaqueline Lopes e à Julia, que também me deram apoio ao longo desses anos e que me acompanharam em momentos importantes.

A meu companheiro Guilherme, que esteve ao meu lado nas horas mais difíceis de elaboração da tese, me proporcionando o suporte que eu precisava, e por me apoiar incondicionalmente nesse período. E à família que ganhei de neste último ano e que me acolheu com muito afeto e cuidado.

À minha terapeuta Marli, que foi quem me auxiliou a encontrar meus equilíbrios em meio ao turbilhão de processos internos e rupturas que permearam essa caminhada.

Aos professores e colegas do Circuito da Praia e da Oficina de Perna de Pau, que trouxeram leveza e alegria aos meus dias, me ajudando a manter minha saúde mental e física durante esse processo.

À Professora Ana Carolina Brochado Teixeira, pela parceria nos projetos sobre o tema e pelas trocas enriquecedoras não apenas sobre direito, mas, sobretudo, sobre a vida.

Ao Professor Carlos Affonso de Souza, que esteve comigo no momento inicial da escolha desse tema e que foi essencial para que o meu primeiro estudo sobre herança digital pudesse ser elaborado. Acho que ainda não havia tido a oportunidade de agradecê-lo pela última reunião de orientação do mestrado, quando, no final de dezembro de 2017, o Professor Carlos Affonso me cedeu gentilmente horas de seu tempo para que pudéssemos pensar juntos sobre os caminhos que eu estava delineando na dissertação. Aquele momento foi imprescindível e me deu a força necessária para seguir em frente e concluir o trabalho.

Ao Professor Sérgio Branco, que também participou das fases iniciais dessa trajetória com provocações e debates importantes e que me auxiliou também com seus estudos sobre memória e esquecimento na Internet.

À Professora Tânia da Silva Pereira, que me proporcionou durante muitos anos uma base importante para que eu pudesse iniciar a minha caminhada na vida acadêmica. Minha eterna gratidão por tudo!

À Cíntia Burille e ao Gabriel Honorato, por todos os debates e trocas sobre a herança digital nesses anos e por também se debruçarem sobre o tema, proporcionando sempre reflexões relevantes e outros olhares, que me fizeram amadurecer cada vez mais as questões que envolvem este campo.

Aos meus colegas do Tribunal de Justiça do Estado do Rio de Janeiro, Duda Brasil, Gregório Henriques, Pedro Acchar e Luciana Mello, e ao Desembargador Sérgio Nogueira de Azeredo, que não somente me incentivou, mas sobretudo viabilizou o espaço necessário para que esse estudo pudesse nascer.

Aos meus alunos, pelos questionamentos e reflexões nas aulas sobre as diversas facetas da herança digital.

A todos com quem já tive a oportunidade de trocar ideias sobre o tema, muito obrigada! Há um pouco de cada um de vocês aqui.

Lembre de mim
Hoje eu tenho que partir
Lembre de mim
Se esforce para sorrir
Não importa a distância
Nunca vou te esquecer
Cantando a nossa música
O amor só vai crescer
Lembre de mim
Mesmo se o tempo passar
Lembre de mim
Se um violão você escutar
Ele, com seu triste canto,
Te acompanhará
E até que eu possa te abraçar
Lembre de mim

Viva – A vida é uma festa
Composição: Leandro Luna e Mia Elisabetsky

PREFÁCIO

O direito brasileiro contemporâneo tem como foco a proteção do ser humano em todas as suas manifestações, como deixa claro a Constituição da República ao eleger a dignidade da pessoa humana como um dos fundamentos do Estado Democrático de Direito. A expressa menção à pessoa não afasta, contudo, a necessária interpretação ampliada do conceito de dignidade humana de modo a contemplar toda extensão do humano, que deve ser tutelado antes de ser e quando deixa de ser pessoa, como formalmente entendida pelo Direito. Desde o início de século XX o nascituro tem seus direitos resguardados, a partir da concepção pelo Código Civil, embora só adquira o *status* de pessoa quando do nascimento com vida. Data da mesma época o estabelecimento do término da existência da pessoa natural com a morte. Embora não mais consideradas juridicamente pessoas, o desrespeito aos mortos tipifica crimes previstos na Lei Penal de 1940, que contém inclusive o delito de calúnia ao falecido.

Os vertiginosos avanços tecnológicos e científicos, notadamente na área de computação de dados e da comunicação, transpuseram no último século um limiar que parecia inarredável, ao alterar de modo profundo a relação tempo-espaço com a criação de um verdadeiro "mundo paralelo": a internet. Os sites e aplicativos, em especial as redes sociais, como meio de comunicação de massa, permitiram o contato imediato e ininterrupto entre pessoas, que compartilham em rede dados e informações de toda natureza, fotos, vídeos e voz, inclusive e com frequência dados pessoais sensíveis, num processo intenso e de difícil controle.

Neste processo de comunicação as pessoas foram levadas de roldão para um "não lugar", no qual todos se conectam, mantendo-se, todavia, cada indivíduo em seu casulo. Rompidas as amarras do real, tornou-se possível uma verdadeira metamorfose, podendo cada pessoa criar sua *persona,* em verdade uma ou mais, no campo fértil das redes sociais, que contam com bilhões de participantes.

Os pressupostos tomados para a concepção do direito vigente, destinado a reger as relações intersubjetivas, são muito anteriores à eclosão da internet e à comunicação de massa em redes sociais. Considerado o curto tempo que mediou o surgimento desses instrumentos de comunicação e sua franca aceitação mundial é "natural" que o Direito existente se encontre ainda em fase de construção das normas necessárias para proteção da ampla gama de interesses envolvidos nessas relações em rede. Registre-se, porém, o esforço interpretativo que tem sido feito para aplicação das normas vigentes aos inúmeros e diferentes conflitos de interesses, bem como e principalmente para a proteção das pessoas humanas, questões que cotidianamente se revelam e clamam por solução jurídica.

Os efeitos da comunicação via internet atingiram múltiplos aspectos da vida humana, sendo um deles o seu término, tido como certo. Na internet, a rigor, a morte biológica de um ser humano não significa o seu desaparecimento da *web*, muito menos das redes sociais. Há uma "situação de permanência" de duração indefinida que é estranha aos efeitos conhecidos do falecimento.

Para melhor compreensão dessa situação é necessário lembrar que a denominada despatrimonialização do direito se deu no Brasil no último quarto do século XX, o que pode se considerar em data recente. A partir da Constituição da República de 1988, na esteira dos princípios ali consagrados voltados para a proteção da pessoa humana, as relações existenciais passaram a ter proteção jurídica adequada. Nesse sentido, observe-se que os direitos da personalidade foram pela primeira vez contemplados expressamente em lei quando da aprovação do vigente Código Civil em 2002. Esse processo evolutivo teve forte repercussão na legislação infraconstitucional. Além disso, o ordenamento jurídico não estava pronto para enfrentar os "efeitos da internet" em toda sua extensão.

A sucessão *mortis causa* é, sem dúvida, uma das áreas do Direito que sofreu diretamente o impacto causado pela "permanência" das pessoas falecidas na internet. O direito sucessório tradicionalmente compreende relações patrimoniais e apenas por exceção acolhia situações de natureza não patrimonial, das quais é exemplo clássico o reconhecimento da paternidade. Contudo, as relações mantidas nas redes sociais tanto ou mais do que relações patrimoniais, contêm inúmeras situações de natureza existencial, plenas de dados sensíveis. Muito se tem debatido sobre a "herança digital", que se revela inadequada para acolher situações existenciais, tais como as que dizem respeito a dados sensíveis. A herança, por definição, consiste no patrimônio do falecido, nos bens, direitos e obrigações por ele deixados.

Diante desse cenário emerge a questão: como proteger as situações existenciais, especialmente os dados sensíveis do *de cujus* que se encontram na internet, especialmente nas redes sociais e por ele ali colocados?

A resposta a essa indagação é de todo complexa. De início cabe lembrar que a proteção da pessoa humana, de há muito, ultrapassa sua existência biológica, como acima destacado. Cuida-se em princípio de situações objetivas, concretas em alguns casos, como as que configuram ilícitos penais. Certo é que, além das hipóteses mencionadas, a tutela da memória sempre foi uma preocupação cultural e jurídica. Constata-se, desse modo, haver uma abertura para a busca das respostas que se buscam.

É nesse mar revolto de questões e respostas incertas que surge a presente obra, como um farol a orientar o caminho das soluções que a tantos interessam. Sob o título *Tutela Post Mortem de Perfis Autobiográficos em Redes Sociais* encontra-se um cuidadoso trabalho que revela dedicação à pesquisa e preocupação com o rigor metodológico. Sob essa base foi construída sólida reflexão que efetivamente muito acrescenta e inova na matéria. Alguns de seus aspectos merecem destaque.

De início observa-se que houve precisão no delineamento da matéria a ser tratada no livro, o que seria de todo exigível em razão da vastidão do tema, para que houvesse o necessário aprofundamento do estudo.

Constata-se também que a autora Livia Teixeira Leal teve a sensibilidade necessária para demonstrar a conexão existente entre o fim da vida, como tradicionalmente concebido, e a situação de permanência nas redes sociais, que crescentes perplexidades apresenta. Ao tratar da transcendência da vida física, a autora deixa claro que o culto à memória dos mortos atravessa a história dos diferentes povos, ainda que sob diversificadas razões ao longo do tempo. Se outrora havia temor e precaução com a vida após a morte, na atualidade é a dignidade humana que se quer proteger. A tutela da memória que hoje se procura é, na feliz expressão a autora, efetivamente uma "novidade antiga".

Por outra vertente, o estudo enfrenta com apuro da técnica jurídica a tormentosa questão que formula: como proteger a personalidade extinta? À primeira vista parece descabida a proteção quando finda a personalidade nos termos da lei. Contudo, há interessante análise dos efeitos da morte sobre as situações jurídicas vinculadas ao falecido, no tocante à sua transmissibilidade, em especial em relação aos direitos da personalidade. A resposta à pergunta sem dúvida instiga a leitura.

Por fim, a autora apresenta seu objetivo precípuo que é a tutela jurídica *post mortem* dos perfis autobiográficos. Após discorrer sobre os "termos de uso" utilizados pelos provedores, na verdade, soluções paliativas para problemas de tamanha complexidade, tece a autora considerações indispensáveis sobre o respeito à autonomia do falecido, bem como realiza a ponderação de vários interesses envolvidos, como os dos familiares e terceiros.

A obra é encerrada com a análise dos instrumentos jurídicos que podem efetivar a tutela dos perfis autobiográficos. Demonstra-se, desse modo, a possibilidade de aplicação efetiva do estudo realizado, fato que por si só já seria bastante para revelar a importância da obra.

Muito ainda poderia ser dito sobre *Tutela Post Mortem de Perfis Autobiográficos em Redes Sociais*, mas o leitor melhor saberá identificar as substanciosas contribuições contidas no presente estudo, que certamente se inscreve dentre os de leitura obrigatória para todos que têm interesse no tema aqui tratado.

Rio de Janeiro,

Outubro de 2023.

Heloisa Helena Barboza

APRESENTAÇÃO

O presente estudo tem como escopo examinar, sob o aspecto existencial, os perfis de pessoas físicas constantes no Facebook e no Instagram que possuam caráter autobiográfico e que não sejam explorados economicamente, com o fito de identificar qual seria a tutela jurídica a ser direcionada a essas páginas.

Para isso, o trabalho investiga se há uma efetiva projeção da pessoa humana na Internet, de que modo se operaria essa transposição de aspectos da personalidade para a rede e quais seriam os seus efeitos após a morte do indivíduo. Considera-se, nesse contexto, a permanência *post mortem* do conteúdo em contraponto com a finitude da vida humana, analisando-se os fundamentos jurídicos da proteção da memória individual na rede, para, então, identificar alternativas para a tutela jurídica conferida a essas páginas.

Conclui-se que esses perfis possuem caráter personalíssimo, diante de seu conteúdo existencial, e, por isso, a sua tutela não se opera por meio da transmissão sucessória, e sim parte da proteção da memória individual, a qual figura como fundamento central da tutela *post mortem* de interesses existenciais do titular da conta e que se reflete em face de interesses dos familiares e de terceiros, gerando deveres também ao provedor de aplicações que gerencia a plataforma na qual inserido o perfil.

SUMÁRIO

AGRADECIMENTOS.. VII

PREFÁCIO XIII

APRESENTAÇÃO.. XVII

INTRODUÇÃO.. XXI

1. PERMANÊNCIA PÓSTUMA NA REDE... 1

   1.1 Transcendência da vida física e culto aos mortos: uma novidade antiga.... 3

   1.2 Projeções do "eu" na Internet.. 12

   1.3 Reflexos *post mortem* da identidade refletida em perfis com caráter autobiográfico em redes sociais 29

2. PROTEÇÃO DA MEMÓRIA INDIVIDUAL NA INTERNET............ 41

   2.1 Tutela dos direitos da personalidade para além do viés subjetivo 44

   2.2 Proteção da personalidade extinta?.. 53

   2.3 A memória da pessoa falecida na rede... 68

3. TRATAMENTO JURÍDICO *POST MORTEM* DOS PERFIS COM CARÁTER AUTOBIOGRÁFICO 87

   3.1 A impossibilidade de se reconhecer um direito sucessório dos familiares 93

   3.2 A autonomia como parâmetro inicial 99

       3.2.1 Divergências entre a vontade manifestada pelo usuário e os termos de uso dos provedores.. 105

       3.2.2 A autonomia do titular do perfil diante dos interesses dos familiares 110

       3.2.3 Conflitos com interesses de terceiros... 112

   3.3 Instrumentos de tutela póstuma dos perfis com caráter autobiográfico..... 115

       3.3.1 Deveres dos provedores de aplicações 116

       3.3.2 Deveres dos familiares... 129

       3.3.3 Deveres de terceiros... 130

CONCLUSÃO... 133

REFERÊNCIAS... 137

INTRODUÇÃO

O uso da Internet para a realização das atividades cotidianas, tanto pessoais quanto profissionais, é uma realidade que vem se intensificando nos últimos anos. As publicações em redes sociais, o envio de mensagens e e-mails, a criação de contas com funcionalidades e propósitos diversos e o fornecimento de dados pessoais se tornaram uma constante, passando a integrar a rotina de grande parte da população.

Nesse contexto, as redes sociais se configuram como importantes instrumentos de interação entre os indivíduos, incumbindo ao perfil, a princípio, a função de identificar o interlocutor por meio dos elementos ali inseridos, como nome, foto, data e local de nascimento, publicações e círculo de amigos na página, de modo a viabilizar, por meio da confiança que se estabelece na plataforma, a comunicação entre os usuários.

Diante desse quadro de intensificação do fornecimento de informações pessoais[1] na rede, a tutela dos dados pessoais[2] passa a constituir uma preocupação crescente, demandando a previsão de instrumentos jurídicos que resguardem o indivíduo diante do desequilíbrio gerado com a massiva obtenção e uso dos dados dos usuários pelos provedores.

Além disso, o alcance do conteúdo[3] inserido na rede e a possibilidade de resgate de informações pretéritas com maior agilidade e facilidade desafiam a proteção da personalidade em suas diversas facetas – imagem, voz, nome, honra, identidade, o que se refletirá também após a morte da pessoa.

---

1. Danilo Doneda, ao abordar a diferença entre dado e informação, aponta que, enquanto o dado possui uma conotação mais primitiva e fragmentada, estando associado a uma espécie de "pré-informação", a informação é um conceito mais elaborado, indo além da representação contida no dado, "chegando ao limiar da cognição, e mesmo nos efeitos que esta pode apresentar para o seu receptor". DONEDA, Danilo. *Da privacidade à proteção de dados pessoais*. Rio de Janeiro: Renovar, 2006. p. 152.
2. A Lei nº 13.709/18 – Lei Geral de Proteção de Dados Pessoais brasileira reconhece como titular a "pessoa natural a quem se referem os dados pessoais que são objeto de tratamento" (art. 5º, V).
3. Considera-se como "conteúdo" todo o tipo de arquivos, dados, informações, senhas etc. que o usuário insere na rede ao longo da sua vida. Para Bruno Zampier, "conteúdo é um vocábulo que englobaria todo e qualquer segmento de informação propriamente dito, ou seja, conteúdo será sempre uma informação digital. Nesse contexto, poderá englobar um texto, imagem, som, dado, sendo posteriormente difundido por meio de dispositivos computacionais pela rede mundial". ZAMPIER, Bruno. *Bens digitais: cybercultura*, redes sociais, e-mails, músicas, livros, milhas aéreas, moedas virtuais. 2. ed. Indaiatuba: Foco, 2021. p. 31.

Com a maior capacidade de armazenamento e a permanência, a princípio, indefinida desse conteúdo na Internet, surge o desafio de determinar a destinação das contas dos usuários após a sua morte, questão que se apresenta desafiadora para o Direito, já que muitas vezes não se torna possível regular previamente em uma norma escrita as novas situações que decorrem das transformações tecnológicas, as quais adquiriram especial dinamismo com a Internet.

Questiona-se, assim, como deverá ser efetivada a tutela póstuma dos atributos relacionados à pessoa falecida, considerando-se que, não obstante haja, com a morte do indivíduo, o encerramento da personalidade civil, pode-se observar uma espécie de permanência digital de informações intrinsecamente relacionadas ao *de cujus*, que dizem respeito à personalidade agora extinta.

É nesse cenário que o presente estudo busca examinar, sob o aspecto existencial, os perfis de pessoas físicas constantes no Facebook e no Instagram que possuam caráter autobiográfico e que não sejam explorados economicamente, com o fito de identificar qual seria a tutela jurídica a ser direcionada a essas páginas.

Adota-se, como recorte metodológico, os perfis de pessoas físicas, ou seja, da pessoa humana, que não sejam explorados economicamente, na medida em que as contas que geram rendimentos para o titular envolvem aspectos patrimoniais relevantes que não se inserem no objeto desta pesquisa. Elenca-se, ademais, o Facebook e o Instagram como parâmetros de estudo, considerada a expressividade dessas redes sociais no Brasil para a comunicação diária entre os indivíduos.[4]

Pretende-se, assim, investigar, no Capítulo 1 do estudo, se há uma efetiva projeção da pessoa humana na Internet, buscando compreender de que modo se operaria a transposição de aspectos da personalidade na rede e os seus reflexos após a morte do indivíduo, diante da permanência *post mortem* do conteúdo em contraponto com a finitude da vida humana.

Nesse sentido, parte-se do exame da transcendência da morte física e do culto aos mortos como uma prática que não se restringe à contemporaneidade, para compreender como essa permanência *post mortem* se expressa hoje em perfis individuais de pessoas físicas em redes sociais que possuam caráter autobiográfico, delineando as características deste tipo de conta. Por fim, pretende-se apontar a

---

[4]. Um relatório produzido em parceria por "We Are Social" e "Hootsuite" em abril de 2022 revelou que o Facebook e o Instagram estão dentre as quatro redes sociais mais usadas no Brasil, perdendo apenas para o WhatsApp e para o YouTube. Contudo, como o WhatsApp se direciona à troca de mensagens privadas e o YouTube se destina à divulgação apenas de vídeos, optou-se pelo Facebook e pelo Instagram como parâmetros por serem as redes sociais que contemplam de forma mais evidenciada a interação cotidiana e diversificada entre os usuários. Disponível em: https://www.slideshare.net/DataReportal/digital-2022-april-global-statshot-report-apr-2022-v01. Acesso em: 20 dez. 2022.

importância da proteção do projeto de vida construído pela pessoa na Internet ao longo de sua existência física por meio das mencionadas contas.

No Capítulo 2, o trabalho objetiva investigar os fundamentos jurídicos da tutela da memória individual na rede. Para isso, busca-se analisar a tutela jurídica dos direitos da personalidade sob a perspectiva civil-constitucional e seus reflexos *post mortem*, reconhecendo-se a proteção da personalidade tanto sob seu viés subjetivo, como capacidade para ser sujeito de direitos, quanto sob seu viés objetivo, na qualidade de bem juridicamente relevante, merecedor de tutela jurídica. Almeja-se, assim, a partir da projeção de aspectos da personalidade da pessoa humana na rede por meio dos dados pessoais e do "corpo eletrônico", compreender se há um direito à identidade que se projeta nas redes sociais e que gera também situações jurídicas existenciais merecedoras de tutela mesmo após a morte do titular, a partir da concepção de memória individual.

Por fim, intenta-se, no Capítulo 3, delinear os instrumentos de tutela *post mortem* dos perfis com caráter autobiográfico do Facebook e do Instagram, considerada a impossibilidade de se reconhecer um direito sucessório dos familiares diante do caráter personalíssimo dessas contas. Nessa esteira, elenca-se a autonomia como parâmetro inicial para a definição do destino dessas contas, confrontando-se a manifestação de vontade do titular da página com os termos de uso dos provedores e o interesse dos familiares e de terceiros, para, então, identificar como a proteção desses perfis se opera na ausência de disposição do *de cujus*.

O estudo foi elaborado a partir de pesquisa bibliográfica, em uma abordagem qualitativa, e utiliza o método Civil-Constitucional, com a aplicação dos princípios e das regras constitucionais às relações de Direito Civil e a consequente defesa da unidade do ordenamento jurídico a partir da tutela da dignidade da pessoa humana, elencada como fundamento da República Federativa do Brasil pelo art. 1º, III, da Constituição Federal.

1
PERMANÊNCIA PÓSTUMA NA REDE

"Não tenho medo da morte
Mas medo de morrer, sim".
– Gilberto Gil

A consciência acerca da finitude da vida humana e o desejo da imortalidade[1] constituem fatores relevantes para a própria existência do homem,[2] notadamente sob a perspectiva de delimitação da percepção temporal, a qual também se revela como aspecto basilar da estruturação social.[3]

Considerada pelo senso comum, até então, como a "única certeza" da vida, a morte não se restringe a um evento biológico, mas suscita reflexões de ordens religiosa, filosófica, antropológica, social e jurídica, ressaltando, nesse sentido, Nobert Elias que, na realidade, é "o conhecimento da morte que cria problemas para os seres humanos".[4]

A pretensão de driblar o curso do tempo e a própria morte não se trata de novidade na história,[5] constituindo, aliás, um significativo motor para o desen-

---

1. "A julgar por tudo o que tem sido ensinado sobre a morte, não se pode negar que, ao menos na Europa, a opinião dos homens, e muitas vezes até do próprio indivíduo, com frequência oscila entre a concepção da morte como aniquilamento absoluto e a suposição de que seríamos, por assim dizer, totalmente imortais". SCHOPENHAUER, Arthur. *Sobre a morte*: pensamentos e conclusões sobre as últimas coisas. São Paulo: WMF Martins Fontes, 2013. p. 5.
2. "O animal vive sem um verdadeiro conhecimento da morte: por isso, o indivíduo animal desfruta diretamente de toda a imortalidade da espécie, na medida em que tem consciência de si mesmo apenas como um ser sem fim. No homem, o surgimento da razão trouxe necessariamente consigo a assustadora certeza da morte. No entanto, como na natureza para todo mal há sempre um remédio ou, pelo menos, um substituto a mesma reflexão que provocou o conhecimento da morte também nos conduz a formular opiniões metafísicas que nos consolam a respeito, e das quais o animal não necessita nem é capaz de ter. Esse é o objetivo principal a que se orientam todas as religiões e todos os sistemas filosóficos, que, em primeiro lugar, constituem, portanto, o antídoto da certeza da morte, produzido pela razão reflexiva a partir de recursos próprios". *Ibidem*. p. 3-4.
3. "O tempo na sociedade e na vida é medido pela morte". CASTELLS, Manuel. *Sociedade em rede*. 17. ed. São Paulo: Paz e Terra, 2016. p. 533.
4. ELIAS, Norbert. *A Solidão dos Moribundos*. Rio de Janeiro: Zahar, 2001. *E-book*. p. 7.
5. "O encobrimento e o recalcamento da morte, isto é, da finitude irreparável de cada existência humana, na consciência humana, são muito antigos. Mas o modo do encobrimento mudou de maneira específica

volvimento tecnológico. A busca pela vida eterna esteve presente desde os povos antigos, assumindo, contudo, relevos peculiares com o advento da Internet.[6] Ademais, a ritualização em torno do fim da vida se trata de um mecanismo humano para dar sentido à morte do outro e à sua própria, compondo aspectos relevantes da espiritualidade humana.

Sob este aspecto, importa observar que os ritos fúnebres podem transmudar-se de acordo com o contexto social, adquirindo também significados e representações diferentes conforme a sociedade se modifica. Do mesmo modo, os recursos empregados com a finalidade de manter a pessoa "viva" também se diversificaram, seja no sentido da manutenção do corpo físico em si, pelos recursos empregados pela Medicina, ou, como se apontará, do corpo virtual, seja na construção de uma espiritualidade que abarque a concepção de vida após a morte.

Nesse cenário, verifica-se que a Internet, ao viabilizar o registro e o resgate de informações a respeito do indivíduo de forma instantânea, acaba por se configurar na contemporaneidade também como instrumento de uma espécie de prolongamento da existência por meio dos dados pessoais que podem permanecer na rede mesmo após a morte física do sujeito.[7]

Essa realidade impacta também a ritualização póstuma, sendo relevante compreender, ainda, em que sentido se verifica hoje a possibilidade de uma permanência digital *post mortem* e como ela se constitui na prática, a fim de se

---

com o correr do tempo. Em períodos anteriores, fantasias coletivas eram o meio predominante de lidar com a noção de morte. Ainda hoje, é claro, desempenham um importante papel. O medo de nossa própria transitoriedade é amenizado com ajuda de uma fantasia coletiva de vida eterna em outro lugar. Como a administração dos medos humanos é uma das mais importantes fontes de poder das pessoas sobre as outras, uma profusão de domínios se estabeleceu e continua a se manter sobre essa base. Com a grande escalada da individualização em tempos recentes, fantasias pessoais e relativamente privadas de imortalidade destacam-se mais frequentemente da matriz coletiva e vêm para o primeiro plano". *Ibidem*. p. 29-30.

6. "O ciberespaço é a encarnação tecnológica do velho sonho de criação de um mundo paralelo, de uma memória coletiva, do imaginário, dos mitos e símbolos que perseguem o homem desde os tempos ancestrais. Nos tempos imemoriais, a potência do imaginário era veiculada pelas narrações míticas, pelos ritos. Eles agiam como um verdadeiro *media* entre os homens e os seus universos simbólicos. Hoje, o ciberespaço funciona um pouco dessa forma. Ele coloca em relação, ele incita a abolição do espaço e do tempo, ele transforma-se em lugar de culto secular e digital". LEMOS, André. *Cibercultura*: tecnologia e vida social na cultura contemporânea. 7. ed. Porto Alegre: Sulina, 2015. p. 129.
7. "Paralelamente ao desenvolvimento médico-científico, que a cada dia retarda mais e mais a morte, o avanço tecnológico, aqui mencionado em referência à área digital/computacional, passou a interferir diretamente na situação pós-morte de alguém, no que acima se denominou estado de permanência, para torná-lo praticamente indelével. A profundidade e complexidade dessa interferência permite uma série de ilações sobre a morte como o fim da vida humana, que não se esgotaria mais na morte biológica, na medida em que a 'pessoa' continua a 'viver' na internet, num tempo-espaço indefinido". BARBOZA, Heloisa Helena; ALMEIDA, Vitor. Tecnologia, morte e direito: em busca de uma compreensão sistemática da "herança digital". In: TEIXEIRA, Ana Carolina Brochado; LEAL, Livia Teixeira. *Herança digital*: controvérsias e alternativas. 2. ed. Indaiatuba/SP: Foco, 2022. t. 1, p. 2.

identificar o tratamento jurídico que deve ser direcionado aos conflitos surgidos neste cenário.

Destacam-se, outrossim, no presente estudo as redes sociais, por se configurarem como verdadeiras "comunidades virtuais", nas quais o indivíduo pode criar o seu próprio perfil e interagir com outros usuários, de modo a ressaltar o impacto provocado pela continuidade da conta da pessoa falecida para os demais de forma mais significativa e cotidiana.

Diante desse contexto, o presente capítulo procura demonstrar como o culto aos mortos esteve presente na história e se encontra ainda vigente na atualidade, além de pretender examinar como a existência humana se reflete na Internet, notadamente nos perfis de redes sociais. Objetiva-se, enfim, identificar como essa projeção do "eu" ecoa após a morte física do sujeito nas referidas contas, para que, então, se possa discutir, na sequência, soluções jurídicas para os problemas que surgem nesta seara.

1.1 TRANSCENDÊNCIA DA VIDA FÍSICA E CULTO AOS MORTOS: UMA NOVIDADE ANTIGA

O culto à memória dos mortos se encontra presente na história das civilizações, sendo as ritualizações póstumas marcadas tanto pelo temor do homem em relação à morte quanto por uma constante preocupação em relação aos locais para onde eram direcionados os corpos dos falecidos e às cerimônias funerárias.

A concepção de imortalidade da alma e a ideia de que o homem sofreria após o seu falecimento as consequências dos atos praticados em vida evidenciam como a morte também pode se configurar como um importante balizador de condutas humanas, evidenciando como a temática abordada no presente estudo se revela permeada por particularidades próprias da sensibilidade e da subjetividade que a envolvem.

A observação a respeito do impacto social da morte e de como o culto aos mortos se construiu ao longo da história permite compreender as questões que se encontram no centro do debate referente ao tratamento jurídico de perfis de pessoas falecidas em redes sociais. Para isso, revela-se necessário traçar algumas indagações para entender o contexto atual em que a temática se insere. Como o homem enxerga a morte do outro e a própria morte? Por que proteger a memória dos mortos e as sepulturas? Qual é o papel da família nesse contexto?

Com efeito, a morte e o luto se apresentam, segundo a etnóloga Martine Segalen, como uma espécie de *rito de passagem*, caracterizando-se o luto como uma "manifestação de uma desordem que, em todas as culturas, é acompanhada por gestos que autorizam a retomada do curso normal da vida".[8] Nessa esteira, nota-se que a percepção a respeito da morte se manifesta de formas diversificadas a depender do contexto histórico-social, o que impacta também a maneira como se vai resguardar e/ou respeitar a memória dos mortos.

Destaca-se, no Egito Antigo, o Livro dos Mortos,[9] que constituía um compilado de fórmulas capazes de facilitar a passagem para o além e representava relevante forma de ritualização póstuma, salientando-se também a prática da mumificação como forma de preservação do corpo morto e o ritual de pesagem do coração, que revelava como o indivíduo havia se portado ao longo da vida.

Na mesma esteira, em *A República*, de Platão, Sócrates relata a história de *Er*, um homem que havia morrido em uma batalha e que ressuscitou, transmitindo às pessoas a sua experiência no além. *Er* conta que, quando sua alma deixou seu corpo, chegou a um lugar divino, no qual havia juízes, que sentenciavam o destino dos mortos: os justos deveriam dirigir-se à direita, na estrada que subia até o céu, e os maus deveriam caminhar à esquerda na estrada descendente. Os considerados injustos recebiam uma punição dez vezes maior que a do crime cometido, enquanto os justos e piedosos recebiam na mesma proporção a sua recompensa. O *Mito de Er* também demonstra, assim, como a concepção de uma boa morte era a tradução de uma vida justa e virtuosa.[10]

No Império Romano, coube à Igreja, com a ascensão da cristandade, determinar os moldes da ritualização em prol da memória dos mortos, por meio das celebrações nos cemitérios, das oferendas e festas anuais em lembrança aos falecidos e em benefício de suas almas, práticas estas que se diversificavam entre os pagãos.[11]

---

8. SEGALEN, Martine. *Ritos e rituais contemporâneos*. Trad. Maria de Lourdes Menezes. Rio de Janeiro: FGV, 2002. p. 59.
9. "O Livro dos Mortos trata-se de um conjunto de fórmulas mágicas que tinham como principal objetivo livrar o falecido das ameaças que este poderia enfrentar após a morte. Os textos são variados, contendo orações, hinos, prescrições. Quando feito em papiros, eram colocados junto com o falecido no sarcófago, garantindo o acesso do morto às fórmulas, extremamente necessárias no Mundo Inferior". SOUSA, Luana Neres de; SANTOS, Bruna de Oliveira. Morte e religiosidade no Egito Antigo: uma análise do Livro dos Mortos. *Revista Mundo Antigo*, a. V, v. 5, n. 11, dez. 2016.
10. PLATÃO. *A República*. 9. ed. Lisboa: Fundação Calouste Gulbenkian, 2001. p. 484-486.
11. "A surpreendente variedade de inscrições funerárias pagãs e da arte funerária pagã testemunha uma sociedade pouco rica em opiniões comuns referentes à morte e ao além. A tumba era então um lugar privado porém privilegiado. A pessoa morta, sustentada por seus grupos tradicionais – a família, os pares, os associados funerários e, no caso dos grandes, a própria cidade –, devia, em sua linguagem peculiar, explicar aos vivos o sentido de sua morte". ARIÈS, Philippe; DUBY, Georges. *História da vida privada*. São Paulo: Companhia das Letras, 2009. v. 1: Do Império Romano ao ano mil, p. 256-257.

Philippe Ariès aponta que até o final do século XVIII se observou uma "re-signação ingênua e espontânea em relação ao destino e à natureza", que também se estendia à percepção humana sobre a morte, o que o autor intitula de "morte domada", mas que, mesmo nesse período, já se temia a volta dos mortos, medo este que, segundo o mesmo autor, posteriormente pautou o respeito dedicado às sepulturas e a separação física dos cemitérios.[12]

Além disso, ao longo da Idade Média, com a aproximação entre os ritos vinculados à morte e os dogmas e ritualizações da Igreja Católica, o luto adquire o caráter de uma imposição social, pautada pelo Cristianismo.[13] Também nessa época se encontra presente a crença de que os mortos poderiam retornar para perturbar os vivos, de modo que seria necessária a separação entre o mundo dos vivos e o dos mortos,[14] como se observa entre a "cidade de Deus" e a "cidade dos homens" em Santo Agostinho, diferenciadas pelos que seguiam as ideias de bem e de justiça, que comporiam a primeira e teriam vida eterna, e aqueles que estariam presos à carne, que permaneceriam na segunda.[15]

Destaca, no ponto, Philippe Ariès que, se os monges orientais manifestavam desinteresse em relação a seus restos mortais, o povo cristão do Ocidente se direcionava à fé na ressurreição e ao culto dos túmulos, a partir da crença de que só ressuscitariam aqueles que tivessem sua sepultura inviolada.[16] Nessa toada, a preservação do túmulo estaria conectada à concepção de uma boa morte.

Na visão do sociólogo Norbert Elias, apesar de a morte se tratar de um tema mais recorrente entre os indivíduos na Idade Média, e, sob este aspecto, constituir um assunto mais "familiar", o nível do medo social da morte oscilou, tendo

---

12. "Apesar da familiaridade com a morte, os antigos temiam a vizinhança dos mortos e os mantinham a distância. Veneravam as sepulturas: em parte porque temiam a volta dos mortos, e o culto que dedicavam aos túmulos e aos manes tinham por finalidade impedir que os defuntos 'voltassem' para perturbar os vivos. Os mortos enterrados ou incinerados eram impuros: quando muito próximos, poderiam poluir os vivos. A morada de uns devia ser separada do domínio dos outros para evitar qualquer contato, exceto nos dias de sacrifícios propiciatórios. (...) Eis a razão por que os cemitérios da Antiguidade eram sempre fora das cidades, ao longo das estradas, como a via Ápia, em Roma: túmulos de famílias construídos em domínios privados, ou cemitérios coletivos, possuídos e geridos por associações que talvez tenham fornecido aos primeiros cristãos o modelo legal de suas comunidades". ARIÈS, Philippe. *O homem diante da morte*. São Paulo: Editora Unesp, 2014. p. 39-40.
13. ARIÈS, Philippe. *História da morte no Ocidente*: da Idade Média aos nossos dias. Trad. Priscila Viana de Siqueira. Rio de Janeiro: Nova Fronteira, 2017. p. 47-55.
14. ARIÈS, Philippe; DUBY, Georges. *História da vida privada*. São Paulo: Companhia das Letras, 2009. v. 2: Da Europa Feudal à Renascença, p. 92-93.
15. MACEDO JÚNIOR, Ronaldo Porto (coord.). *Curso de Filosofia Política*: do nascimento da filosofia a Kant. São Paulo: Atlas, 2008. p. 194.
16. "A opinião popular acreditava que uma violação da sepultura comprometia o despertar do defunto, no último dia, e, por conseguinte, a sua vida eterna". ARIÈS, Philippe. *O homem diante da morte*. São Paulo: Editora Unesp, 2014. p. 43.

se intensificado durante o século XIV, com as pragas que acometiam a Europa, assumindo feições diversas.[17]

No que se refere ao período absolutista, merecem destaque os apontamentos de Michel Foucault, que observou que um dos privilégios característicos do poder soberano fora o direito de vida e morte sobre os indivíduos,[18] evidenciando a relação entre vida e morte e poder político e social, também presente nas definições dos locais dos túmulos, os quais eram determinados pela Igreja Católica e constituíam uma forma de manutenção da estratificação social após a morte.[19]

No Brasil colonial, a cultura funerária mesclava tradições portuguesas e africanas, e vigorava a ideia de que o indivíduo deveria "preparar-se para morrer", acertando as contas com as divindades,[20] cabendo-lhe, ainda, indicar o destino do seu corpo e o local da sepultura.[21] Os rituais religiosos que preparavam o indivíduo para a morte eram valorizados, sendo incumbência dos mortos proteger a família e da família proteger a memória dos mortos.[22]

---

17. "O certo é que a morte era tema mais aberto e frequente nas conversas na Idade Média do que hoje. A literatura popular dá testemunho disso. Mortos, ou a Morte em pessoa, aparecem em muitos poemas. (...) Em comparação com o presente, a morte naquela época era, para jovens e velhos, menos oculta, mais presente, mais familiar. Isso não quer dizer que fosse mais pacífica. Além disso, o nível social do medo da morte não foi constante nos muitos séculos da Idade Média, tendo se intensificado notavelmente durante o século XIV. As cidades cresceram. A peste se tornou mais renitente e varria a Europa em grandes ondas. As pessoas temiam a morte ao seu redor. Pregadores e frades mendicantes reforçavam tal medo. Em quadros e escritos surgiu o motivo das danças da morte, as danças macabras". ELIAS, Norbert. *A Solidão dos Moribundos*. Rio de Janeiro: Zahar, 2001. E-book. p. 13-14.
18. FOUCAULT, Michel. *História da sexualidade I*: a vontade de saber. 13. ed. Rio de Janeiro: Graal, 1999. p. 126.
19. "No final do século IV, a difusão da prática do *depositio ad sanctos* – o privilégio de ser enterrado perto do túmulo dos mártires – garante que, se a comunidade cristã exigia uma hierarquia de estima entre seus membros, o clero, que controlava o acesso a esses lugares consagrados, erigia-se em árbitro de tal hierarquia. Virgens, monges e membros do clero são agrupados mais perto de numerosas tumbas de mártires nos cemitérios de Roma, Milão e outros lugares". ARIÈS, Philippe; DUBY, Georges. *História da vida privada*. São Paulo: Companhia das Letras, 2009. v. 1: Do Império Romano ao ano mil, p. 257.
20. "Nessas culturas é recorrente a ideia de que o indivíduo devia preparar-se para morrer, arrumando bem a sua vida, acertando contas com os santos de sua devoção ou fazendo sacrifícios para os seus deuses ancestrais. A casa vai se prestar, portanto, para cuidar do morto. É ao abrigo dos olhos dos outros que ele será banhado, barbeado, vestido com a mortalha de sua escolha e embelezado por um corte de cabelo, de barba e de unha. Tal ofício é feito, muitas vezes, por comadres e parteiras, quando não por um parente muito próximo. Privada será também a vigília, na qual se come e bebe com a presença mais chegada de parentes, membros da comunidade e da irmandade, à luz de uma fogueira feita no quintal: a sentinela." DEL PRIORE, Mary. *História da vida privada no Brasil*. Companhia das Letras. E-book. v. 1, p. 302-303.
21. *Ibidem*. p. 305.
22. "Os nossos ancestrais aceitavam a morte por doença com mais resignação. Ela permitia a preparação do indivíduo para o desenlace, assim como tomar todas as providências e realizar todas as vontades. A morte repentina, traiçoeira, inesperada, provocava uma revolta silenciosa, um sentimento de não aceitação. Naufrágios, raios, picadas de cobras, ataques de índios e assassinatos não davam tempo aos rituais que pudessem garantir uma relativa tranquilidade no Além. Enchiam as casas e famílias de

No Império, como assinala João José Reis, destacava-se a crença da imortalidade da alma e cabia aos vivos encomendar missas e fazer promessas aos santos para auxiliar os mortos a escaparem do Purgatório,[23] também tendo as culturas africanas influenciado na construção do que se entendia como uma "boa morte", permeada pela ritualística fúnebre.[24]

Nesse cenário, a sepultura e o enterro na Igreja eram considerados uma forma de manter os mortos "integrados" ao mundo dos vivos, ou seja, à dinâmica social,[25] sendo, como já assinalado, a igreja que ditava aqueles que poderiam ser sepultados em tal contexto.[26]

Outrossim, o advento da fotografia no século XIX viabilizou uma nova forma de rememorar e cultuar os parentes falecidos, o que se refletiu também na arquitetura dos cemitérios e nas imagens e inscrições registradas nos túmulos, de modo a se evidenciar práticas que confirmavam o passamento e, ao mesmo tempo, indicavam sinais de uma presença para além da morte.[27]

---

temor pela volta do defunto a cobrar providências ou tornado fantasma (...). Tais ajustes eram necessários para que a vida seguisse equilibrada. Cabia aos mortos proteger a família e à família proteger a memória dos mortos". *Ibidem*. p. 310.

23. "O Purgatório era, dessa maneira, uma região de passagem na geografia celeste. Para dele escapar mais rapidamente, além do arrependimento na hora da morte, os mortos precisavam da ajuda dos vivos, na forma de missas e promessas a santos. A existência do Purgatório permitia e promovia a relação entre vivos e mortos". REIS, João José. *História da vida privada no Brasil*. Companhia de Bolso. E-book. v. 2, p. 84.

24. "Tradições semelhantes chegaram da África. Uma proporção muito alta dos habitantes do Império ao longo do século XIX era constituída de escravos africanos e seus descendentes. Cidades como Salvador e Rio de Janeiro tinham populações majoritariamente negras e mestiças. De suas terras de origem, os africanos haviam trazido ritos fúnebres e sofisticadas concepções sobre o Além. Todos viam os espíritos ancestrais como forças poderosas que os ajudavam a viver o cotidiano e asseguravam-lhes uma boa morte. Eles também acreditavam em recompensas e punições quando mortos, inclusive na existência de almas penadas nascidas de problemas com a ritualística fúnebre ou pela experiência de um tipo indesejável de morte. A morte prematura, a morte por feitiçaria, a falta de ritos fúnebres e sepultura adequados conturbavam a travessia do africano para o Além". *Ibidem*. p. 85-86.

25. "Uma das formas mais temidas de morte era a morte sem sepultura certa. E o morto sem sepultura era dos mais temidos dos mortos. Pois morrer sem enterro significava virar alma penada. (...) Ser enterrado na igreja era também uma forma de não romper totalmente com o mundo dos vivos, inclusive para que estes, em suas orações, não esquecessem os que haviam partido. Os mortos se instalavam nos mesmos templos que tinham frequentado ao longo da vida. Eles residiam no centro das decisões da comunidade, decisões que testemunhavam e que talvez propiciassem. Pois as igrejas brasileiras serviam de salas de aula, de recinto eleitoral, de auditório para tribunais de júri e discussões políticas. Ali se celebravam os momentos maiores do ciclo da vida - batismo, casamento e morte. Ali, no interior daquelas altivas construções coloniais, os mortos estavam integrados à dinâmica da vida." REIS, João José. *A morte é uma festa*: ritos fúnebres e revolta popular no Brasil do século XIX. São Paulo: Companhia das Letras, 1991. p. 171.

26. *Ibidem*. p. 174.

27. "À mortalidade se contrapõe a perenidade da memória visual, isto é, a possibilidade de fazer algo perdurar na recordação, alinhavando as crônicas familiares em imagens de pessoas e lugares que não voltarão jamais. Como que arrefecendo o fardo terrível do tempo que a tudo abate e faz pender para

Contudo, a percepção a respeito da morte adquire nuances peculiares no decorrer do século XX, com o repúdio às manifestações públicas de dor e tristeza relativas ao luto, incompatíveis com o ideal de progresso social,[28] e com o confinamento temporal e espacial da morte, que pode ser observado com a medicalização em torno da falecimento e do grande percentual de óbitos ocorridos no hospital, com os corpos já separados dos seus ambientes sociais e emocionais, o que acaba também por traduz a tendência de se apagar a morte ou torná-la inexpressiva.[29]

Além disso, o aumento da expectativa de vida acaba por modificar a relação dos indivíduos com a morte, ficando, como observa Norbert Elias, "mais fácil esquecer a morte no curso normal da vida".[30] Nesse contexto, o óbito do outro, por representar uma espécie de lembrança da nossa própria mortalidade, se constitui como motivo de repulsa,[31] tornando o tema um tabu.

Ainda segundo o autor, a percepção contemporânea da morte como um processo natural, decorrente do progresso da ciência médica e das transformações relativas aos padrões de higiene, e a relativa pacificação interna da sociedade,

---

a terra, essa série reitera o poder evocativo e o culto da saudade consagrado aos mortos. Antídoto ao olvido, a faculdade memorativa se consubstancia numa série de práticas e representações que confirmam o passamento e, simultaneamente, enunciam signos da presença para além da morte. Assim, à rede composta por gestos, trajes, rituais e cerimônias, se junta a imagem especular sob a forma de 'santinhos' distribuídos nas missas em homenagem ao falecido ou dos retratos de porcelana emoldurados na forma de medalhões e incrustados nos túmulos. Mas não só: epitáfios enaltecedores, mausoléus monumentais, imagens religiosas ou estátuas que reproduziam as feições do falecido passaram a figurar na paisagem dos cemitérios". SCHAPOCHNIK, Nelson. *História da vida privada no Brasil*. Companhia de Bolso. E-book. v. 3, p. 460-461.

28. ARIÈS, Philippe. *História da morte no Ocidente*: da Idade Média aos nossos dias. Trad. Priscila Viana de Siqueira. Rio de Janeiro: Nova Fronteira, 2017. p. 82-83.
29. "É uma característica distintiva de nossa nova cultura, a tentativa de banir a morte de nossa vida. Embora a matriz dessa tentativa advenha da crença racionalista no progresso todo-poderoso, são as descobertas extraordinárias da tecnologia médica e da pesquisa biológica nas duas últimas décadas que fornecem base material para a mais antiga aspiração da humanidade: viver como se a morte não existisse, apesar de ser a nossa única certeza". CASTELLS, Manuel. *Sociedade em rede*. 17. ed. São Paulo: Paz e Terra, 2016. p. 533. "O afastamento dos vivos em relação aos moribundos e o silêncio que gradualmente os envolve continuam depois que chega o fim. Isso pode ser visto, por exemplo, no tratamento dos cadáveres e no cuidado com as sepulturas. As duas atividades saíram das mãos da família, parentes e amigos e passaram para especialistas remunerados. A memória da pessoa morta pode continuar acesa; os corpos mortos e as sepulturas perderam significação". ELIAS, Norbert. *A Solidão dos Moribundos*. Rio de Janeiro: Zahar, 2001. E-book. p. 25.
30. "A atitude em relação à morte e a imagem da morte em nossas sociedades não podem ser completamente entendidas sem referência a essa segurança relativa e à previsibilidade da vida individual – e à expectativa de vida correspondentemente maior. A vida é mais longa, a morte é adiada. O espetáculo da morte não é mais corriqueiro. Ficou mais fácil esquecer a morte no curso normal da vida". ELIAS, Norbert. *A Solidão dos Moribundos*. Rio de Janeiro: Zahar, 2001. E-book. p. 9.
31. "Aqui encontramos, sob forma extrema, um dos problemas mais gerais de nossa época — nossa incapacidade de dar aos moribundos a ajuda e afeição de que mais que nunca precisam quando se despedem dos outros homens, exatamente porque a morte do outro é uma lembrança de nossa própria morte". *Ibidem*. p. 10-11.

sobretudo no que diz respeito ao grau de proteção contra violência causada por terceiros, constituem importantes elementos marcadores da relação atual do homem com a morte.[32]

Destaca-se, também, uma necessidade moral e social de felicidade, que marca o contexto social da contemporaneidade,[33] intensificando-se, nesse contexto, o medo da morte.[34] Com efeito, o evento morte também sofre os reflexos do que Guy Debord denominou de "sociedade do espetáculo", na qual se busca manter, mesmo diante da percepção da morte, as aparências da vida, baseada na necessidade de juventude e consumo que rege as relações humanas na atualidade.[35]

Não obstante o referido tabu em torno da morte e as apontadas mudanças relativas à experimentação do luto, o culto aos mortos se manteve em diversas culturas, a exemplo do Dia dos Mortos, presente na cultura mexicana e o Dia de Finados,[36] vigente na cultura brasileira, refletindo-se, ainda, na legislação direcionada à proteção do cadáver e da sepultura, como se abordará adiante.

---

32. *Ibidem*. p. 37-38.
33. ARIÈS, Philippe. *História da morte no Ocidente*: da Idade Média aos nossos dias. Trad. Priscila Viana de Siqueira. Rio de Janeiro: Nova Fronteira, 2017. p. 85 e 92.
34. Afonso de Albuquerque, reportando-se a Philippe Ariès, ressalta que se pode verificar uma "crise da morte" na contemporaneidade. Para o autor, "[a] morte se tornou objeto de um tabu, um tema sobre o qual não se que os "sobreviventes" possam retornar tão brevemente quanto possível a sua vida "normal". A morte, assim, se opõe à vida de modo absoluto, e se cobre por um manto de fracasso e vergonha". ALBUQUERQUE, Afonso de. Viver e morrer no Orkut: os paradoxos da rematerialização do ciberespaço, *Intexto*, Porto Alegre: UFRGS, v. 2, n. 17, p. 1-17, jul./dez. 2007. p. 6.
35. "Ao olhar da produção moderna, a parte irredutivelmente biológica que continua presente no trabalho, tanto na dependência do cíclico natural da vigília e do sono quanto na evidência do tempo irreversível individual do gasto de uma vida, torna-se simplesmente acessória; como tais, esses elementos são descurados nas proclamações oficiais do movimento da produção, bem como nos troféus consumíveis que são a tradução acessível dessa incessante vitória. Imobilizada no centro falsificado do movimento do seu mundo, a consciência espectadora já não conhece em sua própria vida uma passagem para sua realização e para sua morte. Quem desistiu de despender sua vida já não deve reconhecer sua morte. A publicidade dos seguros de vida apenas insinua que o indivíduo é culpado de morrer sem ter garantido a regulação do sistema depois dessa perda econômica; e a do *american way of death* insiste sobre a sua capacidade de manter nesse encontro a maior parte das aparências da vida. Nos bombardeios publicitários, é nitidamente proibido envelhecer. É como se houvesse uma tentativa de manter um 'capital juventude' que, por ter sido usado de modo medíocre, não pode pretender adquirir a realidade durável e cumulativa do capital financeiro. Essa ausência social da morte é idêntica à ausência social da vida." DEBORD, Guy. *A sociedade do espetáculo*. 2. ed. Rio de Janeiro: Contraponto, 2017. p. 132-133.
36. "A celebração do Dia de Finados em 2 de novembro aconteceu pela primeira vez há mais de um milênio, no ano de 998, de acordo com o site oficial da Igreja Católica. Segundo o Vaticano, a reunião de homenagens em apenas uma data foi uma criação do abade francês Odilo de Cluny, que viveu entre os séculos 10 e 11. (...) Ainda que Odilo de Cluny tenha estabelecido o dia 2 de novembro como o Dia de Finados, foi apenas no começo do século 20 que a data foi universalizada. Em 1915, o papa Bento XV permitiu que os sacerdotes celebrassem missas pelos mortos, segundo informações da Igreja Católica". CNN. *Dia de Finados*: entenda a origem da data que celebra os que se foram. Disponível em: https://www.cnnbrasil.com.br/entretenimento/finados-entenda-a-origem-da-data-que-celebra-o-absurdo-o-fim-da-vida/. Acesso em: 09 out. 2022.

O desenvolvimento tecnológico, nesse contexto, surge também como uma alternativa para manter a memória do falecido,[37] para rememorar e cultuar os mortos, sobretudo no que se refere aos perfis de redes sociais e na possibilidade de transformação de tais páginas em memoriais[38] dedicados à pessoa falecida.

Na visão de Renata Rezende Ribeiro, em uma realidade marcada pela "midiatização das relações socioculturais", "a morte não escapa à formatação midiática de sua performance: é necessário eternizar esse corpo, mesmo morto, e ativar relações comunicativas a seu redor a fim de conservar de alguma maneira o falecido".[39]

Na esteira da digitalização dos rituais póstumos, destacam-se hoje os cemitérios online, constituídos por páginas com fotos e informações diversas da pessoa que faleceu, como nome completo, local onde residia, data de nascimento e de falecimento, razão da morte, biografia, dentre outros,[40] além dos velórios online,[41] crescentes após a pandemia de Covid-19,[42] e da possibilidade de elaboração de testamentos digitais.[43]

---

37. "Efetivamente, a morte de uma pessoa de há muito deixou de ser o seu fim: seja através de seus bens, de seus sucessores ou de sua memória, sempre houve uma situação de permanência da "pessoa", que não o é mais, ao longo do tempo. Constata-se, contudo, especialmente no campo sucessório, talvez um dos mais conservadores do Direito Civil, que há novas situações de permanência que desafiam o direito legislado, especialmente no campo sucessório. Sem dúvida a tecnologia, no sentido aqui adotado, se inscreve com suas múltiplas faces na lista dos desafios". BARBOZA, Heloisa Helena; ALMEIDA, Vitor. Tecnologia, morte e direito: em busca de uma compreensão sistemática da "herança digital". In: TEIXEIRA, Ana Carolina Brochado; LEAL, Livia Teixeira. *Herança digital*: controvérsias e alternativas. 2. ed. Indaiatuba/SP: Foco, 2022. t. 1, p. 20.
38. Cumpre esclarecer que, mesmo antes da Internet, já existiam espécies de memoriais, como os obituários divulgados em outros meios de comunicação, como jornais, rádios, televisão. É interessante observar, todavia, como essas práticas vem sendo integradas à rede. Cita-se, como exemplo, o Cadastro Nacional de Falecidos (CNF Brasil), que se trata de uma espécie de obituário, uma ferramenta de pesquisa de falecidos. De acordo com o site, "[o] CNF Brasil veio preencher uma necessidade atual dos serviços de apoio, para parentes e familiares daqueles que faleceram. Preserva a memória de pessoas falecidas permitindo que seus familiares façam homenagens e biografias, resgatando a história de cada ser humano. O CNF Brasil se coloca como parceiro de cemitérios, crematórios, funerárias, planos de assistência funerária, serviços de apoio a familiares, instituições públicas e cartórios de registros de óbitos". Disponível em: https://www.falecidosnobrasil.org.br/. Acesso em: 14 nov. 2022.
39. RIBEIRO, Renata Rezende. *A morte midiatizada*: como as redes sociais atualizam a experiência do fim da vida. Eduff, 2016. p. 21.
40. Aponta-se, a título de exemplo, o site "Find a Grave", autointitulado como a "maior coleção de túmulos do mundo". *Find a Grave*. Disponível em: https://pt.findagrave.com/. Acesso em: 14 out. 2022.
41. BBC. *Velório online e avatar pós-vida*: as *startups* que querem revolucionar a indústria da morte. Disponível em: http://www.bbc.com/portuguese/geral-41037494. Acesso em: 14 out. 2022.
42. Folha de São Paulo. *Coronavírus faz famílias recorrerem a velórios online e transforma processo de luto*. Disponível em: https://www1.folha.uol.com.br/cotidiano/2020/04/coronavirus-faz-familias-recorrerem-a-velorios-online-e-transforma-processo-de-luto.shtml. Acesso em: 14 out. 2022.
43. O site *Testamento Virtual* permite que o usuário guarde informações confidenciais, como senhas de banco, senhas de contas digitais, cópia digital de seu testamento e outros, em sua plataforma. Disponível em: http://www.testamentovirtual.com/. Acesso em: 14 out. 2022. Importa ressaltar que o testamento

Importa, ainda, mencionar o Projeto "Inumeráveis", cuja proposta é o desenvolvimento de um memorial das vítimas da Covid-19 no Brasil, que conta com o nome daqueles que faleceram, a idade e uma brevíssima menção a alguma característica marcante daquela pessoa.[44]

A rede atua, sob esse aspecto, como mecanismo de preservação da memória da pessoa falecida, com a permanência do conteúdo inserido e compartilhado por esta em vida, e como ambiente de manifestação do processo de luto por amigos e familiares.[45] Contudo, o resgate de conteúdos relacionados à pessoa falecida pode também se converter em sofrimento e angústia para alguns usuários,[46] tornando a questão, desse modo, permeada por complexidades.

É relevante pontuar, por fim, que a relação da realidade analógica/física com as relações que se estabelecem no ambiente digital não deve ser considerada como uma efetiva substituição,[47] devendo ser considerado como um processo que integra novas práticas e realidades, reconfigurando as referências já existentes, sem excluí-las,[48] pontuando Pierre Lévy que o computador figuraria, nesse contexto, como "um operador de virtualização da informação".[49] Todavia, é pre-

---

virtual não se confunde com o testamento vital, compreendido por Luciana Dadalto como uma espécie de Diretiva Antecipada de Vontade, que "se refere à tomada de decisão sobre cuidados de saúde em situações de ausência de possibilidade terapêutica de cura". Não obstante, já vem sendo reconhecida a possibilidade de elaboração de testamentos vitais eletrônicos. A respeito do tema, ver: DADALTO, Luciana; FALEIROS JÚNIOR, José Luiz de Moura. "Testamento vital eletrônico": considerações quanto ao uso da tecnologia para o implemento desta espécie de Diretivas Antecipadas de Vontade na sociedade da informação. *Civilistica.com*. Rio de Janeiro, a. 8, n. 3, 2019. Disponível em: http://civilistica.com/testamento-vital-eletronico/. Acesso em: 14 nov. 2022.

44. INUMERÁVEIS. Disponível em: https://inumeraveis.com.br/. Acesso em: 14 out. 2022.
45. "A ideia de permanência confronta a morte, por estar vinculada à vida em outro sentido ou dimensão. Há que se considerar, porém, que a morte também sofreu transformações e apresenta diferentes "dimensões", para além da biológica, e sobretudo, que se encontra "funcionalizada" a novos interesses. A ideia de transcendência da vida no mundo digital é permeada de dilemas não somente em relação à (in)transmissibilidade, mas sobretudo no que toca à possibilidade de manter o ente falecido de alguma forma "presente" na vida de seus familiares, amigos, fãs e admiradores. É uma nova experiência de luto que não termina ou se transforma numa forma mais vagarosa de despedir-se do finado". BARBOZA, Heloisa Helena; ALMEIDA, Vitor. Tecnologia, morte e direito: em busca de uma compreensão sistemática da "herança digital". In: TEIXEIRA, Ana Carolina Brochado; LEAL, Livia Teixeira. *Herança digital*: controvérsias e alternativas. 2. ed. Indaiatuba/SP: Foco, 2022. t. 1, p. 20-21.
46. G1. *Mãe pede na Justiça que Facebook exclua perfil de filha morta em MS*. Disponível em: https://g1.globo.com/mato-grosso-do-sul/noticia/2013/04/mae-pede-na-justica-que-facebook-exclua-perfil-de-filha-falecida-em-ms.html. Acesso em: 14 out. 2022.
47. "Em geral é um erro pensar as relações entre antigos e novos dispositivos de comunicação em termos de substituição". LÉVY, Pierre. *Cibercultura*. São Paulo: Editora 34, 2010. p. 131.
48. "Nem os dispositivos de comunicação, nem os modos de conhecimentos, nem os gêneros característicos da cibercultura irão pura e simplesmente substituir os modos e gêneros anteriores. Irão antes, por um lado, influenciá-los e, por outro lado, forçá-los a encontrar seu 'nicho' específico dentro da nova ecologia cognitiva". LÉVY, Pierre. *Cibercultura*. São Paulo: Editora 34, 2010. p. 225.
49. *Ibidem*. p. 57.

ciso considerar as peculiaridades da rede, a qual viabiliza, como já assinalado, uma permanência indefinida do conteúdo que se diferencia da observada nos suportes físicos.

Desse modo, as discussões envolvendo o tratamento jurídico dos perfis de pessoas falecidas em redes sociais abrangem questões relativas às peculiaridades da Internet, atraindo, também, temores e questionamentos relacionados à própria humanidade, os quais podem ser observados, como apontado, em diversos momentos da história.

Contudo, é necessário observar como as possibilidades de "prolongamento" da existência humana são reconfiguradas na Internet e como as singularidades da rede vão agregar elementos diversos a um dos maiores desejos humanos – o da imortalidade, ou, de forma mais especificada, o de domínio sobre a morte.

Ademais, não se pode ignorar que o poder de gerenciamento das questões afetas à morte e dos rituais que a envolvem se configura como importante instrumento de controle e de estratificação social. Nessa toada, como destaca Heloisa Helena Barboza, na esteira de Michel Foucault, "em lugar da morte, o poder passa a gerir a vida, de forma positiva, para que cresça e se multiplique, sob controles precisos e regulações de conjunto. O poder encontra no saber o instrumento para esse gerenciamento: o "saber" sobre a natureza implica a assunção de "poder" sobre a natureza dos homens".[50]

Sob este aspecto, a definição de quem, no contexto digital, ditará o destino das contas de pessoas falecidas em redes sociais também traduz uma espécie de manifestação de poder, sendo, assim, relevante compreender como esses perfis se refletem na personalidade humana, a fim de definir o tratamento jurídico direcionado ao tema que considere as nuances aqui apresentadas.

1.2 PROJEÇÕES DO "EU" NA INTERNET

A origem da Internet remonta à década de 1960, a partir do desenvolvimento de um sistema com fins militares,[51] o qual posteriormente foi remodelado para

---

50. BARBOZA, Heloisa Helena. A pessoa na era da biopolítica: autonomia, corpo e subjetividade. *Cadernos IHU ideias*, a. 11, n. 194, p. 5. 2013.
51. CASTELLS, Manuel. *Sociedade em rede*. 17. ed. São Paulo: Paz e Terra, 2016. p. 65.
    Como observa André Lemos: "A ideia de unir computadores em rede é desenvolvida por Bob Taylor, diretor em 1966 do DARPA, Departamento de Projetos de Pesquisas Avançadas da Agência de Defesa Americana. Um dos passos fundamentais foi dado em 1969, quando o processador de mensagens é construído em um minicomputador na Universidade da Califórnia em Los Angeles (UCLA). Esse foi o primeiro ponto da então rede Arpanet. Em 1980, Darpanet se dividiu em duas novas redes: Arpanet (científica) e Milnet (militar). No entanto, as conexões feitas entre as duas redes permitiram continuar a troca de comunicações eletrônicas. Essa interconexão foi chamada de Darpa Internet no princípio,

o uso da população em geral, sendo a rede hoje utilizada para as mais variadas atividades do cotidiano, como importante ferramenta diária.

Nesse sentido, a pesquisa "TIC Domicílios", realizada pelo Centro Regional de Estudos para o Desenvolvimento da Sociedade da Informação (Cetic.br) em 2021, pontuou que a Internet foi acessada por 81% da população brasileira no referido ano, indicando que 46% dos usuários compraram produtos e serviços pela Internet e que 70% dos usuários recorreram à Internet para buscar informações ou serviços públicos.[52]

Com efeito, é de se notar que a rede viabiliza o compartilhamento de informações em volume e alcance expressivos, e que, por meio das diversas aplicações disponibilizadas na Internet, é possível enviar e receber mensagens em poucos segundos, realizar transações financeiras, divulgar publicações das mais diversificadas ordens, acessar e resgatar informações inseridas em tempos diversos por usuários localizados em outras localidades, dentre outras possibilidades.

Se antes as informações inseridas em suportes físicos, como o papel, poderiam sofrer deteriorações próprias de forças da natureza ou do tempo, essa perda é reconfigurada com o suporte digital, que redimensiona a ideia de permanência.[53] Nesse cenário, observa Viktor Mayer-Schönberger que as novas tecnologias invertem uma lógica atinente à natureza humana: enquanto, para os homens, o esquecimento sempre foi a regra e a lembrança a exceção, com o potencial de armazenamento e resgate de informações decorrente do desenvolvimento tecnológico, a regra passa a ser a lembrança.[54]

Na mesma toada, verifica-se que a Internet promove a reconfiguração do conceito de tempo, que, para Manuel Castells, passaria a ser uma espécie de *tempo intemporal*, traduzido pela "mistura de tempos para criar um universo eterno",[55] que ocorre quando, segundo o mesmo autor, as características de um dado contexto "causam confusão sistêmica na ordem sequencial dos fenômenos

---

ou somente Internet, limitada aos cientistas e militares". LEMOS, André. *Cibercultura*: tecnologia e vida social na cultura contemporânea. 7. ed. Porto Alegre: Sulina, 2015. p. 116.
52. CETIC.BR. *TIC Domicílios 2021*. Disponível em: https://cetic.br/media/analises/tic_domicilios_2021_coletiva_imprensa.pdf. Acesso em: 13 out. 2022.
53. "A informação digital pode ser armazenada em cartões perfurados, fitas magnéticas, discos magnéticos, discos óticos, circuitos eletrônicos, cartões com chips, suportes biológicos etc. Desde o início da informática, as memórias têm evoluído sempre em direção a uma maior capacidade de armazenamento, maior miniaturização, maior rapidez de acesso e confiabilidade, enquanto seu custo cai constantemente". LÉVY, Pierre. *Cibercultura*. São Paulo: Editora 34, 2010. p. 34.
54. MAYER-SCHÖNBERGER, Viktor. *Delete*: the virtue of forgetting in the digital age. Princeton: Princeton University Press, 2009. p. 2.
55. CASTELLS, Manuel. *Sociedade em rede*. 17. ed. São Paulo: Paz e Terra, 2016. p. 516.

sucedidos naquele contexto".[56] Nessa esteira, verifica-se que informações relativas a momentos diversos convivem em um mesmo ambiente, acessado pelo usuário em um tempo também diverso, o que caracteriza essa ideia de *intemporalidade*.

Assim como o tempo, a apreensão espacial é transformada, já que pessoas situadas em qualquer lugar do mundo podem se comunicar em tempo real, sem se deslocarem fisicamente.[57] Nesse contexto, não se faz mais necessária a presença física para que haja a comunicação entre os indivíduos.

Essa modificação na percepção de espaço-tempo se revela capaz de promover uma espécie de reordenação da interação humana, na medida em que conteúdos referentes a lugares e a momentos diversos passam a integrar um mesmo ambiente, permitindo o resgate de informações pretéritas como se fossem recentes, por pessoas localizadas em qualquer lugar do mundo.

Além disso, o advento da "Web 2.0."[58] permitiu ao usuário ser autor de conteúdos dispostos na plataforma, assumindo ele uma postura não mais predomi-

---

56. "A eliminação da sequência cria tempo não diferenciado, o que equivale à eternidade". CASTELLS, Manuel. *Sociedade em rede*. 17. ed. São Paulo: Paz e Terra, 2016. p. 543.
57. "O ciberespaço potencializa o surgimento de comunidades virtuais e de agregações eletrônicas em geral que estão delineadas em torno de interesses comuns, de traços de identificação, pois ele é capaz de aproximar, de conectar indivíduos que talvez nunca tivessem oportunidade de se encontrar pessoalmente. Ambiente que ignora definitivamente a noção de tempo e espaço como barreiras". CORRÊA, Cynthia Harumy Watanabe. Comunidades virtuais gerando identidades na sociedade em rede. *Ciberlegenda*, n. 13, Rio de Janeiro: UFF, 2004. Disponível em: https://periodicos.uff.br/ciberlegenda/article/view/36730/21307. Acesso em: 12 out. 2022.
58. A chamada Web 2.0 corresponde a um segundo momento no desenvolvimento da Internet, cuja marca principal seria o maior grau de participação dos usuários na produção e compartilhamento de conteúdos na rede, por meio de redes sociais ou sites de *upload* e *download* de arquivos. De acordo com Tim O´Reilly, "Web 2.0 is the network as platform, spanning all connected devices; Web 2.0 applications are those that make the most of the intrinsic advantages of that platform: delivering software as a continually-updated service that gets better the more people use it, consuming and remixing data from multiple sources, including individual users, while providing their own data and services in a form that allows remixing by others, creating network effects through an "architecture of participation," and going beyond the page metaphor of Web 1.0 to deliver rich user experiences". Em tradução livre: A Web 2.0 é a rede como plataforma, que envolve todos os dispositivos conectados. As aplicações da Web 2.0 são aquelas que aproveitam ao máximo as vantagens intrínsecas dessa plataforma: oferecer software como um serviço continuamente atualizado que melhora o número de pessoas que o utilizam, consumindo e remixando dados de várias fontes, incluindo usuários individuais, ao mesmo tempo que fornecem os seus próprios dados e serviços em uma forma que permite a remixação por outros, criando efeitos de rede através de uma "arquitetura de participação" e indo além da metáfora da página da Web 1.0 para oferecer relevantes experiências aos usuários. O'REILLY, Tim. Web 2.0: Compact Definition? October 1, 2005. Disponível em: http://radar.oreilly.com/2005/10/web-20-compact-definition.html. Acesso em: 13 out. 2022. Stefano Rodotá destaca a importância da Web 2.0 para a construção da personalidade: "Internet 2.0, quello delle reti sociali, è divenuto uno strumento essenziale per i processi di socializzazione di massa e per la libera costruzione della personalità. In questa prospettiva, assume un nuovo significato la libertà di espressione, come elemento essenziale dell´essere della persona e della sua collocazione nella società. La costruzione dell`identità tende così a presentarsi sempre di più come um mezzo per la comunicazione con gli altri, per la presentazione del sé sulla scena del mondo.

nantemente passiva, como os tradicionais meios de comunicação, mas também ativa, de construção de "sua própria Internet".

Passado e presente coabitam, assim, um mesmo espaço de interação social, agora digital, em uma capacidade de armazenamento e resgate de informações que geram desafios significativos para a construção da personalidade humana e para a relação dos indivíduos com os demais. Diante desse contexto, como esse sujeito se projeta nos seus perfis digitais? O perfil vinculado ao usuário abarcaria quais aspectos de sua personalidade? Há a constituição de uma identidade ou de identidades digitais nas contas de redes sociais?

Luciano Floridi caracteriza a Internet como uma quarta revolução,[59] devido à efetiva transformação que ela vem operando na forma como os indivíduos se relacionam com os demais e no modo como eles enxergam a si mesmos. De acordo com o filósofo, ainda, com a Internet, os seres humanos passaram a se reconhecer como "organismos informativos" uns em relação aos outros, assumindo diferentes projeções da sua identidade de acordo com a plataforma utilizada.[60]

Nesse sentido, poder-se-ia assinalar que a rede viabilizaria a assunção de diferentes identidades digitais pelo indivíduo,[61] o qual se prospectaria no mundo digital por meio de representações diversas constantes nos seus perfis, tais como

---

Questo modifica il rapporto tra sfera pubblica e sfera privata, e la stessa nozione di privacy". Em tradução livre: A Internet 2.0, que incorporou as redes sociais, tornou-se uma ferramenta essencial para os processos de socialização em massa e para a livre construção da personalidade. Nesta perspectiva, a liberdade de expressão, como elemento essencial do ser da pessoa e do seu lugar na sociedade, assume um novo significado. A construção da identidade tende a se apresentar cada vez mais como um meio de comunicação com os outros, para a apresentação do eu na cena mundial. Isso altera a relação entre esfera pública e esfera privada, e a própria noção de privacidade. RODOTÀ, Stefano. *Il diritto di avere diritti*. RomaBari: Laterza, 2012. p. 320.

59. Luciano Floridi aponta que as outras três revoluções ocorreram a partir de Copérnico com o heliocentrismo e a superação da ideia de que a Terra e o homem seriam o centro do Universo, de Darwin com a seleção natural e a mudança de perspectiva de que o homem seria o centro do reino animal, e de Freud, com a psicanálise e a transformação da percepção do homem sobre si mesmo. FLORIDI, Luciano. *The Fourth Revolution*: how the infosphere is reshaping human reality. Oxford: Oxford University Press, 2014. p. 116-119.
60. *Ibidem*. p. 131-132.
61. "Pero, realmente, ¿en qué lugar podemos situar lo virtual? Con la aparición de Internet se da un cambio fundamental, la comunicación fluye de todos a todos. Hasta ahora, se ha visto esta realidad como un cambio cuantitativo, más que cualitativo, en las relaciones interpersonales, que habla de la disponibilidad ininterrumpida del otro y de formas de acercamiento afectivo, que hasta ahora requerían inexorablemente la co-presencia física de los actores. Evidentemente, esta variación de parámetros ha provocado un desenfoque de la visión que se tenía hasta el momento, dando lugar al surgimiento de conflictos de complejo enfoque jurídico. Así, Internet se nos presenta como un espacio abierto que permite interactuar en diversos contextos tomando distintas identidades, estas identidades – denominadas virtuales – se alejan de la noción de identidad basada en los presupuestos culturales de la persona que hasta ahora eran el paradigma de nuestra visión del ser humano." INIESTA, Javier Belda; SERNA, Francisco José Aranda. El paradigma de la identidad: hacia una regulación del mundo digital. *Revista Forense*, v. 422, p. 184. 2016.

a foto, o nome, a data de nascimento, a cidade de residência, dentre outros dados que caracterizam o indivíduo perante os demais. Haveria a possibilidade, desse modo, de assunção de múltiplas identidades pelo sujeito, de forma sincrônica em diversos locais da rede, a tornar esse "eu" múltiplo e fluido.[62]

Essa projeção da identidade para os dados pessoais inseridos na rede permite que se pense na existência de um *corpo eletrônico*, que, na concepção de Stefano Rodotà, pode ser caracterizado como uma espécie de reflexo da existência do indivíduo na rede e que deve ser objeto de tutela jurídica.[63] Não por acaso a Lei Geral de Proteção de Dados brasileira (LGPD) – Lei nº 13.709/18, em seu art. 5º, I, define como dado pessoal "a informação relacionada a pessoa natural *identificada* ou *identificável*" (grifos nossos).[64]

Cumpre assinalar que, nos verbetes de um dicionário comum, o termo *identidade* é definido como o "[e]stado de semelhança absoluta e completa entre dois

---

62. Para Stefano Rodotà, "a assunção de identidades múltiplas não é possível somente na dimensão diacrônica, no desenrolar dos vários momentos de uma jornada, assumindo diversos papéis, correspondentes a diversas funções. Agora as várias identidades podem ser assumidas também sincronicamente, manifestando-se todas no mesmo instante graças à presença ubíqua em vários lugares da rede. (...) A variabilidade toma o lugar da estabilidade: o eu se torna múltiplo, fluido, passa a ser construído em interação contínua com as máquinas". RODOTÀ, Stefano. *A vida na sociedade da vigilância*: a privacidade hoje. Org. Maria Celina Bodin de Moraes. Trad. Danilo Doneda e Luciana Cabral Doneda. Rio de Janeiro: Renovar, 2008. p. 120.

63. "Se olharmos para os processos em curso do ponto de vista das tecnologias da informação e da comunicação, não descobriremos apenas o nascimento de uma dimensão virtual ao lado daquela real, ou formas de mistura que sugerem a expressão 'mixed reality'. Muda a própria percepção da pessoa e de seu corpo. Centenas de milhões de homens e de mulheres têm seu 'duplo' eletrônico, que num número crescente de casos condiciona sua existência muito mais do que o corpo físico. Pessoa e corpo eletrônico já pertencem naturalmente à dimensão global. As informações que nos dizem respeito, e que representam nossa identidade para todos aqueles que as usam eletronicamente, estão espalhadas num número crescente de bancos de dados nos mais diversos lugares do mundo; nossos rastros eletrônicos são constantemente acompanhados e guardados; os dados sobre a saúde, os dados genéticos decompõem nosso corpo. O novo direito global deve tratar de um 'indivíduo planetário', de um 'corpo distribuído no espaço'". RODOTÀ, Stefano. *Globalização e o Direito*. Palestra proferida em 2003, no Rio de Janeiro. Trad. Myriam de Filippis. Disponível em: http://www.rio.rj.gov.br/dlstatic/10112/151613/DLFE-4314.pdf/GlobalizacaoeoDireito.pdf. Acesso em: 16 out. 2022. "Num rol que não se pretende exaustivo, pode-se afirmar que cada pessoa tem um corpo social, um psicológico, um político e um jurídico. Todos esses corpos apresentam dupla expressão: uma real, que é o corpo físico, que está presente em determinado momento e lugar, e uma virtual, que transita com a transmissão de dados e para o qual não há limites de tempo ou espaço. Na verdade, é possível que o corpo virtual não tenha qualquer vínculo com o real, na medida em que pode ser 'criado' pela própria pessoa ou por terceiro, com características totalmente distintas do corpo físico existente". BARBOZA, Heloisa Helena. A pessoa na era da biopolítica: autonomia, corpo e subjetividade. *Cadernos IHU ideias*, a. 11, n. 194, p. 9. 2013.

64. "Afinal, o eixo valorativo da LGPD é a proteção da pessoa humana e de suas situações existenciais relevantes, o que deve ser levado em consideração para a interpretação de todas as suas demais disposições". FRAZÃO, Ana. Objetivos e alcance da Lei Geral de Proteção de Dados. In: FRAZÃO, Ana; TEPEDINO, Gustavo; OLIVA, Milena Donato. *Lei Geral de Proteção de Dados Pessoais e suas repercussões no Direito Brasileiro*. São Paulo: Thomson Reuters Brasil, 2019. p. 104.

elementos com as mesmas características principais", a "[s]érie de características próprias de uma pessoa ou coisa por meio das quais podemos distingui-las", ou "[a]quilo que contribui para que uma coisa seja sempre a mesma ou da mesma natureza".[65]

Nota-se, assim, que a própria concepção comum do que se entende por "identidade" abrange tanto aspectos de semelhança quanto de diferenciação de um indivíduo ou grupo perante os demais. Sob este aspecto, importa observar que o conceito de identidade abarca concepções de caráter antropológico, psicológico, filosófico, sociológico/cultural e jurídico.

A respeito do tema, o psicólogo Antonio da Costa Ciampa aponta o questionamento "quem sou eu?" como o ponto de partida para a construção de uma concepção de identidade, a qual, para o autor, envolve uma narração em que o sujeito é autor e personagem da história e na qual as identidades do indivíduo e dos demais refletem uma nas outras.

Nessa toada, assinala Ciampa que "[o] conhecimento de si é dado pelo reconhecimento recíproco dos indivíduos identificados através de um determinado grupo social que existe objetivamente, com sua história, suas tradições, suas normas, seus interesses etc.", de modo que a própria constituição da individualidade conteria um componente anterior de representação social.[66] Além disso, a identidade integraria uma espécie de unidade na multiplicidade, na medida em que o indivíduo pode se apresentar de formas diversas no seio social – como filho, pai, professor, aluno etc. –, sendo composto por toda essa rede de representações/papeis que permeia as suas relações.[67]

---

65. MICHAELIS. Dicionário Brasileiro da Língua Portuguesa. *Identidade*. Disponível em: https://michaelis.uol.com.br/moderno-portugues/busca/portugues-brasileiro/identidade/. Acesso em: 17 out. 2022.
66. "Não podemos isolar de um lado todo um conjunto de elementos – biológicos, psicológicos, sociais etc. – que podem caracterizar um indivíduo, identificando-o, e de outro lado a representação desse indivíduo como uma duplicação mental ou simbólica, que expressaria sua identidade. Isso porque há como que uma interpenetração desses dois aspectos, de tal forma que a individualidade já pressupõe um processo anterior de representação que faz parte da constituição do indivíduo representado". CIAMPA, Antonio da Costa. Identidade. In: LANE, Silvia T. M.; CODO, Wanderley (org.). *Psicologia social*: o homem em movimento. 8. ed. São Paulo: Editora Brasiliense, 1984. p. 64-65.
67. "Dessa forma, cada posição minha me determina, fazendo com que minha existência concreta seja a unidade da multiplicidade, que se realiza pelo desenvolvimento dessas determinações. Em cada momento da minha existência, embora eu seja uma totalidade, manifesta-se uma parte de mim como desdobramento das múltiplas determinações a que estou sujeito. Quando estou frente a meu filho, relaciono-me como pai; com meu pai, como filho; e assim por diante. Contudo, meu filho não me vê apenas como pai, nem meu pai apenas me vê como filho; nem eu compareço frente aos outros apenas como portador de um único papel, mas sim como o representante de mim, com todas minhas determinações que me tornam um indivíduo concreto. Desta forma, estabelece-se uma intrincada rede de representações que permeia todas as relações, onde cada identidade reflete outra identidade, desaparecendo qualquer possibilidade de se estabelecer um fundamento originário para cada uma

Para o sociólogo Stuart Hall, poderiam ser apontadas três concepções de *identidade*, a depender do contexto histórico-social: (i) a identidade do sujeito iluminista, a qual consistiria em um núcleo interior, um centro essencial do "eu", que nascia com a pessoa e com ela se desenvolvia, permanecendo essencialmente o mesmo; (ii) a identidade do sujeito sociológico, na qual esse núcleo interior não se revela autônomo e autossuficiente, mas sim formado na relação com os demais indivíduos, reconhecendo-se uma concepção interativa da identidade e do "eu"; e (iii) a identidade do sujeito pós-moderno, que se caracteriza como uma identidade fragmentada, em que o "eu" é composto não de uma, mas de várias identidades, fluidas e mutáveis.[68]

Jürgen Habermas, na construção da Teoria da Ação Comunicativa,[69] a partir da análise das ações relativas à intervenção no diálogo entre os sujeitos, sinaliza que as interações intersubjetivas, sob o aspecto da socialização, contribuem para a formação de identidades pessoais.[70]

Em "Luta por reconhecimento: a gramática moral dos conflitos sociais",[71] Axel Honneth busca analisar como indivíduos e grupos se inserem na sociedade atual, apontando que esse processo ocorre não por autoconservação, como sustentavam Nicolau Maquiavel e Thomas Hobbes, mas sim através de uma luta

---

delas". CIAMPA, Antonio da Costa. Identidade. In: LANE, Silvia T. M.; CODO, Wanderley (org.). *Psicologia social*: o homem em movimento. 8. ed. São Paulo: Editora Brasiliense, 1984. p. 67.
68. HALL, Stuart. *A Identidade Cultural na Pós-Modernidade*. 12. ed. Rio de Janeiro: Lamparina, 2020. E-book.
69. HABERMAS, Jürgen. *Teoria de la Acción Comunicativa*. Trad. Manuel Jiménez Redondo. Madrid: Taurus, 1988. "A TAC, como o próprio nome diz, é uma teoria, ou seja, uma explicação abrangente das relações entre os seres humanos, visando a sua compreensão a partir da utilização de um modelo explicativo específico. É uma teoria que se fundamenta no conceito de ação, entendida como a capacidade que os sujeitos sociais têm de interagirem intra e entre grupos, perseguindo racionalmente objetivos que podem ser conhecidos pela observação do próprio agente da ação. Habermas vai priorizar, para a compreensão do ser humano em sociedade, as ações de natureza comunicativa. Isto é, as ações referentes à intervenção no diálogo entre vários sujeitos. É, portanto, uma teoria da ação comunicativa". GUTIERREZ, Gustavo Luis; ALMEIDA, Marco Antonio Bettine de. Teoria da Ação Comunicativa (Habermas): estrutura, fundamentos e implicações do modelo. *Veritas*, v. 58, n. 1, p. 153. jan./abr. 2013.
70. "O mundo da vida apresentado por Habermas é assim uma espécie de pano de fundo (background) compartilhado intersubjetivamente. Estruturado a partir de três componentes que garantem a estabilidade dos processos de socialização e individualização, mediados pela linguagem: cultura, sociedade e personalidade. Componentes que podem ser compreendidos da seguinte forma: a Cultura, compreendida como reserva do conhecimento válido, alimentada pelas interpretações linguísticas e pela tensão entre os conteúdos da tradição e da modernidade; a Sociedade, composta por normas, pelas quais os participantes de processos comunicativos regulam seu pertencimento a grupos sociais; e a Personalidade, vista como um conjunto de motivações que inspiram o indivíduo à ação e é capaz de produzir uma identidade". LIMA, Aluísio Ferreira de. Acepções de identidade na obra de Jürgen Habermas: subsídios para uma psicologia social criticamente orientada. *Psicologia & Sociedade*, 24(2), 253-262, 2012. p. 257.
71. HONNETH, Axel. *Luta por reconhecimento:* a gramática moral dos conflitos sociais. Trad. Luiz Repa. São Paulo: Editora 34, 2003.

por um reconhecimento intersubjetivo. Sob essa ótica, os sujeitos e os grupos sociais só conseguiriam formar sua identidade quando fossem reconhecidos intersubjetivamente nas diversas dimensões da vida,[72] de modo que Axel Honneth propõe uma busca pelo reconhecimento essencialmente ligada a uma concepção de como os indivíduos se reconhecem reciprocamente.

Nessa esteira, para Raul Choeri, a identidade existiria para a pessoa em razão do "sentimento de identidade" experimentado por ela em seu convívio social, ou seja, passaria por um processo de afirmação do "ser" perante os demais.[73] Nota-se, desse modo, que mesmo a concepção de uma identidade individual não deixaria de ser, de certo modo, "coletiva", na medida em que a construção da identidade perpassa pelas interações intersubjetivas do indivíduo no seio social.

O autor aponta que as estruturas de poder que permeiam a construção das identidades e diferenças em uma sociedade se apresentam em três dimensões, que possibilitam uma "visão tridimensional da realidade identitária humana": (i) a estatal, correspondente à intervenção do Estado ao ditar e garantir os valores da ordem jurídico social; (ii) a que nasce da dinâmica social, sendo decorrente da interação social, por meio de movimentos políticos, religiosos, étnicos, ideológicos, culturais; (iii) e a que surge da própria autonomia individual, sendo derivada da possibilidade de decidir e de se definir.[74] Sob este aspecto, revela-se necessário ver o indivíduo "em sua essencialidade dinâmica", não se podendo restringi-lo a estruturas fixas de poder, o que se reflete também na construção jurídica de um direito à identidade.[75]

Na perspectiva de Javier Belda Iniesta e Francisco José Aranda Serna, a identidade virtual viabiliza a relação entre os indivíduos na Internet, pontuando que cada rede social possui suas próprias regras de interação que devem ser observadas pelos usuários, havendo também nesse contexto um signo de pertencimento. Para os mesmos autores, não seria possível separar totalmente o mundo digital do mundo físico, na medida em que a identidade assumida na Internet seria uma espécie de projeção da identidade global do sujeito.[76]

---

72. SALVADORI, Mateus. HONNETH, Axel. Luta por reconhecimento: a gramática moral dos conflitos sociais, *Conjectura*, v. 16, n. 1, p. 189. jan./abr. 2011.
73. CHOERI, Raul Cleber da Silva. *O direito à identidade na perspectiva civil-constitucional*. Rio de Janeiro: Renovar, 2010. p. 21.
74. *Ibidem.* p. 296-301.
75. *Ibidem.* p. 302.
76. "No es posible hacer una separación tajante entre el mundo virtual y el físico, pues la experiencia que un sujeto vive en las comunidades virtuales difícilmente puede separarla de las experiencias cotidianas que experimenta en la vida real, incluso las inluye y fluyen entre sí. La faceta de identidad que se experimenta en Internet es realmente una proyección virtual de la identidad global, como lo es la física, más que una identidad virtual, por lo que se puede hablar más bien de un identidad mixta que expresa las vivencias de la persona en ambos mundos, siendo el conjunto de ambas, junto con la intelectual,

Outrossim, no contexto do sujeito pós-moderno, a apontada "liquidez"[77] da identidade faz com que seja mais simples alterar a identidade ou algum aspecto dela, constituindo o desafio atual, segundo Zygmunt Bauman, a definição de qual das identidades alternativas escolher e por quanto tempo permanecer com aquela escolhida,[78] afirmando o sociólogo que a "construção da identidade assumiu a forma de uma experimentação infindável".[79]

Desse modo, verifica-se que a identidade envolve um aspecto plural e relacional, na medida em que o sujeito pode assumir diferentes papéis no seio social, adotando, sob este aspecto, diferentes "identidades" a depender do contexto em que se encontra, sem que isso signifique a perda de uma espécie de "unidade", que define o indivíduo em sua integralidade.

Essa multiplicidade pode também ser observada na Internet diante dos diversos perfis criados pelo usuário, que se diferenciam a depender do contexto da rede social utilizada. O LinkedIn, por exemplo, se caracteriza por ser uma "comunidade profissional", que objetiva "conectar profissionais do mundo todo",[80] enquanto o TikTok se destina à publicação de vídeos móveis em formato curto, possuindo como finalidade "inspirar a criatividade e trazer alegria".[81] O Facebook, por sua vez, se propõe a auxiliar o usuário "a se conectar e compartilhar com as pessoas que fazem parte da sua vida"[82] e o Instagram apresenta como proposta aproximar o usuário "das pessoas e coisas que ama".[83]

---

uma única identidade". INIESTA, Javier Belda; SERNA, Francisco José Aranda. El paradigma de la identidad: hacia una regulación del mundo digital. *Revista Forense*, v. 422, p. 196-197. 2016.

77. "As identidades parecem fixas e sólidas apenas quando vistas de relance, de fora. A eventual solidez que podem ter quando contempladas de dentro da própria existência biográfica parece frágil, vulnerável e constantemente dilacerada por forças que expõem sua fluidez e por contracorrentes que ameaçam fazê-la em pedaços e desmanchar qualquer forma que possa ter adquirido. (...) Em vista da volatilidade e instabilidade intrínsecas de todas ou quase todas as identidades, é a capacidade de 'ir às compras' no supermercado das identidades, o grau de liberdade genuína ou supostamente genuína de selecionar a própria identidade e de mantê-la enquanto desejado, que se torna o verdadeiro caminho para a realização das fantasias de identidade. Com essa capacidade, somos livres para fazer e desfazer identidades à vontade. Ou assim parece". BAUMAN, Zygmunt. *Modernidade líquida*. Trad. Plínio Dentzien. Rio de Janeiro: Zahar, 2001. p. 107.
78. Para Zygmunt Bauman, "a 'identidade' só nos é revelada como algo a ser descoberto; como alvo de um esforço, 'um objetivo'; como uma coisa que ainda se precisa construir a partir do zero ou escolher entre alternativas e então lutar por ela e protegê-la lutando ainda mais (...)". BAUMAN, Zygmunt. *Identidade*: entrevista a Benedetto Vecchi. Trad. Carlos Alberto Medeiros. Rio de Janeiro: Zahar, 2005. p. 22.
79. *Ibidem*. p. 91.
80. LINKEDIN. *Sobre o LinkedIn*. Disponível em: https://about.linkedin.com/pt-br?trk=homepage-basic_directory_aboutUrl&lr=1. Acesso em: 20 out. 2022.
81. TIKTOK. Disponível em: https://www.tiktok.com/about?lang=pt_BR. Acesso em: 20 out. 2022.
82. FACEBOOK. Disponível em: https://pt-br.facebook.com/. Acesso em: 20 out. 2022.
83. INSTAGRAM. *Sobre o Instagram*. Disponível em: https://about.instagram.com/pt-br/about-us. Acesso em: 20 out. 2022.

Ressalta-se, ademais, que o tratamento de dados pessoais em larga escala tem viabilizado a personalização de conteúdos na rede, de modo a apresentar para o usuário conteúdos mais compatíveis com o seu padrão de comportamento ou de interesse, o qual é extraído pelos algoritmos. O catálogo inicial apresentado pelo Netflix,[84] a seleção do que aparece no feed das redes sociais,[85] as sugestões para compras e até mesmo os resultados de busca do Google[86] são resultantes de um tratamento de dados que considera a interação do indivíduo com a rede.

É nesse sentido que Eli Pariser aponta que esses filtros também acabam por moldar a construção da própria identidade, na medida em que o conteúdo disponibilizado ao usuário também influencia o comportamento e a formação de opinião deste, direcionando as suas ações.[87]

Além disso, manter o perfil de uma rede social pode representar uma forma do que Philippe Artières denominou de "arquivar a própria vida", como forma

---

84. De acordo com as informações fornecidas pelo Netflix, é estimada a probabilidade de o usuário assistir a um título em particular do catálogo com base nas interações realizadas pelo sujeito com o serviço (filmes que assistiu, notas que atribuiu aos títulos), em outros assinantes com gostos similares e preferências sobre os serviços e em informações sobre os títulos, como gênero, categorias, atores, ano de lançamento, dentre outros. NETFLIX. *Como funciona o sistema de recomendações da Netflix*. Disponível em: https://help.netflix.com/pt/node/100639. Acesso em: 20 out. 2022.
85. Em julho de 2018, o então gerente de produtos do Instagram, Julian Gutman, em entrevista, afirmou que a plataforma considera alguns fatores para determinar o que será exibido primeiro no feed de cada usuário, como o índice de interação dos amigos do usuário no Instagram, com fotos, vídeos, curtidas, mensagens, o índice de interação dos amigos do usuário no Facebook, a quantidade de vezes que a lista de visualizações foi acessada, dentre outras atividades nessas redes sociais. YAHOO. *Como funciona a ordem de visualização do Instagram?* Disponível em: https://br.financas.yahoo.com/noticias/como-funciona-ordem-visualiza%C3%A7%C3%A3o-instagram-133000025.html. Acesso em: 20 out. 2022.
86. "Os sistemas de filtragem do Google, por exemplo, dependem amplamente do nosso histórico na rede e daquilo em que clicamos (indicadores de clique) para inferir as coisas das quais gostamos ou não. Esses cliques costumam ocorrer num contexto inteiramente privado: a ideia é que as buscas sobre 'gases intestinais' e sobre sites de fofocas de celebridades são mantidas entre você e seu navegador. Você talvez se comportasse de forma diferente se pensasse que outras pessoas fossem ver as suas buscas. Mas é esse comportamento que determina o conteúdo que você vê no Google Notícias ou os anúncios apresentados pelo Google – que determina, em outras palavras, a teoria que o Google tem sobre você". PARISER, Eli. *O filtro invisível*. Rio de Janeiro: Zahar, 2012. E-book. p. 103.
87. "Existe outra tensão na inter-relação entre identidade e personalização. Os filtros personalizados costumam funcionar em três etapas. Primeiro, o filtro tenta entender quem é a pessoa e do que ela gosta. A seguir, oferece-lhe conteúdo e serviços adequados. Por fim, faz um ajuste fino para melhorar essa correspondência. A nossa identidade molda a nossa mídia. Mas existe uma falha nessa lógica: a mídia também molda a identidade. Dessa forma, esses serviços talvez acabem por criar uma boa correspondência entre você e a sua mídia por moldarem... você. Se uma profecia autorrealizada é uma definição falsa do mundo que se torna verdadeira por meio das nossas ações, estamos agora muito próximos de identidades autorrealizadas, em que a imagem distorcida que a internet apresenta de nós se torna quem realmente somos". PARISER, Eli. *O filtro invisível*. Rio de Janeiro: Zahar, 2012. E-book. p. 101-102.

de o indivíduo ter a sua identidade reconhecida socialmente.[88] O historiador ressalta, sob este aspecto, que a seleção efetivada pelo indivíduo das informações que de fato ficarão registradas a seu respeito, como escrever um diário, guardar papéis, redigir uma autobiografia, pode ser considerada como uma intenção autobiográfica, de construção de si mesmo.[89]

Sérgio Branco aponta que a arquitetura das redes sociais se vale tanto do eixo cronológico quanto do temático para dar sentido ao material autobiográfico disponível, tornando mais acessível a memória publicada. Para o autor, essas plataformas viabilizam, assim, de forma única, o arquivamento de lembranças pessoais e seu compartilhamento com terceiros.[90]

Ressalta-se que um estudo realizado pela empresa alemã Statista apontou que o Brasil figuraria como o 5º país com mais usuários conectados nas redes sociais, destacando-se o Facebook, o WhatsApp e o Instagram como os principais aplicativos utilizados pelos brasileiros,[91] a evidenciar a relevância dessas ferramentas para o uso da Internet no Brasil.

Diante da expressividade do uso de tais aplicações pelos brasileiros, elenca-se o Facebook e o Instagram[92] como parâmetros para o presente estudo, excluindo-se

---

88. "Mas essa exigência do arquivamento de si não tem somente uma função ocasional. O indivíduo deve manter seus arquivos pessoais para ver sua identidade reconhecida. Devemos controlar as nossas vidas. Nada pode ser deixado ao acaso; devemos manter arquivos para recordar e tirar lições do passado, para preparar o futuro, mas sobretudo para existir no cotidiano". ARTIÈRES, Philippe. *Arquivar a Própria Vida*. Centro de pesquisa e documentação de história contemporânea do Brasil da Fundação Getúlio Vargas. Rio de Janeiro, 1998. p. 14.
89. "Mas não arquivamos nossas vidas, não pomos nossas vidas em conserva de qualquer maneira; não guardamos todas as maçãs da nossa cesta pessoal; fazemos um acordo com a realidade, manipulamos a existência: omitimos, rasuramos, riscamos, sublinhamos, damos destaque a certas passagens. (...) Numa autobiografia, a prática mais acabada desse arquivamento, não só escolhemos alguns acontecimentos, como os ordenamos numa narrativa; a escolha e a classificação dos acontecimentos determinam o sentido que desejamos dar às nossas vidas. Dessas práticas de arquivamento do eu se destaca o que poderíamos chamar uma intenção autobiográfica. Em outras palavras, o caráter normativo e o processo de objetivação e de sujeição que poderiam aparecer a princípio, cedem na verdade o lugar a um movimento de subjetivação. Escrever um diário, guardar papéis, assim como escrever uma autobiografia, são práticas que participam mais daquilo que Foucault chamava a preocupação com o eu. Arquivar a própria vida é se pôr no espelho, é contrapor à imagem social a imagem íntima de si próprio, e nesse sentido o arquivamento do eu é uma prática de construção de si mesmo e de resistência". *Ibidem*. p. 11.
90. BRANCO, Sérgio. *Memória e esquecimento na Internet*. Porto Alegre: Arquipélago Editorial, 2017. p. 36 e 45.
91. STATISTA RESEARCH DEPARTMENT. *Social media usage in Brazil* – statistics & facts. 02 ago. 2022. Disponível em: https://www.statista.com/topics/6949/social-media-usage-in-brazil/#dossierKeyfigures. Acesso em: 14 out. 2022.
92. Em outubro de 2021, a sociedade que engloba o Facebook, o Instagram e o WhatsApp anunciou a mudança de nome para Meta, sem prejuízo da manutenção das referidas designações. CNN. *Facebook muda nome para Meta*. Disponível em: https://www.cnnbrasil.com.br/business/facebook-muda-nome-para-meta/. Acesso em: 20 dez. 2022. "A empresa Facebook agora se chama Meta. Atualizamos

o WhatsApp por este se diferenciar dos anteriores ao se caracterizar como aplicativo direcionado precipuamente à troca de mensagens instantâneas e privadas, enquanto aqueles possuem como elemento principal a proposta de construção de um ciclo social digital, de uma comunidade virtual,[93] ponto essencial para a abordagem desta pesquisa.

As redes sociais são compreendidas por Raquel Recuero como as páginas que permitem "(i) que os atores sociais criem perfis individualizados, que vão funcionar como representações de si; (ii) que suas redes sociais sejam publicizadas pelas ferramentas (...); e (iii) que esses atores possam ainda utilizar esses sites como plataformas de conversação e interação uns com os outros",[94] sendo, contudo, dinâmicas.[95]

Maria Celina Bodin de Moraes e Chiara Spadaccini de Teffé, por sua vez, as caracterizam como "serviços materializados em páginas na Web ou em aplicativos que, a partir de perfis pessoais, permitem uma ampla interação entre seus usuários, proporcionando e facilitando as relações e os laços sociais entre os sujeitos (...) no ambiente virtual".[96] Nota-se, assim, que, além da interação e interconexão, essas plataformas são também marcadas pelo fornecimento de dados pessoais e a possibilidade de o usuário inserir seu próprio conteúdo na rede.[97]

---

nossos Termos de Uso, nossa Política de Dados e Política de Cookies para refletir o novo nome em 4 de janeiro de 2022. Embora o nome da nossa empresa tenha mudado, ainda oferecemos os mesmos produtos, inclusive o Instagram from Meta. A nossa Política de Dados e os nossos Termos de Uso continuam válidos, e a mudança de nome não afeta a forma como usamos ou compartilhamos dados. Saiba mais sobre a Meta e sobre a nossa visão em relação ao metaverso". INSTAGRAM. *Termos de Uso e Impressão*. Disponível em: https://www.facebook.com/help/instagram/478745558852511. Acesso em: 16 dez. 2022.

93. "A comunicação mediada por computador (CMC) instaura a tipologia 'comunidade virtual', termo que designa agrupamentos humanos que atuam no ciberespaço, através da comunicação mediada pelas redes de computadores. Um dos primeiros autores a utilizar o termo foi Rheingold (1994) que a define como um agregado social que surge da rede (Internet), quando uma quantidade suficiente de indivíduos leva adiante discussões públicas durante um tempo suficiente, com sentimentos para formar redes de relações pessoais no espaço cibernético". RIBEIRO, Renata Rezende. *A morte midiatizada*: como as redes sociais atualizam a experiência do fim da vida. Eduff, 2016. p. 42.
94. RECUERO, Raquel. Curtir, compartilhar, comentar: trabalho de face, conversação e redes sociais no Facebook. *Verso e Reverso*, v. XXVIII, n. 68, p. 115. maio/ago. 2014.
95. "Uma rede social, mesmo na Internet, modifica-se em relação ao tempo. Essas modificações constituem-se também em um padrão importante para a compreensão dessa rede (Thacker, 2004a e 2004b) e devem ser levadas em conta. Essas dinâmicas são dependentes das interações que abarcam uma rede e podem influenciar diretamente sua estrutura". RECUERO, Raquel. *Redes sociais na internet*. Porto Alegre: Sulina, 2009. p. 79.
96. TEFFÉ, Chiara Spadaccini de; BODIN DE MORAES, Maria Celina. Redes sociais virtuais: privacidade e responsabilidade civil: Análise a partir do Marco Civil da Internet, *Pensar*, Fortaleza, v. 22, n. 1, p. 108-146, jan./abr. 2017. p. 116-117.
97. "Ainda que apresentem especificidades próprias, as redes sociais têm em comum as seguintes características: i) a existência de um ambiente propício à interação entre os usuários na plataforma; ii) o pedido de dados pessoais para a criação de perfis, que são vinculados a contas determinadas; iii) a

Nessa esteira, observa-se que a intenção autobiográfica e a possibilidade de representação do sujeito por meio dos perfis individuais se revelam como características que, em algumas contas, viabilizam a projeção digital de elementos individualizadores da pessoa humana, os quais, como será abordado ao longo da pesquisa, se revelam notadamente relevantes para a definição do tratamento jurídico direcionado a essas contas e que constituem o objeto central deste estudo.

Cumpre assinalar, contudo, que nem todos os perfis possuem tais características. Contas de pessoa jurídicas, de instituições ou projetos,[98] de animais,[99] de objetos[100] ou de sistemas de inteligência artificial que não tenham vinculação a uma pessoa específica,[101] por exemplo, por não conterem a referida prospecção da pessoa humana individualizada, não se enquadram no objeto do presente estudo. Também não se incluem no escopo deste trabalho os perfis falsos ("fakes"), na medida em que o aspecto autobiográfico demanda que seja o próprio titular do perfil quem o esteja gerenciando.

Perfis monetizados vinculados a pessoas físicas, como a conta de um influenciador digital ou de uma celebridade que veicule propagandas,[102] apesar

---

articulação de uma lista de outros usuários com os quais se compartilha conexões; e iv) o oferecimento de ferramentas que permitem e estimulam que o usuário adicione seu próprio conteúdo na rede, como fotografias, comentários, músicas, vídeos ou links para outros sites, de modo que ocorra a expansão da estrutura da própria rede social". *Ibidem*. p. 117.

98. Aponta-se o perfil do "Quebrando o Tabu", que se define como "uma plataforma multicanal de curadoria e produção de conteúdo multimídia que tem como principal objetivo difundir a discussão sobre temas relacionados ao social, ambiental e direitos humanos para o grande público no Brasil". Disponível em: https://www.quebrandootabu.com.br/. Acesso em: 17 out. 2022.

99. Não se olvida da discussão em torno da natureza jurídica dos animais (a respeito do tema, ver: SOUZA, Eduardo Nunes de. Dilemas atuais do conceito jurídico de personalidade: uma crítica às propostas de subjetivação de animais e de mecanismos de inteligência artificial. *Civilistica.com*. Rio de Janeiro, a. 9, n. 2, 2020. Disponível em: http://civilistica.com/dilemas-atuais-do-conceito-juridico-depersonalidade/. Acesso em: 17 out. 2022). Contudo, como o presente estudo se direciona à tutela da projeção da pessoa humana, a referida questão não será enfrentada no trabalho.

100. Cita-se, a título de exemplo, o perfil de um ovo que chegou a mais de 50 milhões de curtidas no Instagram. R7. *Conheça a história do ovo mais curtido no Instagram*. Disponível em: https://noticias.r7.com/tecnologia-e-ciencia/conheca-a-historia-do-ovo-mais-curtido-no-instagram-04022019. Acesso em: 17 out. 2022.

101. Empresa Brasil de Comunicação – EBC. *Uso de perfis robôs aumenta nas redes sociais*. Disponível em: https://agenciabrasil.ebc.com.br/radioagencia-nacional/pesquisa-e-inovacao/audio/2021-06/uso-de-perfis-robos-aumenta-nas-redes-sociais. Acesso em: 17 out. 2022.

102. "O Brasil é o terceiro país que mais utiliza o Instagram, atrás apenas da Índia e dos Estados Unidos. Por aqui, já existem muitos influenciadores que vivem somente da remuneração da rede social. Segundo o estudo, no Brasil a remuneração média por post inicia com 50 reais para perfis com mil a 5 mil seguidores. Para perfis com 20 mil a 100 mil seguidores o valor cobrado por post sobe para mil reais a 10.500 reais. Por fim, para perfil com mais de 1 milhão de seguidores, o valor por post se inicia a partir de 75 mil reais". EXAME. *Os 10 influenciadores que mais lucram com o Instagram*. Disponível em: https://exame.com/casual/os-10-influenciadores-que-mais-lucram-com-o-instagram/. Acesso em: 17 out. 2022.

de frequentemente conterem os apontados elementos identificadores, por apresentarem aspectos patrimoniais, relativos aos rendimentos decorrentes da utilização da conta,[103] também não serão abordados neste trabalho, o qual se aterá aos aspectos existenciais.[104]

O aspecto identitário da conta estaria, assim, relacionado à triagem efetivada pelo titular em relação aos conteúdos – fotos, vídeos, textos – que serão disponibilizados no perfil da rede social, ainda que o usuário opte, nesse contexto, pela ausência de compartilhamento de algum desses elementos ou mesmo pela eventual reprodução de elementos ficcionais, desde que sem descaracterizar a intenção autobiográfica, a qual também se reflete de forma plural e dinâmica.[105]

Com efeito, a escolha pela não publicização do material não exclui o caráter autobiográfico, contanto que o perfil possa ser individualizado e reconhecido pelos demais usuários como vinculado àquela pessoa. Não é incomum que se tenha perfis que, apesar de não conterem a foto do titular, podem ser identificados pelos demais usuários por meio de outros elementos, como o nome e o próprio ciclo de amizades, a evidenciar o elemento relacional dessas contas.

O usuário molda, assim, diariamente e por meio de contextualidades diversas, a sua narrativa sobre si mesmo, em constante audiência e interação com os demais[106] e com a possibilidade de resgate de informações pretéritas a qualquer

---

103. A respeito do tema, ver: HONORATO, Gabriel; LEAL, Livia Teixeira. Exploração econômica de perfis de pessoas falecidas. In: TEIXEIRA, Ana Carolina Brochado; LEAL, Livia Teixeira. *Herança digital*: controvérsias e alternativas. 2. ed. Indaiatuba/SP: Foco, 2022. t. 1.
104. Importa salientar que o fato de haver sites que promovem uma espécie de valoração econômica de todos os tipos de perfis, como o "Contagram" (CONTAGRAM. Qual valor da conta do Instagram? Disponível em: https://contagram.com.br/quanto-vale-o-meu-instagram. Acesso em: 18 dez. 2022), não significa que haja exploração econômica da página, na medida em que a comercialização de contas é, em tese, vedada pelos provedores e tal avaliação não atribui necessariamente caráter patrimonial ao perfil, devendo haver, como será demonstrado, uma análise funcional para a caracterização da página.
105. Afonso de Albuquerque, ao abordar a já extinta rede social "Orkut", pontua o seguinte: "A pessoa orkutiana se caracteriza, em muitos aspectos como um tipo de identidade pós-moderna, no sentido que Hall (2003) dá ao termo: uma identidade plural, dinâmica e fragmentária. O usuário pode se reinventar a cada instante, mudando a sua foto de apresentação, o seu perfil, a sua autodefinição, as suas comunidades. Além disso, ela é mediada pela lógica da interface (JOHNSON, 1997) de que o usuário se vale para construir a sua identidade. O item relativo ao "relacionamento", por exemplo, apresenta apenas seis opções: casado(a), solteiro(a), namorando, casamento aberto, relacionamento aberto, além da omissão ativa de informações (a opção 'não há resposta')". ALBUQUERQUE, Afonso de. Viver e morrer no Orkut: os paradoxos da rematerialização do ciberespaço, *Intexto*, Porto Alegre: UFRGS, v. 2, n. 17, p. 1-17, jul./dez. 2007. p. 6.
106. "No caso do Facebook, estas novas exigências resultam especialmente localizáveis na forma em que usuários organizam seus conteúdos dentro do espaço individual que lhe é conferido para narrar sua identidade: o perfil. Em se tratando de um processo consciente de customização do *self* na visibilidade, atores sociais vão moldando diariamente e através de textualidades diversas (imagens, gifs, músicas etc.) suas próprias existências ao tempo em que refletem sobre as formas e consequências de narrar a si próprio perante audiências de natureza e vínculos heterogêneos". SANTOS, Deborah Rodríguez.

tempo, as quais passam a integrar também o tempo presente, no que já se apontou como tempo intemporal, peculiar à rede.

Uma memória autobiográfica se configuraria, nesse contexto, como uma narrativa referente ao passado,[107] o qual, no âmbito da rede, se integra constantemente ao presente, e a construção autobiográfica ocorreria, assim, na relação social, sendo, também, culturalmente moldada.[108]

Importa ressalvar, contudo, que o perfil com caráter autobiográfico não se confunde com a autobiografia enquanto gênero literário, observando Sérgio Branco, nesse sentido, que, por ser por ser permeado por "fragmentos, pelo imediatismo, pela insignificância, pelo compartilhamento de informações alheias", faltaria às páginas das redes sociais os elementos da narrativa e da edição,[109] essenciais à construção autobiográfica.

Nessa perspectiva, Fernanda Nunes Barbosa define a autobiografia como a "biografia segundo o próprio biografado", servindo para que o biografado possa apresentar sua versão sobre a própria história e editar fatos a respeito dos quais pretende conferir outra representação.[110] Todavia, ainda que possa faltar aos perfis em redes sociais o aspecto narrativo em si, próprio das autobiografias, é de se notar que a escolha realizada pelo titular da conta em relação ao que vai compartilhar

---

O que os olhos não veem: construção de memórias autobiográficas no Facebook. *Revista GEMInIS*, p. 327-344, v. 12, n. 2, maio/ago. 2021. p. 333-334.

107. Para Paul Ricoeur, "[o] mundo exposto por toda obra narrativa é sempre um mundo temporal. Ou, como repetiremos várias vezes no curso desta obra: o tempo se torna tempo humano na medida em que está articulado de maneira narrativa; em contraposição, a narrativa é significativa na medida em que desenha as características da experiência temporal". RICOEUR, Paul. *Tempo e narrativa*. 1. A intriga e a narrativa histórica. Trad. Clausia Berliner. São Paulo: Martins Fontes, 2010. p. 9.

108. "When we speak of autobiographical remembering, we speak, in one way or another, of a narrative account of one's past. This means, as Bruner (1990, 1993, 1994) has argued, that we are dealing with narrative forms and models that are culturally shaped and, in turn, shape the remembering culturally. In this process of meaning-making, the self of the narrator is not only being articulated but also being examined, transformed and reaffirmed". Em tradução livre: Quando nos referimos à memória autobiográfica, falamos, de uma forma ou de outra, de um relato narrativo referente ao passado de alguém. Isso significa, como Bruner (1990, 1993, 1994) argumentou que estamos lidando com formas narrativas e modelos que são culturalmente moldados e, por sua vez, moldam culturalmente a lembrança. Nesse processo de construção de significado, o 'eu' do narrador não está apenas sendo articulado, mas também examinado, transformado e reafirmado. WANG, Qi; BROCKMEIER, Jens. Autobiographical remembering as cultural practice: Understanding the interplay between memory, self and culture. *Culture & Psychology*, v. 8, n. 1, p. 45-64, 2002.

109. "Narrativa e edição parecem ser requisitos necessários à construção autobiográfica (...). As postagens de redes sociais carecem de ambos. Primeiro, porque as postagens do Facebook não constroem uma história. Ademais, porque, não havendo história, não há edição. O que há, simplesmente, é a escolha de se postar ou não um fato ou evento, que poderá depois ser alterado, comentado, aditado ou suprimido". BRANCO, Sérgio. *Memória e esquecimento na Internet*. Porto Alegre: Arquipélago Editorial, 2017. p. 58.

110. BARBOSA, Fernanda Nunes. *Biografias e liberdade de expressão*: critérios para a publicação de histórias de vida. Porto Alegre: Arquipélago Editorial, 2016. p. 72-73.

com os demais usuários envolve uma intenção autobiográfica, afinal e a construção desse "eu digital" também significa, de certo modo, contar uma história.

Paula Sibilia observa que, apesar da dificuldade da definição dos gêneros autobiográficos e de sua diferenciação em relação às ficções, é possível observar uma característica singular ao propósito autobiográfico: a coincidência entre as identidades do *autor*, do *narrador* e do *protagonista*, apontada por Philippe Lejeune como "pacto autobiográfico".[111] Para Sibilia, tal elemento se encontra presente na Internet quando o usuário, de algum modo, dá testemunho da própria vida, situações estas que consistiriam em "manifestações renovadas dos velhos gêneros autobiográficos".[112]

Contudo, é preciso observar que esses relatos autobiográficos presentes na Internet também se configurariam, em certos aspectos, como ficção,[113] sendo esse "eu" plástico e mutante, na medida em que não há propriamente uma correspondência fiel do que se publiciza na rede com a realidade, o que, segundo a autora, acaba por integrar a construção da subjetividade na atualidade,[114] estando a construção desse "eu digital" também influenciada pelo outro.[115]

---

111. LEJEUNE, Philippe. *O pacto autobiográfico*: de Rousseau à internet. Belo Horizonte: UFMG, 2008.
112. "Os usos confessionais da internet – ou seja, aqueles nos quais cada um dá testemunho da própria vida – parecem se enquadrar nessa categoria: seriam, portanto, manifestações renovadas dos velhos gêneros autobiográficos. O eu que fala e se mostra incansavelmente nas telas da rede costuma ser tríplice: é ao mesmo tempo autor, narrador e personagem. Além disso, e pelo menos em certa medida, não deixa de ser uma ficção; pois, apesar de sua contundente autoevidência, é sempre frágil o estatuto do eu". SIBILIA, Paula. *O show do eu*: a intimidade como espetáculo. 2. ed. Rio de Janeiro: Contraponto, 2016. p. 57.
113. Para Philippe Lejeune, contudo, "[o] fato de a identidade individual, na escrita como na vida, passar pela narrativa não significa de modo algum que ela seja uma ficção. Ao me colocar por escrito, apenas prolongo aquele trabalho de criação de 'identidade narrativa', como diz Paul Ricoeur, em que consiste qualquer vida. É claro que, ao tentar me ver melhor, continuo me criando, passo a limpo os rascunhos de minha identidade e esse movimento vai provisoriamente estilizá-los ou simplificá-los. Mas não brinco de me inventar. Ao seguir as vias da narrativa, ao contrário, sou fiel à minha verdade: todos os homens que andam na rua são homens-narrativas, é por isso que conseguem parar em pé". LEJEUNE, Philippe. *O pacto autobiográfico*: de Rousseau à internet. Belo Horizonte: UFMG, 2008. p. 104.
114. "Haveria uma espécie de falsidade, uma deplorável falta de autenticidade nas construções subjetivas contemporâneas? Teria se generalizado o uso de máscaras espetaculares que ocultam alguma verdade fundamental, algo mais real que estaria por trás dessa imagem bem construída e literalmente narrada, porém fatalmente falsa ou fictícia? Ou, ao contrário, será que essa multiplicação de autoficções estaria indicando o advento de uma subjetividade plástica e mutante, liberada enfim das velhas tiranias da identidade? Essa saturação atual que supõe a exposição de qualquer um anunciaria, de maneira paradoxal, a definitiva extinção daquele velho eu sempre unificador e supostamente estável? Ou, antes, tratar-se-ia de um paroxismo de identidades efêmeras produzidas em série, todas tão autênticas quanto falsas, porém fundamentalmente visíveis? A resposta a todas essas questões encerra uma complexidade que excede um simples sim ou não, porque as relações entre verdade e mentira, ficção e realidade, essência e aparência, verdadeiro e falso – que nunca foram simples – também se complicaram". SIBILIA, Paula. *O show do eu*: a intimidade como espetáculo. 2. ed. Rio de Janeiro: Contraponto, 2016. p. 83.
115. "(...) mesmo o 'retrato' do eu aparece, em suas diversas acentuações, como uma posição enunciativa dialógica, em constante desdobramento em direção à outridade de si mesmo. Não haveria uma 'história

Com efeito, o reconhecimento e a confiabilidade de um perfil são extraídos não apenas do que o próprio titular posta, mas também das mensagens publicadas por terceiros no perfil, das interações realizadas por aquela conta, pelos amigos que aquele usuário possui vinculados à página, dentre outros, ampliando os recursos narrativos relativos à pessoa retratada no perfil.[116]

Sob esta perspectiva, as redes sociais, justamente por sua interatividade, consistem em um *locus* singular para a construção de relatos autobiográficos e de identidades, agora notadamente fluidas e múltiplas, como já apontado. Nesse cenário, tais contas também se revelam como um ambiente peculiar no que tange à relação entre perfis de pessoas vivas e mortas, na medida em que, mesmo após a morte do usuário, os demais internautas podem interagir com o perfil deste, realizando publicações que ficarão registradas na conta da pessoa falecida.[117]

José Saramago, na obra *Todos os nomes*, observa a "absurdidade que é separar os vivos dos mortos", tanto do ponto de vista arquivístico, na medida em que a forma mais prática de encontrar os mortos seria procurá-los onde estão os vivos, quanto sob o aspecto memorístico, porque "se os mortos não estiverem no meio dos vivos acabarão mais tarde ou mais cedo por ser esquecidos".[118]

Assim, apesar de a construção da identidade ocorrer, a rigor, ao longo da vida do indivíduo, é inegável que a permanência do perfil e a possibilidade de uma espécie de ingerência de outros usuários[119] na página do *de*

---

do sujeito, tampouco uma posição essencial, originária ou mais 'verdadeira'. É a multiplicidade dos relatos, suscetíveis de enunciação diferente, em diversos registros e coautorias (a conversa, a história de vida, a entrevista, a relação psicanalítica), que vai construindo uma urdidura reconhecível como 'própria', mas definível só em termos relacionais: eu sou tal aqui em relação a certos outros diferentes e exteriores a mim". ARFUCH, Leonor. *O espaço biográfico*: dilemas da subjetividade contemporânea. Rio de Janeiro: EdUERJ, 2010. p. 128-129.

116. "No mundo digital, o leitor recolhe informações de todas as partes – através dos escritos deixados pelo próprio autor do perfil ou por terceiros, ou através dos textos que são por eles compartilhados. Sem ter um caminho único e retilíneo para ler, coletar e publicar as informações, é possível construir narrativas móveis e abertas a partir do que é postado. Narrativas muito mais flexíveis do que as que eram utilizadas nos suportes textuais impressos habituais são configuradas nas páginas virtuais". LIMA, Maria Tereza Gomes de Almeida; JAQUES, Ketly Mayara de Melo; ÁVILA, Tamires Maria Pereira. Facebook – Um novo espaço autobiográfico? *Letras&Letras*, v. 31, n. 1, p. 290. jan./jun. 2015.

117. "Outra questão importante é a própria dimensão das comunidades virtuais no cotidiano, que inserem um ritmo de expectativa de novas leituras, conformando uma interatividade específica, na medida em que o usuário (leitor da morte) não é apenas mais um leitor, mas criador, construtor dessa morte e, logo, desse tempo. Essa articulação com o tempo está localizada, sobretudo, no passado, a partir da constituição das histórias – biografia dos mortos – dos quadros de memória, das homenagens e das comemorações". RIBEIRO, Renata Rezende. *A morte midiatizada*: como as redes sociais atualizam a experiência do fim da vida. Eduff, 2016. p. 96.

118. SARAMAGO, José. *Todos os nomes*. São Paulo: Companhia das Letras, 1997. p. 208.

119. "Nos sites de redes sociais, a tríade tempo, memória e narrativa torna-se especialmente complexa, o que pode ser percebido através de algumas dimensões: em primeiro lugar, narrativas autobiográficas

cujus, apesar de representarem uma forma de preservação das lembranças referentes à pessoa falecida, apresentam desafios para o que permanece da identidade moldada pelo sujeito em vida, resultante da construção autobiográfica realizada na página, a qual se consubstanciará como memória, como se demonstrará adiante.

Com efeito, se a construção da identidade ocorre na interrelação com o outro, o perfil individual vinculado ao usuário, ao permanecer em interação com os demais mesmo após a morte do titular da conta, interfere na construção da memória individual vinculada à pessoa falecida, a qual, neste caso, resulta do intento autobiográfico do titular, ou seja, de seleção das lembranças que representariam o sujeito perante aquela comunidade.

Sob este aspecto, impõe-se verificar como a permanência do conteúdo inserido na rede pode impactar a projeção do "eu" na Internet após a morte do titular do perfil, irradiando na construção do projeto existencial construído pelo sujeito no curso de sua vida e que se reflete em tais contas.

1.3 REFLEXOS *POST MORTEM* DA IDENTIDADE REFLETIDA EM PERFIS COM CARÁTER AUTOBIOGRÁFICO EM REDES SOCIAIS

Como já ressaltado, as experiências relativas ao fim da vida foram impactadas pelas transformações proporcionadas pela Internet, diante da permanência do conteúdo relacionado ao indivíduo na rede mesmo após a sua morte e da ressignificação da noção espacial e temporal gerada pela rede.

Não se olvida que a permanência *post mortem* na rede pode abranger conteúdos diversos vinculados ao usuário, como *e-books*,[120] criptomoedas,[121] milhas

---

se tornam, uma vez publicizadas e a partir da ação do tempo, parte de uma memória coletiva em cima da qual as estruturas de cada plataforma, assim como a customização realizada pelos atores humanos envolvidos com tal relato, estabelecem interferências que podem alterar e inclusive apagar desse acervo coletivo memórias construídas em rede". SANTOS, Deborah Rodríguez. O que os olhos não veem: construção de memórias autobiográficas no Facebook. *Revista GEMInIS*, p. 327-344, v. 12, n. 2, maio/ago. 2021. p. 341-342.

120. FOLHA DE SÃO PAULO. *Venda de ebooks salta 83% em 2020 e revela força dos livros digitais na pandemia*. Disponível em: https://www1.folha.uol.com.br/ilustrada/2021/07/venda-de-ebooks-salta-83-em-2020-e-revela-forca-dos-livros-digitais-na-pandemia.shtml. Acesso em: 19 out. 2022.

121. Reporta-se ao caso do bilionário que morreu sem deixar as chaves para acessar uma fortuna de bilhões de dólares em criptomoedas. BBC. Bitcoins: *Bilionário que morreu afogado deixa no limbo fortuna de R$ 11 bilhões em criptomoeda*. Disponível em: https://www.bbc.com/portuguese/internacional-57847134. Acesso em: 19 out. 2022. A respeito dos aspectos jurídicos do tema, ver: ARAÚJO, Vladimir de Sousa. Os desafios para a sucessão de criptomoedas no direito brasileiro. In: TEIXEIRA, Ana Carolina Brochado; LEAL, Livia Teixeira. *Herança digital*: controvérsias e alternativas. Indaiatuba/SP: Foco, 2022. t. 2, p. 269-290.

aéreas,[122] acessórios de videogames,[123] e-mails,[124] contas de *streaming*,[125] arquivos em nuvem, dentre outros, os quais geram reflexões e debates próprios.

Contudo, no que tange ao aspecto existencial relativo à projeção do "eu" na rede, aspecto que o presente estudo efetivamente pretende enfrentar, duas situações merecem especial destaque: o desenvolvimento de aplicações que possuem como funcionalidade a "recriação" de pessoas já falecidas por meio de avatares/sistemas de inteligência artificial[126] e a manutenção do perfil da pessoa física com viés autobiográfico em uma rede social.

Quanto à primeira questão, menciona-se uma notícia datada de 2016, que apontou que uma programadora teria conseguido "reviver" um amigo por meio de um *bot* de inteligência artificial, por meio da utilização de conversas travadas com o *de cujus* em vida, registradas em celulares e e-mails, que continham mensagens

---

122. O Tribunal de Justiça do Estado de São Paulo possui precedentes reconhecendo a transmissão de milhas aéreas aos herdeiros do titular no caso de falecimento deste, diante do caráter patrimonial de tais ativos. Vide: TJSP, Apelação Cível nº 1027776-57.2019.8.26.0562, Rel. Des; Alexandre David Malfatti, 17ª Câmara de Direito Privado, j. 01.12.2021; TJSP, Apelação Cível nº 1000092-17.2020.8.26.0565, 19ª Câmara de Direito Privado, Rel. Des. Ricardo Pessoa de Mello Belli, j. 03.05.2021. Não obstante, a 3ª Turma do Superior Tribunal de Justiça, em 2022, caracterizou a adesão ao Plano de Benefícios que dispensa contraprestação pecuniária do seu beneficiário e que prevê responsabilidade somente ao seu instituidor como espécie de contrato unilateral e benéfico, reconhecendo a validade da cláusula que proíbe a transferência dos pontos bônus por ato *causa mortis*. STJ, 3ª Turma, REsp 1878651 / SP, Rel. Min. Moura Ribeiro, j. 04.10.2022, DJe 07.10.2022.
123. VALOR INVESTE. *Com pandemia, mercado de games cresce 140% no Brasil, aponta estudo*. Disponível em: https://valorinveste.globo.com/objetivo/gastar-bem/noticia/2021/01/23/com-pandemia-mercado-de-games-cresce-140percent-no-brasil-aponta-estudo.ghtml. Acesso em: 19 out. 2022.
124. Em 2020, o juízo da 10ª Vara Cível do Tribunal de Justiça do Estado de São Paulo julgou procedente pleito veiculado por uma mulher direcionado ao acesso aos e-mails do cônjuge falecido para obter informações a respeito de aquisição de imóvel em empreendimento imobiliário. TJSP, 10ª Vara Cível, Processo nº 1036531-51.2018.8.26.0224, Juiz Lincoln Antônio Andrade de Moura, j. 28.02.2020.
125. A respeito do tema, ver: TEPEDINO, Gustavo; OLIVEIRA, Camila Helena Melchior Baptista de. *Streaming* e herança digital. In: TEIXEIRA, Ana Carolina Brochado; LEAL, Livia Teixeira. Herança digital: controvérsias e alternativas. 2. ed. Indaiatuba/SP: Foco, 2022. t. 1, p. 87-110.
126. A inteligência artificial é associada ao artigo "Computing Machinery and Intelligence", publicado em 1950 por de Alan Turing, em que foi apresentado um teste para identificar a possibilidade de máquinas terem um desempenho similar ao do homem. Diferencia-se a inteligência artificial do algoritmo convencional por sua habilidade de acumular experiências próprias e extrair delas aprendizado (*machine learning*), de modo que a inteligência artificial pode, inclusive, agir de modo autônomo, ou seja, praticar atos não imaginados pelo programador ou fabricante. Em uma versão mais avançada, a máquina poderia até mesmo reproduzir o funcionamento do cérebro humano, programando a si mesma, o que se denomina de *deep learning*. A respeito do tema, ver: SOUZA, Carlos Affonso; PADRÃO Vinícius. IA transformará o Direito, mas o Direito transformará IA? Direito e Inteligência Artificial: primeiros passos. *Jota*. Disponível em: www.jota.info/opiniao-e-analise/artigos/ia-transformara-o-direito-mas-o-direito-transformara-ia-26092017. Acesso em: 17 out. 2022 e DI BLASI, Gabriel; CANTARINO, Rodrigo. Limite da IA frente aos dilemas éticos e morais. *Jota*. Disponível em: https://www.jota.info/opiniao-e-analise/artigos/limite-da-ia-frente-aos-dilemas-eticos-e-morais-08122017. Acesso em: 17 out. 2022.

enviadas por aquela pessoa.[127] Em 2021, uma iniciativa similar foi adotada pelos amigos de um jovem russo que havia morrido atropelado[128] e por um canadense que utilizou um programa de inteligência artificial com a finalidade de simular uma troca de mensagens com a noiva que havia falecido há oito anos.[129]

Em 2017, uma empresa sul-coreana especializada na produção de avatares em 3D informou que estaria desenvolvendo um aplicativo que permitiria que o usuário interagisse e até tirasse *selfies* com pessoas que já faleceram, chamado "With me". Esse aplicativo escanearia e criaria uma imagem digitalizada da pessoa ainda em vida, em 3D, para, depois de sua morte, reproduzi-la por meio de um software de inteligência artificial, de modo que o avatar digital do falecido poderia responder a gestos e até tirar fotos com os amigos e familiares.[130]

Também na Coreia do Sul, foi produzido em 2020 um documentário no qual uma mulher interagia com a reprodução digital da filha que havia morrido aos 7 anos por meio da realidade virtual. Nesse caso houve igualmente a reprodução da imagem e da voz da menina para a utilização do programa.[131] Na mesma linha, podem ser observadas iniciativas para animar fotos antigas de pessoas falecidas,[132] empregando-se a tecnologia de *deep fake*,[133] sistema capaz de manipular rostos e vozes e criar movimentos, simulando expressões faciais e falas.

---

127. De acordo com a matéria divulgada, "[o] bot usa uma base com milhares de respostas de Mazurenko para as conversas, tentando usar os padrões de discurso e o senso de humor do amigo falecido. Quando o sistema não é capaz de casar as perguntas com respostas adequadas, ele recorre ao software tradicional da Luka, respondendo de forma mais genérica, tal como um bot tradicional". CANALTECH. *Programadora "revive" amigo em bot de inteligência artificial*. Disponível em: https://canaltech.com.br/curiosidades/programadora-revive-amigo-em-bot-de-inteligencia-artificial-82033/. Acesso em: 17 out. 2022.
128. "Roman Mazurenko tinha 34 anos quando morreu após ser atropelado. Os amigos, com saudade de Mazurenko, decidiram resolver o problema de uma forma um tanto quanto inusitada: transformando-o em inteligência artificial (IA). Para conseguir fazer isso, os amigos do rapaz russo criaram um chatbot alimentado com mensagens que ele havia enviado em vida. Em algumas situações, a IA cria novas respostas, em outras, a resposta é igual a que Mazurenko deu quando conversava com os amigos". EXAME. *Após a morte, jovem russo vira inteligência artificial*. Disponível em: https://exame.com/tecnologia/apos-a-morte-jovem-russo-vira-inteligencia-artificial/. Acesso em: 19 out. 2022.
129. G1. *Canadense usa inteligência artificial para simular troca de mensagens com noiva morta há 8 anos*. Disponível em: https://g1.globo.com/fantastico/noticia/2021/09/26/canadense-usa-inteligencia-artificial-para-simular-troca-de-mensagens-com-noiva-morta-ha-8-anos.ghtml. Acesso em: 19 out. 2022.
130. VEJA. *De outro mundo*: app permite que usuários tirem selfies com mortos. Disponível em: https://veja.abril.com.br/tecnologia/de-outro-mundo-app-permite-que-usuarios-tirem-selfies-com-mortos/. Acesso em: 17 out. 2022.
131. G1. *Mãe 'encontra' filha morta com a ajuda de realidade virtual em programa de TV*. Disponível em: https://g1.globo.com/economia/tecnologia/noticia/2020/02/19/mae-encontra-filha-morta-com-a-ajuda-de-realidade-virtual-em-programa-de-tv.ghtml. Acesso em: 17 out. 2022.
132. VEJA. Novo recurso permite animar fotos antigas de pessoas falecidas. Disponível em: https://veja.abril.com.br/tecnologia/novo-recurso-permite-animar-fotos-antigas-de-pessoas-falecidas/. Acesso em: 17 out. 2022.
133. Aponta-se, a título de exemplo, a iniciativa do site *MyHeritage*, que desenvolveu o chamado "Deep Nostalgia", que promete "animar os rostos em fotos históricas e criar vídeos realistas de alta qualidade". MYHERITAGE. Disponível em: https://www.myheritage.com.br/deep-nostalgia. Acesso em: 17 out. 2022.

As possibilidades de recriação digital também se refletem entre artistas, podendo agregar questionamentos relacionados a direitos autorais. Em 2021, um programa de TV da Coreia do Sul utilizou inteligência artificial para recriar a voz de um cantor morto há 25 anos,[134] e o sistema também vem sendo utilizado para retratar como famosos que já faleceram estariam atualmente,[135] e para reprodução em show e filmes.[136]

Mais recentemente, a cantora Elis Regina teve sua imagem e voz utilizadas em um vídeo publicitário da Volkswagen, no qual a artista aparece cantando com sua filha, Maria Rita. O comercial ensejou diversos debates jurídicos[137] e acarretou, inclusive, a abertura de uma representação ética pelo Conar[138] e a apresentação do Projeto de Lei nº 3592/23, que busca estabelecer "diretrizes para o uso de imagens e áudios de pessoas falecidas por meio de inteligência artificial (IA), com o intuito de preservar a dignidade, a privacidade e os direitos dos indivíduos mesmo após sua morte".[139]

Diante desse cenário, percebe-se que as mencionadas iniciativas envolvem aspectos intrinsecamente ligados à personalidade, na medida em que os sistemas de recriação digital normalmente envolvem a utilização da imagem e da voz do indivíduo, além de demandarem a coleta de dados pessoais relativos ao falecido, com a finalidade de recriá-lo digitalmente.

---

134. TECHTUDO. *Inteligência artificial traz cantor "de volta dos mortos"*. Disponível em: https://www.techtudo.com.br/noticias/2021/02/inteligencia-artificial-traz-cantor-de-volta-dos-mortos.ghtml. Acesso em: 19 out. 2022.
135. TERRA. *Fotógrafo usa IA para imaginar como seriam hoje famosos que já morreram*. Disponível em: https://www.terra.com.br/byte/fotografo-usa-ia-para-imaginar-como-seriam-hoje-famosos-que-ja--morreram,ba8414daa48b28604e416591fb4cdc794y70ekhx.html. Acesso em: 19 out. 2022.
136. TECMUNDO. *Snoop Dogg divide palco com holograma impressionante de rapper já falecido*. Disponível em: https://www.tecmundo.com.br/holografia/22169-snoop-dogg-divide-palco-com-holograma--impressionante-de-rapper-ja-falecido.htm. Acesso em: 22 out. 2022.
137. COLOMBO, Maici Colombo. A insustentável leveza da partida. *Migalhas*. Disponível em: https://www.migalhas.com.br/depeso/390745/a-insustentavel-leveza-da-partida. Acesso em: 02 ago. 2023. SCHREIBER, Anderson. Elis Regina e reconstrução digital póstuma: os herdeiros podem autorizar qualquer uso ou exploração comercial destes atributos?. *Jota*. Disponível em: https://www.jota.info/opiniao-e-analise/colunas/coluna-do-anderson-schreiber/elis-regina-e-reconstrucao-digital-postuma-01082023. Acesso em: 02 ago. 2023.
138. CNN Brasil. *Conar abre representação ética contra propaganda da Volkswagen com Elis Regina*. Disponível em: https://www.cnnbrasil.com.br/nacional/conar-abre-representacao-etica-contra-propaganda-da-volkswagen-com-elis-regina/. Acesso em: 02 ago. 2023.
139. De acordo com o projeto, para o uso da imagem de uma pessoa falecida, é necessário o consentimento prévio e expresso da pessoa em vida e, na ausência deste, dos familiares próximos. Estabelece ainda a proposta que os herdeiros têm o direito de preservar a memória e a imagem da pessoa falecida. BRASIL. Senado Federal. Projeto de Lei nº 3.592, de 2023. Estabelece diretrizes para o uso de imagens e áudios de pessoas falecidas por meio de inteligência artificial (IA), com o intuito de preservar a dignidade, a privacidade e os direitos dos indivíduos mesmo após sua morte. Disponível em: https://www25.senado.leg.br/web/atividade/materias/-/materia/158816. Acesso em: 02 ago. 2023.

Ademais, a reprodução digital *post mortem* do sujeito pode esbarrar em questões também ligadas à sua identidade, já que tais sistemas utilizam elementos capazes de individualizar a pessoa, buscando, inclusive, reproduzir o seu comportamento e gestos, o que pode interferir no projeto existencial construído por ela ao longo de sua vida e à forma como ela é considerada no meio social. Com efeito, a programação realizada na máquina se encontra sujeita a falhas[140] e a fraudes,[141] o que pode ocasionar a adoção de um comportamento pela máquina que não corresponda àquele adotado ou buscado pelo indivíduo em vida ou que o sistema seja empregado com fins ilícitos.

Indaga-se, ainda, como essas aplicações serão utilizadas na interação com as pessoas vivas, já que se poderia observar não apenas falhas que comprometessem a memória da pessoa falecida, mas também que pudessem vir a acarretar algum tipo de dano às pessoas que interagissem com o sistema.

Sob este aspecto, importante controvérsia direciona-se à responsabilidade civil relativa aos atos praticados por sistemas de inteligência artificial,[142] questão que se torna ainda mais nebulosa quando se trata da reprodução de uma pessoa já falecida. Como sistemas de inteligência artificial podem praticar atos com diferentes graus de autonomia, dúvidas surgem quanto ao regime de responsabilidade – se subjetiva ou objetiva – e quanto ao agente responsável – o programador, o fabricante ou a própria máquina.[143]

---

140. ÉPOCA. *Falha em Inteligência Artificial pode tornar robôs racistas e sexistas, mostra estudo*. Disponível em: https://epocanegocios.globo.com/Tecnologia/noticia/2022/06/falha-em-inteligencia-artificial-pode-tornar-robos-racistas-e-sexistas-mostra-estudo.html. Acesso em: 17 out. 2022.
141. VEJA. *Fala humana já pode ser replicada por robôs; risco de fraudes preocupa*. Disponível em: https://veja.abril.com.br/tecnologia/fala-humana-ja-pode-ser-replicada-por-robos-risco-de-fraudes-preocupa/. Acesso em: 17 out. 2022.
142. A respeito do tema, ver: TEPEDINO, Gustavo; SILVA, Rodrigo da Guia. Desafios da inteligência artificial em matéria de responsabilidade civil. *Revista Brasileira de Direito Civil – RBDCivil*, Belo Horizonte, v. 21, p. 61-86, jul./set. 2019. MULHOLLAND, Caitlin Sampaio. Responsabilidade civil e processos decisórios autônomos em sistemas de inteligência Artificial (IA): autonomia, imputabilidade e responsabilidade. In: FRAZÃO, Ana; MULHOLLAND, Caitlin Sampaio (coord.). *Inteligência artificial e direito*: ética, regulação e responsabilidade. São Paulo: Thomson Reuters Brasil, 2019. PIRES, Thatiane Cristina Fontão; SILVA, Rafael Peteffi da. A responsabilidade civil pelos atos autônomos da inteligência artificial: notas iniciais sobre a resolução do Parlamento Europeu. *Rev. Bras. Polít. Públicas*, Brasília, v. 7, n. 3, 2017.
143. Quanto ao tema, destaca-se, ainda, a discussão relativa à atribuição de personalidade jurídica para robôs. No ponto, em 2017, o Parlamento Europeu editou uma Resolução com recomendações sobre regras de Direito Civil e Robótica, estabelecendo orientações para a regulação de robôs inteligentes, dentre as quais se encontra a instituição de um registro e de um seguro obrigatórios e a criação de uma espécie de personalidade jurídica para robôs ("e-personality" ou "personalidade eletrônica"). Sobre a questão, ver: EHRHARDT JÚNIOR, Marcos; SILVA, Gabriela Buarque Pereira. Pessoa e sujeito de direito: reflexões sobre a proposta europeia de personalidade jurídica eletrônica. *Revista Brasileira de Direito Civil – RBDCivil*, Belo Horizonte, v. 23. p. 57-79, jan./mar. 2020.

Apesar da relevância dessas discussões no que se refere à questão pertinente à construção da identidade em vida e à memória da pessoa falecida, uma análise mais pormenorizada de tais debates foge do escopo do presente estudo, que se aterá, como já assinalado, às repercussões *post mortem* dos perfis constantes no Facebook e no Instagram.

Assim, no que tange às redes sociais especificadamente, apesar de se dizer que estas se tornarão os maiores "cemitérios digitais" do mundo em virtude do crescimento do número de usuários mortos,[144] não se pode ignorar que, diferentemente das propostas de cemitérios digitais, que contêm apenas páginas dedicadas a pessoas já falecidas, convivem nessas plataformas de forma peculiar perfis de pessoas vivas e de pessoas mortas, ressaltando-se a já apontada interatividade características a essas páginas.

Nesse contexto, a manutenção do perfil pessoal de uma rede social após a morte do usuário como memorial também traduz a ideia de permanência, gerando reflexos significativos na forma de se vivenciar o luto. As comunidades virtuais, marcadas pela possibilidade de comunicação transversal e livre, ao proporcionarem o contato entre pessoas com interesses comuns diversos,[145] também podem se configurar como ambientes relevantes de compartilhamento das experiências de luto,[146] "desenvolvendo uma espécie

---

"Vale questionar, de início, se a solução de se conceder uma personalidade jurídica seria mesmo a resposta adequada. No cenário europeu, impulsionado por indagações sobre responsabilidade, a questão da personalidade aparece muito mais ligada à construção de um mecanismo de reparação à vítima de danos do que como resultado de uma discussão mais aprofundada sobre o que é um robô inteligente e seu estatuto jurídico de forma mais abrangente. Não parece que criar uma personalidade jurídica autônoma seja a única (e quiçá a melhor) forma de direcionar a questão dos danos causados por robôs inteligentes. Quem vai gerir o patrimônio do robô? Um seguro amplo não seria uma forma mais eficiente para amparar a vítima do que criar uma nova categoria de pessoas jurídicas?". SOUZA, Carlos Affonso. O debate sobre personalidade jurídica para robô. *Jota*. Disponível em: https://www.jota.info/opiniao-e-analise/artigos/o-debate-sobre-personalidade-juridica-para-robos-10102017. Acesso em: 20 jun. 2022.

144. UOL. *Facebook deverá ter mais mortos do que vivos em 2098*. Disponível em: https://tecnologia.uol.com.br/noticias/redacao/2016/03/09/facebook-devera-ter-mais-mortos-do-que-vivos-em-2098.htm. Acesso em: 17 out. 2022.

145. "A cibercultura é a expressão da aspiração de construção de um laço social, que não seria fundado nem sobre links territoriais, nem sobre relações institucionais, nem sobre as relações de poder, mas sobre a reunião em torno de centro de interesses comuns (...). O apetite para as comunidades virtuais encontra um ideal de relação humana desterritorializada, transversal, livre". LÉVY, Pierre. *Cibercultura*. São Paulo: Editora 34, 2010. p. 132-133.

146. "Nas comunidades virtuais digitais de mortos, o tempo pressupõe o dinamismo da velocidade, por meio da constante atualização da narrativa, mas também uma desaceleração, na medida em que insere o usuário no tempo total sob dois aspectos: projeto de vida eterna, ancorado na manutenção da memória do morto, e possibilidade de conexão sem espaço fixo, ou seja, acesso ao suporte portátil (mobilidade)". RIBEIRO, Renata Rezende. *A morte midiatizada*: como as redes sociais atualizam a experiência do fim da vida. Eduff, 2016. p. 95.

de 'Além tecnológico'", com a celebração do corpo morto por meio de imagens fotográficas e textuais.[147]

Contudo, é preciso observar que, enquanto para alguns o conteúdo deixado pelo falecido pode ajudar a enfrentar o sofrimento decorrente da perda, para outros, essas lembranças podem ocasionar uma tristeza ainda maior, de modo que, em alguns casos, os familiares pleiteiam a exclusão desses dados.[148] A questão pode se tornar ainda mais problemática quando não há consenso entre os familiares a respeito desses conteúdos, na medida em que cada um vivencia o processo de luto de forma diversa.

Situações desafiadoras surgem, outrossim, quando conteúdos referentes a pessoas já falecidas são acessados e retomados como se fossem atuais,[149] ou quando imagens, vídeos ou informações a respeito do falecido são compartilhados na rede,[150] gerando uma exposição daquele que morreu.

Diante desse cenário, os provedores de redes sociais têm buscado promover ajustes em suas plataformas para amenizar os descompassos decorrentes da coexistência de perfis de pessoas vivas e de pessoas falecidas, que podem ser observados, sobretudo, quando o provedor envia como sugestão de evento para os demais usuários no dia que seria o aniversário daquele que faleceu ou quando não há qualquer indicação no perfil de que se trata da conta de uma pessoa que já morreu,[151] gerando situações desagradáveis como a publicação de mensagens de "feliz aniversário" na página do *de cujus* por outros usuários.

---

147. RIBEIRO, Renata Rezende. *A morte midiatizada*: como as redes sociais atualizam a experiência do fim da vida. Eduff, 2016. p. 89.
148. "Remover uma conta em razão da morte se aproxima da ideia de eliminar os vestígios terrenos da pessoa falecida. Para muitos, a conservação do perfil é uma escolha mórbida, que sujeita amigos e familiares a esbarrar com textos, fotos e vídeos que evocam o ente desaparecido. Para outros, contudo, é a possibilidade de estar ainda em contato com quem se foi. Há relatos de usuários que afirmam encontrar mais conforto nas lápides digitais do que nas de pedras". BRANCO, Sérgio. *Memória e esquecimento na Internet*. Porto Alegre: Arquipélago Editorial, 2017. p. 106.
149. FOLHA DE SÃO PAULO. *Mortos seguem vivos e continuam a fazer amigos no Facebook*. Disponível em: https://www1.folha.uol.com.br/ilustrissima/2019/05/mortos-seguem-vivos-e-continuam-a-fazer-amigos-no-facebook.shtml. Acesso em: 20 out. 2022.
150. Relembra-se o caso do cantor Cristiano Araújo, que faleceu em um acidente de carro e que teve suas imagens relacionadas ao acidente, à preparação do corpo e à autópsia veiculadas na Internet. TJGO, 3ª Vara de Família e Sucessões. Processo nº 230331-74.2015.8.09.0051, Juiz de Direito William Fabian de Oliveira Ramos, j. 25.06.2015. TJGO, 4ª CC, Agravo de Instrumento nº 249066-17.2015.8.09.0000, Comarca de Goiânia, Rel. Des. Maurício Porfírio Rosa, j. 29.10.2015.
151. ESTADÃO. *Facebook quer deixar de mostrar perfis de usuários mortos como sugestões para eventos*. Disponível em: https://link.estadao.com.br/noticias/empresas,facebook-quer-deixar-de-mostrar-perfis-de-usuarios-mortos-como-sugestoes-para-eventos,70002788409. Acesso em: 17 out. 2022. TECMUNDO. *Instagram criará memorial no perfil de usuários mortos*. Disponível em: https://www.tecmundo.com.br/redes-sociais/152376-instagram-criara-memorial-perfil-usuarios-mortos.htm. Acesso em: 17 out. 2022.

Os provedores têm, ainda, incluído disposições em seus termos de uso direcionadas ao gerenciamento de contas de pessoas falecidas, destacando-se, para a análise pertinente ao presente estudo, as regras estabelecidas pelo Facebook e pelo Instagram.

Nessa toada, verifica-se que o Facebook possibilita que os usuários expressem, em vida, se desejam manter sua conta como um memorial ou se querem excluí-la de forma permanente com a sua morte. As contas transformadas em memorial são definidas pelo próprio site como "um local em que amigos e familiares podem se reunir para compartilhar lembranças após o falecimento de uma pessoa".[152]

Caso se opte pela manutenção da conta, o nome do usuário no perfil aparecerá seguido da expressão "em memória de", o conteúdo compartilhado pela pessoa permanecerá na página, e, dependendo das configurações de privacidade da conta, os amigos poderão compartilhar lembranças na linha do tempo do perfil. Por outro lado, o perfil não é exibido em espaços públicos, é vedado o acesso de qualquer pessoa à conta transformada em memorial, e aquelas contas que não tiverem um contato herdeiro não poderão ser alteradas, sendo que as que contarem com apenas um administrador serão removidas se este enviar uma solicitação válida.[153]

O chamado "contato herdeiro" é uma pessoa escolhida pelo próprio usuário para administrar sua conta após a sua morte, devendo ser algum amigo do titular da conta na rede social. Caso haja a transformação da conta em memorial, o contato herdeiro poderá escrever uma publicação fixada no perfil, responder a novas solicitações de amizade, atualizar a imagem de perfil e foto da capa, baixar uma cópia do que aquele que faleceu postou e, inclusive, solicitar a exclusão da conta.[154] No entanto, ele não poderá fazer *login* na conta, remover ou alterar o que foi compartilhado pela pessoa antes da morte, remover amigos ou ler as mensagens privadas que o usuário enviou em vida.[155]

---

152. Facebook. *Escolha um contato herdeiro*. Disponível em: https://www.facebook.com/help/660987010672165#faq_%201568013990080948. Acesso em: 21 out. 2022.
153. *Ibidem*.
154. A Apple propõe uma iniciativa similar, viabilizando que o usuário escolha um "Contato de Legado", para ter acesso aos dados da conta após a sua morte. APPLE. *Como adicionar um Contato de Legado ao ID Apple*. Disponível em: https://support.apple.com/pt-br/HT212360. Acesso em: 21 out. 2022.
155. A respeito da natureza jurídica do contato herdeiro, remete-se ao estudo de José Luiz de Moura Faleiros Júnior: FALEIROS JÚNIOR, José Luiz de Moura. A natureza jurídica do "contato herdeiro". In: TEIXEIRA, Ana Carolina Brochado; LEAL, Livia Teixeira. *Herança digital*: controvérsias e alternativas. Indaiatuba/SP: Foco, 2022. t. 2. FACEBOOK. *O que é um contato herdeiro e o que ele pode fazer com minha conta do Facebook?*. Disponível em: https://www.facebook.com/help/1568013990080948. Acesso em: 21 out. 2022.

O Instagram, por sua vez, possibilita que qualquer usuário denuncie uma conta de alguém que faleceu, para que ocorra a sua transformação em memorial. Diferentemente do Facebook, não há previsão de um administrador para a conta. Opera-se o "congelamento" das informações ali contidas, não sendo autorizado o acesso de qualquer pessoa à conta ou a alteração de seu conteúdo. As publicações que a pessoa realizou em vida permanecem visíveis para o público com o qual foram compartilhadas, mas as contas transformadas em memorial não aparecem nos buscadores da plataforma.

Além disso, se o solicitante for "familiar próximo" dessa pessoa, este pode solicitar a remoção da página, por meio do envio da certidão de nascimento da pessoa falecida, da certidão de óbito e de documentos que comprovem, de acordo com a lei local, que ele é o "representante legal" da pessoa falecida ou de seu espólio.[156]

Cumpre observar, contudo, que nem sempre as opções conferidas pelos provedores de aplicações irão convergir para os interesses do próprio usuário ou de seus familiares, os quais podem almejar obter o acesso integral à conta. Cita-se, como exemplo, o caso noticiado em 2015 de uma cidadã britânica que pretendia continuar acessando a conta do Facebook da filha que havia falecido devido a um tumor cerebral, hipótese na qual o Facebook havia transformado o perfil em um memorial, inviabilizando o acesso da mãe à conta, o que lhe causou grande frustração.[157]

Questiona-se, também, qual deve ser o tratamento conferido à conta se os interesses dos familiares conflitarem com o desejo manifestado pelo usuário em vida em relação à destinação de seu perfil. Em suma: a conta deve integrar a herança e ser, portanto, passível de transmissão sucessória?

Sob este aspecto, não obstante nas redes sociais existam contas de natureza diversas, como já apontado, importa observar que é justamente o caráter existencial e personalíssimo, próprio de contas individuais relacionadas a pessoas

---

156. INSTAGRAM. *Como denunciar a conta de uma pessoa falecida*. Disponível em: https://help.instagram.com/151636988358045/?helpref=hc_fnav. Acesso em: 21 out. 2022. O *Twitter* e o *LinkedIn* também viabilizam a exclusão da conta de um usuário falecido, exigindo o envio de documentos e informações pelo requerente. TWITTER. *Como entrar em contato com o Twitter para falar de um usuário falecido ou sobre conteúdo multimídia relacionado a um familiar falecido*. Disponível em: https://help.twitter.com/pt/rules-and-policies/contact-twitter-about-a-deceased-family-members-account. Acesso em: 21 out. 2022. LINKEDIN. *Falecimento de usuário do LinkedIn*. Disponível em: https://www.linkedin.com/help/linkedin/answer/7285/falecimento-de-usuario-do-linkedin-remocao-de-perfil?lang=pt. Acesso em: 21 out. 2022.
157. BBC. *Luta de mãe por acesso ao Facebook de filha morta expõe questão sobre 'herança digital'*. Disponível em: http://www.bbc.com/portuguese/noticias/2015/04/150406_heranca_digital_rm. Acesso em: 21 out. 2022.

naturais, o elemento de maior dificuldade no exame da temática da herança digital, notadamente pelo potencial conflito entre eventual interesse dos herdeiros e a tutela de interesses existenciais relacionados ao falecido, não obstante o titular não esteja mais vivo.

Ademais, é o caráter autobiográfico que consubstancia a projeção da identidade do indivíduo nessas páginas, na medida em que reflete a construção de seu projeto pessoal de existência, que deve ser preservada mesmo após a morte, ressaltando a necessidade de tutela da memória individual do sujeito.

Nesse contexto, na visão de Giorgio Resta, a questão da chamada "morte digital" estaria na fronteira entre o direito de sucessão devido à morte e os direitos da personalidade, sendo motivado por um fato de evidência imediata: a dissociação entre a existência biológica de um indivíduo e sua "pessoa eletrônica", na medida em que esta não se dissolve com a morte, mas permanece na rede, dispersa em uma infinidade de bancos de dados ou armazenados em diferentes lugares por um período de tempo indefinido.[158]

O "corpo eletrônico", no conceito apresentado por Stefano Rodotà e consubstanciado nos dados pessoais relativos ao indivíduo, seria, assim, uma forma de perpetuar a sua existência no ambiente digital, na medida em que o seu perfil, ou seja, a sua "persona" digital, permaneceria mesmo após a sua morte física, sendo acessível pelos demais.

Desse modo, a criação de uma espécie de identidade digital se reflete também na possibilidade de uma permanência *post mortem* nas redes sociais, por meio dos dados pessoais constantes na rede. Sob este aspecto, o *corpo eletrônico*

---

158. "La questione della perennità dei dati non tocca unicamente il profilo del diritto all'oblio e quindi il sistema di tutela dell'identità personale. Esso ha notevoli implicazioni anche rispetto ad altre tematiche e quindi ad altri compendi normativi. Il tema che sta oggi prepotentemente emergendo all'attenzione del giurista è quello della sorte dei dati, e più in generale dei beni digitali, dopo la morte del soggetto. Esso si colloca, evidentemente, sulla frontiera tra il diritto delle successioni a causa di morte e i diritti della personalità, ed è sollecitato da un dato fenomenologico di immediata evidenza: la dissociazione tra l'esistenza biologica di un individuo e la sua 'persona elettronica'. Questa non si dissolve con la morte, ma permane in rete, dispersa in una molteplicità di banche dati o custodita in diversi luoghi virtuali (...), per un lasso temporale indefinito". Em tradução livre: A perpetuidade dos dados não afeta apenas o debate refetente ao direito ao esquecimento e, portanto, o sistema de proteção da identidade pessoal. Também tem implicações significativas em relação a outras questões e, portanto, a outros compêndios normativos. O tema que está emergindo com força para a atenção do jurista hoje é o destino dos dados, e mais geralmente dos ativos digitais, após a morte do sujeito. Situa-se a temática, evidentemente, na fronteira entre o direito sucessório e os direitos da personalidade, e é motivada por um fato fenomenológico de evidência imediata: a dissociação entre a existência biológica de um indivíduo e sua 'pessoa eletrônica'. Este não se dissolve com a morte, mas permanece na rede, disperso em uma multiplicidade de bases de dados ou guardado em vários lugares virtuais (...), por tempo indeterminado. RESTA, Giorgio. La "morte" digitale. *Il diritto dell'informazione e dell'informatica*, a. XXIX, Fasc. 6. Milano: Giuffrè Editore, 2014. p. 894.

se projetaria também após a morte física do indivíduo, de modo que as formas tradicionais de representação do corpo do morto, como a fotografia passam a ser integradas com aquelas surgidas no bojo das redes sociais.

Essas novas realidades acarretam questionamentos desafiadores para o Direito, sobretudo diante do rápido desenvolvimento tecnológico relativo ao ambiente digital e, de outro lado, da necessidade de um debate cauteloso para se definir soluções jurídicas para os problemas derivados da permanência do perfil após a morte.

Questiona-se, assim: qual deve ser, então, o tratamento jurídico direcionado a esses perfis? Quais interesses são objeto de tutela jurídica nesse contexto? Como compatibilizá-los? É o que se buscará discutir no curso do presente estudo.

2
PROTEÇÃO DA MEMÓRIA INDIVIDUAL NA INTERNET

"A morte é um problema dos vivos".
– Norbert Elias[1]

A Internet remodelou de forma significativa as relações humanas, surgindo da rede situações que não haviam sido consideradas ou sequer imaginadas pelo legislador no momento da elaboração dos diplomas legais. Com efeito, o direito acaba por estar frequentemente a um passo atrás das transformações tecnológicas,[2] exigindo-se do jurista um verdadeiro esforço interpretativo para reverter o descompasso entre a previsão legal e as demandas geradas pelas situações concretas na realidade prática.

Observa, nesse sentido, Gustavo Tepedino, que a liberdade proporcionada pelas tecnologias apresenta faces antagônicas, na medida em que, se de um lado avulta o aspecto emancipador da liberdade, por meio das possibilidades e facilidades proporcionadas pelos novos dispositivos, de outro, evidencia uma feição hostil, consubstanciada em uma interferência excessiva e reiterada na esfera privada.

Assim, as novas tecnologias, ao ampliarem as liberdades, paradoxalmente, acarretaram a necessidade de maior intervenção pública para resguardar os direitos dos indivíduos, o que vai englobar também atuação do jurista na aplicação do direito.[3]

---

1. ELIAS, Norbert. *A Solidão dos Moribundos*. Rio de Janeiro: Zahar, 2001. *E-book*. p. 6.
2. "Con el paso del tiempo y el surgimiento de nuevos sistemas, vemos que, hasta que surge la regulación oficial, durante un tiempo se nada en un mar de inconcreciones que podrán dar lugar a inseguridades e injusticias. Si aplicamos tales presupuestos a los avances actuales, esto es, la relación entre Internet y el Derecho, con el avance vertiginoso de la tecnología, veremos que este hecho elemental, esto es, que el primero siempre se encuentra un paso por delante del segundo, se agudiza mucho más si cabe". INIESTA, Javier Belda; SERNA, Francisco José Aranda. El paradigma de la identidad: hacia una regulación del mundo digital. *Revista Forense*, v. 422, p. 182. 2016.
3. "Na contemporaneidade, a despeito das ideologias que professam, difusamente, a diminuição da presença estatal na vida privada, as novas tecnologias ampliaram de tal forma as liberdades que, paradoxal-

Nesse contexto, diante das lacunas normativas e da velocidade com que os instrumentos tecnológicos se desenvolvem, evidencia-se a insuficiência do mecanismo da subsunção como forma de conferir segurança jurídica às relações, na medida em que surgem "a cada dia questões inovadoras, sequer cogitadas pelo legislador, muito distantes das previsões abstratas pretensamente capazes de regular o comportamento social".[4]

Desse modo, segundo o supramencionado autor, é preciso desenvolver uma técnica de interpretação e fundamentação das decisões a qual considere que, nos conflitos do mundo tecnológico, a liberdade deve ser exercida "dentro e conforme o direito, e não fora dele", não configurando um espaço de *não direito*. Ou seja, a autonomia deve ser exercida em consonância com a tábua axiológica do ordenamento jurídico.[5]

Cabe ao intérprete, assim, promover a integração do sistema jurídico,[6] ponderando, no caso concreto os interesses envolvidos, a fim de "compatibilizar os avanços extraordinários obtidos pela ciência com a tutela da pessoa humana",[7] o

---

mente, o Estado-juiz é chamado a suprir a carência de intervenção pública e a posição hegemônica do mercado na definição das normas de comportamento. Nesse contexto, a técnica regulamentar, própria das codificações liberais do Século XIX, mostra-se insuficiente a disciplinar a vida social. A técnica legislativa dos princípios e cláusulas gerais tornou-se gradual e crescentemente indispensável para o estabelecimento de padrões de comportamento estáveis, mediante normas de grande amplitude e baixa densidade analítica, isto é, desprovidas de especificidade para situações preconcebidas, a exigirem, por isso mesmo, intensa atividade da magistratura para a criação da norma no caso concreto". TEPEDINO, Gustavo. Liberdades, tecnologia e teoria da interpretação. *Revista Forense*, Rio de Janeiro: Forense, v. 419, a. 110, jan./jun. 2014.

4. "A lógica da subsunção e do mecanismo silogístico na aplicação do direito alimenta o sentimento de que a liberdade, cujas manifestações são desprovidas, evidentemente, de previsões normativas típicas, se encontra externa ao (enquadramento do) direito. Ser efetivamente livre seria agir sem controle legal, iniciando-se a liberdade quando se encerra o alcance do ordenamento. Assim, somente quando o fato social se encaixa perfeitamente na norma esta poderia incidir; nos demais casos prevaleceria a autonomia privada. Daqui decorre o equívoco dos chamados espaços de não direito, como espaços de liberdade individual fora do âmbito do direito, inalcançáveis pelo ordenamento, como se tal proposição representasse imperativo natural da pessoa humana". TEPEDINO, Gustavo. Liberdades, tecnologia e teoria da interpretação. *Revista Forense*, Rio de Janeiro: Forense, v. 419, a. 110, p. 84. jan./jun. 2014.
5. *Ibidem*.
6. "De todo modo, cabe ao intérprete, não mais ao legislador, a obra de integração do sistema jurídico; e esta tarefa há de ser realizada em consonância com a legalidade constitucional. No que concerne à parte geral, algumas cláusulas gerais utilizadas pelo codificador merecem especial atenção, relativamente à proteção dos direitos da personalidade e à boa-fé objetiva como cânone interpretativo". TEPEDINO, Gustavo. Crise de fontes normativas e técnica legislativa na parte geral do Código Civil de 2002. In: TEPEDINO, Gustavo (coord.). *A parte geral do novo Código Civil*. Estudos na perspectiva civil-constitucional. 3. ed. Rio de Janeiro: Renovar, 2007. p. XXI.
7. "Na sociedade tecnológica, a liberdade há de ser estimulada, acompanhada por teoria da interpretação capaz de, mediante cuidadosa ponderação, compatibilizar os avanços extraordinários obtidos pela ciência com a tutela da pessoa humana; separando-se as relações patrimoniais das existenciais e funcionalizando-se, no plano interpretativo, a autonomia privada e a explosão dos novos direitos aos valores e princípios constitucionais". TEPEDINO, Gustavo. Liberdades,

que deve ser efetivado a partir de uma ação que considere o ordenamento em sua integralidade,[8] tendo como base a cláusula geral de tutela da dignidade da pessoa humana, esculpida pelo art. 1º, III da Constituição da República.[9]

Ressalta-se que a dignidade da pessoa humana se baseia no pressuposto de que "cada ser humano possui um valor intrínseco e desfruta de uma posição especial no universo",[10] possuindo dupla dimensão: uma interna, que corresponde a este valor intrínseco próprio do indivíduo, e uma externa, relacionada aos seus direitos e responsabilidades, e a deveres de terceiros.[11]

Com efeito, a necessidade de uma teoria da interpretação que considere a unidade do ordenamento por meio da centralidade da Constituição e da pessoa humana se evidencia, assim, também diante das transformações tecnológicas proporcionadas pela realidade digital.

A elaboração de leis especiais para regular as diversas situações que surgem a partir do desenvolvimento tecnológico e do aumento do fluxo de informações – como o Marco Civil da Internet (Lei nº 12.965/14) e a Lei Geral de Proteção de Dados (Lei nº 13.709/18) –, somadas àquelas já existentes – a exemplo do próprio Código Civil e do Código de Defesa do Consumidor (Lei nº 8.078/90) –, demanda do intérprete uma leitura sistemática que permita extrair de todo o ordenamento a solução para o caso concreto.

Além disso, para se verificar os instrumentos de proteção da pessoa humana nesse contexto é preciso delinear o que se entende juridicamente como "pessoa", "sujeito" e "personalidade", conceitos que podem assumir significados diversos a

---

tecnologia e teoria da interpretação. *Revista Forense*, Rio de Janeiro: Forense, v. 419, a. 110, p. 95-96. jan./jun. 2014, 2014.

8. DONEDA, Danilo. Os direitos da personalidade no Código Civil. In: TEPEDINO, Gustavo (coord.). *A parte geral do novo Código Civil*. Estudos na perspectiva civil-constitucional. 3. ed. Rio de Janeiro: Renovar, 2007. p. 48.
9. "O reconhecimento da possibilidade de os direitos fundamentais operarem sua eficácia nas relações interprivadas é, talvez, o cerne da denominada constitucionalização do Direito Civil. A Constituição deixa de ser reputada simplesmente como uma carta política, para assumir uma feição de elemento integrador de todo o ordenamento jurídico – inclusive do Direito Privado. Os direitos fundamentais não são apenas liberdades negativas exercidas contra o Estado, mas são normas que devem ser observadas por todos aqueles submetidos ao ordenamento jurídico. A eficácia dos direitos fundamentais nas relações interprivadas se torna inegável, diante da diluição de fronteiras entre público e privado". FACHIN, Luiz Edson; RUZYK, Carlos Eduardo Pianovski. Direitos fundamentais, dignidade da pessoa humana e o novo Código Civil: uma análise crítica. In: SARLET, Ingo Wolfgang (org.). *Constituição, direitos fundamentais e direito privado*. 3. ed. Porto Alegre: Livraria do Advogado, 2010. p. 105.
10. BARROSO, Luís Roberto. *A dignidade humana no direito constitucional contemporâneo*: a construção de um conceito jurídico à luz da jurisprudência mundial. Belo Horizonte: Fórum, 2013. p. 14.
11. *Ibidem*. p. 62.

depender do contexto histórico-social,[12] cumprindo, ainda, compreender como essa tutela reverbera após a morte.

Considerado esse cenário, é preciso identificar como regular juridicamente os perfis com caráter autobiográfico contidos no Facebook e no Instagram após a morte do titular, questionando-se, assim: a) como o direito tutela as situações jurídicas existenciais e b) se essa proteção se opera também após a morte física do sujeito. A proteção da identidade projetada nas mencionadas páginas persiste após a morte do usuário como interesse juridicamente tutelável?

2.1 TUTELA DOS DIREITOS DA PERSONALIDADE PARA ALÉM DO VIÉS SUBJETIVO

A construção dos direitos da personalidade decorre de elaboração relativamente recente e deriva da construção doutrinária francesa e germânica,[13] observando Maria Celina Bodin de Moraes que, não obstante o direito de propriedade constituísse até então o elemento de unificação do direito civil, no final do século XIX, se percebeu a necessidade de garantir proteção a uma esfera de privacidade dos indivíduos, fator que remodelou também as fronteiras entre o público e o privado.[14]

Não obstante, o intuito de se proteger a pessoa esteve presente anteriormente na história, na previsão de sanções para as hipóteses de lesão à integridade física ou moral do ser humano no Código de Hamurabi, na própria concepção de direito natural e de seu contraponto com o direito positivo, pelo reconhecimento da existência de um vínculo entre homem e Deus no âmbito do Cristianismo, com a construção de uma concepção de dignidade humana, e nas normas presentes no direito romano que resguardavam a integridade física e o domicílio, a

---

12. "O discurso jurídico é sempre um discurso conotado e, por recorrências lexicais diversas, seu dicionário é, de certa forma, autônomo. Pessoa, sujeito, personalidade são palavras que têm diversas conotações no tempo e no espaço." MARTINS-COSTA, Judith. Os danos à pessoa no direito brasileiro e a natureza da sua reparação. In: MARTINS-COSTA, Judith (org.). *A reconstrução do direito privado*: reflexos dos princípios, diretrizes e direitos fundamentais constitucionais no direito privado. São Paulo: Ed. RT, 2002. p. 410. Na mesma esteira, Pietro Perlingieri pontua que o estudo do direito "não pode prescindir da análise da sociedade na sua historicidade local e universal, de maneira a permitir a individualização do papel e do significado da juridicidade na unidade e na complexidade do fenômeno social". PERLINGIERI, Pietro. *Perfis do direito civil*: introdução ao Direito Civil Constitucional. 3. ed. Trad. Maria Cristina De Cicco. Rio de Janeiro: Renovar, 2002. p. 1.
13. "A construção de uma categoria à parte, de direitos tendo por conteúdo os próprios bens da personalidade, é obra da doutrina moderna, especialmente, da doutrina germânica da última metade do século passado em diante". DANTAS, San Tiago. *Programa de direito civil*. Aulas proferidas na Faculdade Nacional de Direito [1942 – 1945]. Parte Geral. Rio de Janeiro: Editora Rio, 1977. p. 192.
14. BODIN DE MORAES, Maria Celina. *Na medida da pessoa humana*: estudos de direito civil-constitucional. Rio de Janeiro: Renovar, 2010. p. 121-122.

exemplo da *actio injuriarum*, a ação contra qualquer atentado à pessoa física ou moral do cidadão.[15] Além disso, atos como o *Bill of Rights* (1689), a Declaração dos Direitos do Homem e do Cidadão (1789) e a Declaração Universal dos Direitos Humanos (1948) também se configuram como marcos relevantes para a tutela jurídica da pessoa.[16]

Contudo, é na busca pelo estabelecimento da base econômica que se desenvolvia sob a perspectiva da classe burguesa e da premência de garantia das liberdades individuais perante o Estado, em paralelo à concepção do cristianismo de indivíduo como ser único e de valor absoluto, que se constitui a promoção do *status* jurídico da pessoa humana.[17]

Cumpre salientar, na esteira do apontado por Eduardo Nunes de Souza, que o papel nuclear da personalidade no arcabouço teórico do direito civil se refere, em sua concepção, muito mais à definição de quem figuraria como sujeito de direito do que à centralidade da própria pessoa humana como valor primordial do ordenamento jurídico.[18] Sob este aspecto, a personalidade encontra-se tradicionalmente

---

15. AMARAL, Francisco. *Direito civil*: introdução. 6. ed. Rio de Janeiro: Renovar, 2006. p. 253-254.
16. Caio Mário da Silva Pereira salienta que "[t]odos os sistemas jurídicos, em maior ou menor escala, punem os atentados contra a vida, à integridade tanto física quanto moral. Isto não obstante, cabe assinalar que os 'direitos da personalidade' incorporam-se como estrutura organizacional, mais modernamente, o que levou Milton Fernandes a dizer que a proteção jurídica aos direitos da personalidade 'é uma conquista de nosso tempo'". PEREIRA, Caio Mário da Silva. *Direito civil*: alguns aspectos da sua evolução. Rio de Janeiro: Forense, 2001. p. 22.
17. "Esta mencionada promoção do status jurídico da pessoa humana é decorrência imediata de duas tradições, em especial: a do cristianismo, que ao exaltar o indivíduo como ente único, de valor absoluto sejam quais forem suas condições, distinguia este da coletividade e ainda reconhecia seu livre arbítrio; e a das declarações de direitos surgidas em fins do século XVIII, como substrato para realizar a libertação do homem das várias limitações que lhe eram apostas pelo sistema feudal. Assim preparou-se a entrada em um novo ambiente econômico, cultural e político, no qual surgia a figura do Estado de Direito. Como reação direta ao modelo de Estado anterior, os direitos contidos nestas mencionadas declarações eram direitos dos quais a pessoa se poderia valer perante o Estado, em um matiz individualista. A um segundo exame, porém, revela-se também outra função, que seria a de estabelecer as bases para uma nova economia que se desenvolvia sob o comando da classe burguesa que passava a desempenhar um papel protagonista". DONEDA, Danilo. Os direitos da personalidade no Código Civil. *Revista da Faculdade de Direito de Campos*, a. VI, n. 6, p. 73. jun. 2005.
18. "A primeira incompreensão que se deve afastar, nesse particular, é a de que o papel nuclear da personalidade no arcabouço teórico do direito civil refletiria a centralidade da própria pessoa humana como valor primordial do ordenamento jurídico. Muito ao contrário, a estrutura essencial dos principais institutos civilísticos, tal qual conhecida e aplicada ainda nos dias atuais, data, pelo menos, da primeira grande codificação, ao passo que o status normativo privilegiado de que a dignidade humana passou a gozar nos ordenamentos da família romano-germânica (e, em linhas gerais, no cenário internacional) data prioritariamente do século XX (sobretudo do período pós-guerra e, no caso brasileiro, da fase de redemocratização ao final dos anos 1980). Nesse sentido, se as primeiras disposições da maior parte dos códigos civis se reportam à personalidade, à semelhança dos primeiros volumes dos mais respeitados tratados de direito civil, isso não parece decorrer da particular preocupação do civilista a respeito da tutela dos interesses existenciais da pessoa humana, matéria para a qual a consciência jurídica apenas despertou muito mais recentemente". SOUZA, Eduardo Nunes de. Dilemas atuais do conceito

associada à capacidade de direito ou de gozo,[19] dispondo o art. 1º do Código Civil de 2002 que "toda pessoa é capaz de direitos e deveres na ordem civil".[20]

No entanto, com a barbárie observada ao longo do século XX, foi observada a necessidade de se promover uma tutela jurídica que resguardasse a pessoa como titular da sua própria esfera de personalidade,[21] e não mais apenas como o ser capaz de adquirir direitos e contrair obrigações.[22] Nesse sentido, em relação

---

jurídico de personalidade: uma crítica às propostas de subjetivação de animais e de mecanismos de inteligência artificial. *Civilistica.com*. Rio de Janeiro, a. 9, n. 2, 2020. Disponível em: http://civilistica.com/dilemas-atuais-do-conceito-juridico-depersonalidade/. Acesso em: 17 out. 2022. p. 7.

19. "Pessoa é o ser a que se atribuem direitos e obrigações. Personalidade é a aptidão reconhecida pela ordem jurídica a alguém para exercer direitos e contrair obrigações". BEVILÁQUA, Clóvis. *Teoria geral do direito civil*. Campinas: Red Livros, 2001. p. 115-116. "Pessoa é o titular do direito, o sujeito de direito. Personalidade é a capacidade de ser titular de direitos, pretensões, ações e exceções e também de ser sujeito (passivo) de deveres, obrigações, ações e exceções. Capacidade de direito e personalidade são o mesmo". MIRANDA, Pontes de. *Tratado de direito privado*. Introdução: pessoas físicas e jurídicas. São Paulo: Ed. RT, 2012. p. 245. "A personalidade é um atributo jurídico. Todo homem, atualmente, tem aptidão para desempenhar na sociedade um papel jurídico, como sujeito de direito e obrigações. Sua personalidade é institucionalizada num complexo de regras declaratórias das condições de sua atividade jurídica e dos limites a que se deve circunscrever". GOMES, Orlando. *Introdução ao direito civil*. 21. ed. Atualizado por Edvaldo Brito e Reginalda Paranhos de Brito. Rio de Janeiro: Forense, 2016. p. 107. Também para Francisco Amaral a personalidade corresponderia à "possibilidade de alguém ser titular de relações jurídicas". AMARAL, Francisco. *Direito civil*: introdução. 6. ed. Rio de Janeiro: Renovar, 2006. p. 218. Na visão de Adriano De Cupis, "[a] personalidade, se não se identifica com os direitos e com as obrigações jurídicas, constitui a precondição deles, ou seja, o seu fundamento e pressuposto". DE CUPIS, Adriano. *Os direitos da personalidade*. São Paulo: Quorum, 2008. p. 21. A doutrina diferencia a capacidade de direito ou de gozo da capacidade de fato, na medida em que essa representa a "medida da subjetividade", a "aptidão para utilizar os direitos na vida civil, exercendo-os por si mesmo, sem necessidade de assistência ou representação". TEPEDINO, Gustavo; BARBOZA, Heloisa Helena; BODIN DE MORAES, Maria Celina. *Código Civil interpretado conforme a Constituição da República*. 2. ed. Rio de Janeiro: Renovar, 2007. v. I. Parte geral e obrigações (arts. 1º a 420), p. 5.
20. No mesmo sentido, estabelecia o art. 2º do Código Civil de 1916 que "[t]odo homem é capaz de direitos e obrigações na ordem civil".
21. "A barbárie do século XX – o totalitarismo estatal, econômico ou científico – teve como contrapartida a afirmação do valor da pessoa como titular da sua própria esfera de personalidade, que, antes de ser vista como mero suposto do conceito técnico de capacidade, fundamenta-se no reconhecimento da dignidade própria à pessoa humana". MARTINS-COSTA, Judith. Os danos à pessoa no direito brasileiro e a natureza da sua reparação. In: MARTINS-COSTA, Judith (org.). *A reconstrução do direito privado*: reflexos dos princípios, diretrizes e direitos fundamentais constitucionais no direito privado. São Paulo: Ed. RT, 2002. p. 412. Ressalta-se, quanto a este ponto, que a Declaração Universal dos Direitos Humanos estabelece, em seus artigos 1º e 6º, que "[t]odos os seres humanos nascem livres e iguais em dignidade e em direitos" e que "[t]odos os indivíduos têm direito ao reconhecimento, em todos os lugares, da sua *personalidade jurídica*" (grifos nossos). ORGANIZAÇÃO DAS NAÇÕES UNIDAS (ONU). *Declaração Universal dos Direitos Humanos*. Disponível em https://www.ohchr.org/sites/default/files/UDHR/Documents/UDHR_Translations/por.pdf. Acesso em: 17 out. 2022.
22. "Submergida a ideia de 'pessoa' na de 'indivíduo' (ao senso 'egoísta' do termo) e não visualizada a de 'personalidade' pela preeminência do conceito técnico de 'capacidade', traçaram-se as tramas semânticas que acabaram por fundir o 'ser pessoa' com o 'ser capaz de adquirir direitos e contrair obrigações'. Em outras palavras, instrumentalizou-se a personalidade humana, reproduziu-se, na sua conceituação, a lógica do mercado, o que conduziu à desvalorização existencial da ideia jurídica de pessoa, para torná-la mero instrumento da técnica do Direito". MARTINS-COSTA, Judith. Os danos à pessoa no

às pessoas naturais, a personalidade assegura na atualidade que todas recebam a mesma tutela, prioritária e universal, como decorrência do princípio da dignidade humana, previsto pelo art. 1º, III, da Constituição da República.[23]

Observa-se, assim, que o conceito de personalidade passa a assumir dois sentidos na ordem jurídica: aquele vinculado à capacidade de direito, abarcando tanto as pessoas físicas quanto as pessoas jurídicas, e aquele relativo ao "conjunto de características e atributos da pessoa humana, considerada como objeto de proteção prioritária pelo ordenamento", de modo a se direcionar apenas à pessoa natural.[24]

Nesse contexto, Gustavo Tepedino e Milena Donato Oliva ressaltam a necessidade de se apartar os dois sentidos, já que apenas no sentido tradicional se poderia identificar as noções de personalidade e capacidade. Desse modo, melhor seria adotar o conceito de "subjetividade" como a capacidade para ser sujeito de direito, reconhecendo-se à pessoa jurídica subjetividade, e não personalidade.[25]

---

direito brasileiro e a natureza da sua reparação. In: MARTINS-COSTA, Judith (org.). *A reconstrução do direito privado*: reflexos dos princípios, diretrizes e direitos fundamentais constitucionais no direito privado. São Paulo: Ed. RT, 2002. p. 411.

23. O autor diferencia a função da atribuição personalidade no que tange a pessoas naturais e pessoas jurídicas: "Sobressai, nesse passo, a caracterização da atribuição de personalidade em sentido jurídico (subjetividade) como um expediente técnico inspirado em reuniões humanas já existentes na realidade social e não como resultado de um juízo valorativo. Vale dizer: a personalidade jurídica representa apenas um instrumento, que pode ser empregado para a tutela de valores e interesses diversos; uma estrutura que pode servir a mais de uma função. Em relação às pessoas naturais, como a própria razão de ser do ordenamento jusprivatista, nos moldes conhecidos no sistema romano-germânico, é a da garantia de direitos a elas, esse instrumento assegura que todas recebam a mesma tutela, prioritária e universal, que decorre do princípio da dignidade humana. Em relação às pessoas jurídicas para as quais seria possível, em tese, a negativa de subjetividade (pois não são elas o fim último do fenômeno jurídico), esse mesmo instrumento se aplica por outro motivo: a conveniência que proporciona à consecução das finalidades (precipuamente patrimoniais) perseguidas pelas pessoas naturais que delas participam, direta ou indiretamente". SOUZA, Eduardo Nunes de. Dilemas atuais do conceito jurídico de personalidade: uma crítica às propostas de subjetivação de animais e de mecanismos de inteligência artificial. *Civilistica.com*. Rio de Janeiro, a. 9, n. 2, 2020. Disponível em: http://civilistica.com/dilemas-atuais-do-conceito-juridico-depersonalidade/. Acesso em: 17 out. 2022. p. 12.
24. TEPEDINO, Gustavo; OLIVA, Milena Donato. Personalidade e capacidade na legalidade constitucional. In: MENEZES, Joyceane Bezerra de (org.). *Direito das pessoas com deficiência psíquica e intelectual nas relações privadas*: Convenção sobre os direitos da pessoa com deficiência e Lei Brasileira de Inclusão. Rio de Janeiro: Processo, 2016. p. 232. San Tiago Dantas observa, nesse sentido, que "a palavra personalidade pode ser tomada em duas acepções: numa acepção puramente técnico-jurídica ela é a capacidade de ter direitos e obrigações e é, como muito bem diz Unger, o pressuposto de todos os direitos subjetivos e, numa outra acepção, que se pode chamar acepção natural: é o conjunto dos atributos humanos e não é identificável". DANTAS, San Tiago. *Programa de direito civil*. Aulas proferidas na Faculdade Nacional de Direito [1942 – 1945]. Parte Geral. Rio de Janeiro: Editora Rio, 1977. p. 192.
25. "Desse modo, a equiparação conceitual entre personalidade (na acepção subjetiva) e capacidade deve ser afastada em um sistema no qual a personalidade (entendida objetivamente) passa a ser objeto de proteção privilegiada, ocupando a dignidade da pessoa humana posição central no ordenamento. Preferível, assim, afirmar que, tal como a pessoa humana, a pessoa jurídica é dotada de subjetividade,

Com efeito, a pessoa natural goza de tutela prioritária no ordenamento por sua natureza humana, como um valor em si mesmo, e não por sua subjetivação jurídica, diferentemente da pessoa jurídica, a quem o ordenamento confere personalidade jurídica com o fito de proporcionar a consecução das finalidades perseguidas pelas pessoas naturais que dela participam.[26] Nesse contexto, apenas as pessoas naturais seriam dotadas de personalidade, possuindo proteção máxima pelo ordenamento jurídico.[27]

No que tange aos direitos da personalidade, a sua própria existência foi objeto de controvérsia inicial, constituindo-se no século XIX as teorias negativistas, segundo as quais, como a personalidade se identificava com a titularidade de direitos, haveria contradição lógica em ser ao mesmo tempo objeto deles.[28]

---

possuindo capacidade para ser sujeito de direito". TEPEDINO, Gustavo; OLIVA, Milena Donato. Personalidade e capacidade na legalidade constitucional. In: MENEZES, Joyceane Bezerra de (org.). *Direito das pessoas com deficiência psíquica e intelectual nas relações privadas*: Convenção sobre os direitos da pessoa com deficiência e Lei Brasileira de Inclusão. Rio de Janeiro: Processo, 2016. p. 234.

26. SOUZA, Eduardo Nunes de. Dilemas atuais do conceito jurídico de personalidade: uma crítica às propostas de subjetivação de animais e de mecanismos de inteligência artificial. *Civilistica.com*. Rio de Janeiro, a. 9, n. 2, 2020. Disponível em: http://civilistica.com/dilemas-atuais-do-conceito-juridico-depersonalidade/. Acesso em: 17 out. 2022. p. 14.

27. Sob este aspecto, o Enunciado nº 286, IV Jornada de Direito Civil do Conselho da Justiça Federal dispõe que "[o]s direitos da personalidade são direitos inerentes e essenciais à pessoa humana, decorrentes de sua dignidade, não sendo as pessoas jurídicas titulares de tais direitos".

28. "Do ponto de vista de sua evolução histórica, destacam-se, em primeiro lugar, as chamadas teorias negativistas (cf., dentre outros, Roubier; Unger; Dabin; Savigny; Thon; Von Tuhr; Enneccerus; Zitelmann; Crome; Iellinek; Ravà; Simoncelli), que, no século dezenove, refutaram a categoria dos direitos da personalidade". TEPEDINO, Gustavo; OLIVA, Milena Donato. *Fundamentos do direito civil*. Rio de Janeiro: Forense, 2020. v. 1: Teoria geral do direito civil, p. 145. "Unger observa que há uma contradição entre o conceito de personalidade e a pretendida categoria dos direitos da personalidade. Diz ele: "a personalidade, sendo a capacidade que tem todo homem de direitos e obrigações", é um pressuposto de todos os direitos, não podendo ser deles o objeto de uma categoria especial" DANTAS, San Tiago. *Programa de direito civil*. Aulas proferidas na Faculdade Nacional de Direito [1942 –1945]. Parte Geral. Rio de Janeiro: Editora Rio, 1977. p. 192. Observa Gustavo Tepedino que "não se considerava a proteção jurídica da personalidade revestida dos característicos do direito subjetivo, limitando-se à reação do ordenamento contra a lesão – o dano injusto –, através do mecanismo da responsabilidade civil". TEPEDINO, Gustavo. A tutela da personalidade no ordenamento civil-constitucional brasileiro. In: TEPEDINO, Gustavo. *Temas de Direito Civil*. 3. ed. Rio de Janeiro: Renovar, 2004. p. 26. Destacam-se, ainda, as lições de Francisco Cavalcante Pontes de Miranda: "Por longo tempo, a técnica legislativa satisfez-se com a simples alusão à "pessoa", ou à "ofensa à pessoa", para as regras jurídicas concernentes aos efeitos da entrada do suporte fático, em que há ser humano, no mundo jurídico. De certo modo, a referência era o suposto fáctico, como se lesado fosse êle, e não os direitos que se irradiaram, como efeitos, do fato jurídico da personalidade. Daí não se ter cogitado de debulhar os diferentes direitos que a ofensa poderia atingir. Além disso, a imediata influência do instituto da propriedade, em tempos que conheceram a servidão e a escravidão, concorria para que se pensasse em propriedade, sempre, que se descobria serem absolutos os direitos em causa. Ainda no século em que vivemos, juristas de prol resistiram a tratar a integridade psíquica, a honra e, até a liberdade de pensamento como direitos". PONTES DE MIRANDA, Francisco Cavalcante. *Tratado de direito privado*. Direito de personalidade. Direito de Família: direito matrimonial. Atualizado por Rosa Maria de Andrade Nery. São Paulo: Ed. RT, 2012. p. 57.

No entanto, conforme já apontado, os direitos da personalidade não se referem à personalidade concebida como a capacidade de ser titular de direitos e obrigações, e sim à concepção de personalidade como "um conjunto de atributos inerentes à condição humana",[29] sem os quais a personalidade restaria privada de todo valor concreto,[30] sendo, assim inerente à pessoa humana, considerando-se a sua integridade física, moral e intelectual.[31] Desse modo, não haveria que se falar em contradição, já que o objeto dos direitos da personalidade não seria a personalidade compreendida como capacidade de direito, e sim a sua outra acepção.

O Código Civil de 1916[32] não tratou expressamente do tema, apresentando apenas algumas normas que poderiam tangenciar a proteção de aspectos da personalidade, a exemplo de algumas previsões referentes aos direitos do autor, abordados nos seus arts. 649 e seguintes, e do art. 573, que resguardava de certo modo a privacidade ao prever que o proprietário poderia embargar a construção de prédio que invadisse a área do seu, que lhe causasse goteiras, ou daquele construído com janela a menos de um metro e meio do seu.[33]

Posteriormente, a Lei nº 5.250/67,[34] conhecida como "Lei de Imprensa", previu a defesa da honra e da imagem, e a Lei nº 9.610/98,[35] ao regular os direitos autorais, tratou dos direitos morais do autor.

No âmbito constitucional, a Constituição da República de 1988 resguardou a dignidade da pessoa humana no art. 1º, III, e, em seu art. 5º, V e X, previu o direito de resposta, proporcional ao agravo, bem como a inviolabilidade da

---

29. DANTAS, San Tiago. *Programa de direito civil*. Aulas proferidas na Faculdade Nacional de Direito [1942 – 1945]. Parte Geral. Rio de Janeiro: Editora Rio, 1977. p. 192.
30. Para Adriano De Cupis, "existem certos direitos sem os quais a personalidade restaria uma susceptibilidade completamente irrealizada, privada de todo o valor concreto: direitos sem os quais todos os outros direitos subjetivos perderiam todo o interesse para o indivíduo". DE CUPIS, Adriano. *Os direitos da personalidade*. São Paulo: Quorum, 2008. p. 24.
31. Francisco Amaral caracteriza os direitos da personalidade como um "direito subjetivo que tem, como particularidade inata e original, um objeto inerente ao titular, que é a sua própria pessoa, considerada nos seus aspectos essenciais e constitutivos, pertinente à sua integridade física, moral e intelectual". AMARAL, Francisco. *Direito civil*: introdução. 6. ed. Rio de Janeiro: Renovar, 2006. p. 249.
32. BRASIL. Lei nº 3.071, de 1º de janeiro de 1916. Código Civil dos Estados Unidos do Brasil. Disponível em: http://www.planalto.gov.br/ccivil_03/leis/l3071.htm. Acesso em: 26 nov. 2022.
33. TEPEDINO, Gustavo; BARBOZA, Heloisa Helena; BODIN DE MORAES, Maria Celina. *Código Civil interpretado conforme a Constituição da República*. 2. ed. Rio de Janeiro: Renovar, 2007. v. I. Parte geral e obrigações (arts. 1º a 420), p. 32-33.
34. BRASIL. Lei nº 5.250, de 9 de fevereiro de 1967. Regula a liberdade de manifestação do pensamento e de informação. Disponível em: http://www.planalto.gov.br/ccivil_03/leis/l5250.htm. Acesso em: 26 nov. 2022.
35. BRASIL. Lei nº 9.610, de 19 de fevereiro de 1998. Altera, atualiza e consolida a legislação sobre direitos autorais e dá outras providências. Disponível em: https://www.planalto.gov.br/ccivil_03/leis/l9610.htm. Acesso em: 26 nov. 2022.

intimidade, da vida privada, da honra e da imagem das pessoas, assegurando o direito a indenização pelo dano material ou moral decorrente de sua violação.

No Código Civil de 2002 os direitos da personalidade foram regulados pelos arts. 11 a 21, prevendo o legislador expressamente a sua intransmissibilidade e a irrenunciabilidade e a possibilidade de adoção de medidas para fazer cessar a ameaça ou a lesão a tais direitos, ou para exigir perdas e danos.

Cumpre observar que não há propriamente uma identidade entre os direitos da personalidade e os direitos fundamentais, já que estes abrangem outros direitos essenciais ao homem, mas enquanto ser político e social,[36] ou seja, se direcionam ao reconhecimento de garantias do indivíduo perante o Estado, não havendo necessária correlação.[37]

No ponto, José de Oliveira Ascensão observa que teria sido justamente o fato de alguns direitos que recaíam sobre aspectos do modo de ser da pessoa já estarem previstos na Constituição de 1891 que teria levado à omissão quanto à sua regulação pelo Código Civil de 1916. Contudo, assinala o mesmo autor que este cenário gerava uma situação anômala, já que o Código Civil não trata dos direitos da personalidade para não duplicar a previsão constitucional, mas a Constituição acabava por não os regular em sua plenitude, já que se direcionava à relação do cidadão com o Estado.[38]

---

36. Maria de Fátima Freire de Sá e Bruno Torquato de Oliveira Neves observam que, "didaticamente, a proximidade entre direitos da personalidade, direitos fundamentais e direitos humanos não gera entre essas categorias uma identidade. Enquanto os direitos da personalidade referem-se apenas aos aspectos da pessoa considerada em si mesma, os direitos fundamentais e direitos humanos abrangem outros direitos essenciais ao homem, mas enquanto ser político e social. Assim, o direito de reunião, o direito de voto, o direito de greve são direitos fundamentais, pois postos pela Constituição da República, e direitos humanos, pois reconhecidos na esfera internacional, entretanto não são direitos da personalidade". SÁ, Maria de Fátima Freire de; NEVES, Bruno Torquato de Oliveira. *Manual de biodireito*. 3. ed. Belo Horizonte: Del Rey, 2015. p. 60.
37. "Os direitos da personalidade são aqueles direitos que exigem um absoluto reconhecimento, porque exprimem aspectos que não podem ser desconhecidos sem afetar a própria personalidade humana. O acento dos direitos fundamentais é diferente. Não só não respeitam exclusivamente às pessoas físicas como a sua preocupação básica é a da estruturação constitucional. Demarcam muito em particular a situação dos cidadãos perante o Estado. (...) Sendo esta preocupação assim diversa, resulta que há muitos direitos fundamentais que não são direitos da personalidade. É óbvio. Não são direitos fundamentais a garantia do júri, a definição como crime inafiançável e imprescritível da ação de grupos armados, a gratuidade da certidão de óbito... A preocupação que traduzem é muito diferente". ASCENSÃO, José de Oliveira. Os direitos de personalidade no Código Civil brasileiro. *Revista Forense*, v. 342, a. 94, p. 125, abr./jun. 1998.
38. "Só encontramos uma justificação para a omissão desta matéria no Código Civil. Razões pragmáticas, que tanto pesaram na sua elaboração, terão feito pesar que a matéria estava já regulada na Constituição. Quis-se assim evitar a duplicação que consistiria em retomá-la no Código Civil". ASCENSÃO, José de Oliveira. Os direitos de personalidade no Código Civil brasileiro. *Revista Forense*, v. 342, a. 94, p. 123, abr./jun. 1998.

Importa ressaltar, ainda, que, embora historicamente se tenha buscado um fundamento jusnaturalista para os direitos da personalidade, com o fito de reconhecer direitos inatos ao indivíduo e insuscetíveis de arbítrio do Estado-legislador, ressalta Luiz Edson Fachin que a dignidade da pessoa humana "não foi constituída como valor fundamental desde os primórdios da história" e que sua validade e eficácia "derivam da necessidade própria de sua integração e sua proteção nos sistemas normativos.[39]

Ademais, para além das divergências doutrinárias quanto à existência de um direito geral de personalidade[40] ou de múltiplos direitos da personalidade, importa reconhecer a pessoa humana como o valor máximo do ordenamento jurídico, nos termos da cláusula geral contida no art. 1º, III, da Constituição da República, importando a superação da visão de sua tutela com o aspecto meramente ressarcitório e do tipo dominical, sob o paradigma do direito de propriedade.[41]

---

39. FACHIN, Luiz Edson. *Análise Crítica, Construtiva e de Índole Constitucional da Disciplina dos Direitos da Personalidade no Código Civil Brasileiro*: Fundamentos, Limites e Transmissibilidade. Disponível em: http://www.abdireitocivil.com.br/wp-content/uploads/2013/07/An%C3%A1lise-Cr%C3%ADtica-Construtiva-e-de-%C3%8Dndole-Constitucional-da-Disciplina-dos-Direitos-da-Personalidade-no-C%C3%B3digo-Civil-Brasileiro-Fundamentos-Limites-e-Transmissibilidade.pdf. Acesso em: 16 dez. 2022. Na mesma esteira, ressaltava Pontes de Miranda que "[o]s direitos da personalidade não são impostos por ordem sobrenatural, ou natural, aos sistemas jurídicos; são efeitos de fatos jurídicos, que se produziram nos sistemas jurídicos, quando, a certo grau de evolução, a pressão política fêz os sistemas jurídicos darem entrada a suportes fácticos que antes ficavam de fora, na dimensão moral ou na dimensão religiosa". MIRANDA, Pontes de. *Tratado de direito privado*. Introdução: pessoas físicas e jurídicas. São Paulo: Ed. RT, 2012. p. 58-59. Gustavo Tepedino e Milena Donato Oliva também observam que não merece prosperar "a construção de uma categoria de direitos impostos à sociedade independentemente de sua própria formação cultural, social e política", de modo que a situação jurídica só pode surgir de uma lei. TEPEDINO, Gustavo; OLIVA, Milena Donato. *Fundamentos do direito civil*. Rio de Janeiro: Forense, 2020. v. 1: Teoria geral do direito civil, p. 147-148.
40. SOUSA, Rabindranath Capelo de. *O direito geral de personalidade*. Coimbra: Coimbra Editora, 1995.
41. Pietro Perlingieri observa que "existe uma diferença entre poder agir em juízo para pleitear que o dano já sofrido seja ressarcido (ação de perdas e danos) e o poder de obter que a atividade danosa cesse e não provoque outros danos; esta medida (ação inibitória) não pode ser limitada às hipóteses típicas, porque é um instrumento geral de tutela". PERLINGIERI, Pietro. *O direito civil na legalidade constitucional*. Trad. Maria Cristina de Cicco. Rio de Janeiro: Renovar, 2008. p. 763. "O que se verifica, a rigor, do debate antes enunciado em torno das diversas correntes que buscam explicar a conceituação, o objeto e o conteúdo dos direitos de personalidade, é que todas elas se baseiam no paradigma dos direitos patrimoniais: ora se entende que, como o direito de propriedade, o direito em tela deve compreender uma série de atributos que, como no caso do domínio, são postos à disposição do titular – sem que se possa fracionar o poder dominical em vários direitos; ora, ao revés, entende-se que, tal qual o patrimônio, a universalidade de direitos não justifica a *reductio in uno*, sendo certo que uma única massa patrimonial comporta tantos direitos quantas distintas relações jurídicas possam ser identificadas, à luz dos interesses em jogo – ainda que entre tais relações jurídicas haja um vínculo orgânico". TEPEDINO, Gustavo. A tutela da personalidade no ordenamento civil-constitucional brasileiro. In: TEPEDINO, Gustavo. *Temas de Direito Civil*. 3. ed. Rio de Janeiro: Renovar, 2004. p. 47-48.

José de Oliveira Ascensão pontua que deve haver o reconhecimento de direitos da personalidade em regime de *numerus apertus*, ou seja, de abrangência de tutela a direitos que, embora não tipificados em lei, sejam impostos pelo respeito à personalidade humana.[42] Para San Tiago Dantas, "os direitos da personalidade podem ter um tratamento unitário, porque a personalidade é una, mas, isto não quer dizer que, entre eles, não se possa fazer diferenciações capazes de apresentá-los como relações jurídicas".[43]

Impõe-se, nesse cenário, como ressalta Gustavo Tepedino, a superação da análise puramente estrutural e setorial da personalidade, pela qual se busca a sua proteção em termos apenas negativos, no sentido de repelir eventuais violações – técnica esta derivada do direito de propriedade,[44] – para que se considere tanto seu *viés subjetivo*, que se traduz na capacidade para ser sujeito de direitos, como seu *viés objetivo*, enquanto bem juridicamente relevante, merecedor de tutela jurídica.[45]

Observa o mesmo autor que a tutela jurídica da pessoa humana exige "instrumentos de promoção do homem, considerado em qualquer situação jurídica de que participe, contratual ou extracontratual, de direito público ou de direito privado",[46] não podendo, portanto, a proteção da pessoa humana ser fracionada em *fattispecie* concretas isoladas entre si, mas sim deve se apresentar como problema unitário. Com efeito, a personalidade não se traduz como direito, mas sim como o valor fundamental do ordenamento jurídico, compondo, como afirma Pietro Perlingieri, uma "série aberta de situações existenciais, nas quais se traduz a sua incessantemente mutável exigência de tutela".[47]

---

42. "Os direitos de personalidade são direitos absolutos. Em princípio, os direitos de personalidade deveriam pois ser típicos, para defesa de terceiro, porque os direitos absolutos são típicos: os terceiros não podem ser surpreendidos pela oposição de direitos absolutos com que não contavam. Mas em matéria de direitos da personalidade não pode ser assim, porque a defesa da personalidade não pode estar dependente de previsão legal. O que for verdadeiramente emanação da personalidade humana tem de ser reconhecido por todos, porque a personalidade é a própria base comum do diálogo social. Pode por isso ser atuado um direito não tipificado por lei, mas que se reconheça ser imposto pelo respeito à personalidade humana". ASCENSÃO, José de Oliveira. Os direitos de personalidade no Código Civil brasileiro. *Revista Forense*, v. 342, a. 94, p. 127, abr./jun. 1998.
43. DANTAS, San Tiago. *Programa de direito civil*. Aulas proferidas na Faculdade Nacional de Direito [1942-1945]. Parte Geral. Rio de Janeiro: Editora Rio, 1977. p. 193.
44. TEPEDINO, Gustavo. Crise de fontes normativas e técnica legislativa na parte geral do Código Civil de 2002. In: TEPEDINO, Gustavo (coord.). *A parte geral do novo Código Civil*. Estudos na perspectiva civil-constitucional. 3. ed. Rio de Janeiro: Renovar, 2007. p. XXIII.
45. TEPEDINO, Gustavo. A tutela da personalidade no ordenamento civil-constitucional brasileiro. In: TEPEDINO, Gustavo. *Temas de Direito Civil*. 3. ed. Rio de Janeiro: Renovar, 2004. p. 27.
46. *Ibidem*. p. 49.
47. PERLINGIERI, Pietro. *Perfis do direito civil*: introdução ao Direito Civil Constitucional. 3. ed. Trad. Maria Cristina De Cicco. Rio de Janeiro: Renovar, 2002. p. 155-156.

Nessa perspectiva, a personalidade como valor fundamental do ordenamento jurídico não comporta um conjunto fechado de situações concretas a serem tuteladas, devendo ser reconhecida a proteção da pessoa humana como elemento central e norte para a tutela jurídica das situações existenciais, o que se aplica também aos conflitos que se configuram no âmbito da Internet.

Tal premissa se revela especialmente relevante porque, conforme assinalado, muitas das questões derivadas das relações estabelecidas no bojo da rede não foram consideradas pelo Legislador, de modo que a ausência de previsão normativa não deve configurar obstáculo à tutela da pessoa humana, a qual deve ser a maior preocupação no que tange à solução dos conflitos que surgem neste âmbito.

No que tange aos perfis abordados neste estudo, importa, ainda, compreender como a tutela da personalidade se reflete após a morte, o que se passa a expor.

2.2 PROTEÇÃO DA PERSONALIDADE EXTINTA?

Não obstante os questionamentos a respeito do momento em que ocorre a morte, entende-se que a vida se encerraria com a morte cerebral,[48] na esteira das indicações da ciência.[49] A Resolução CFM nº 2.173/17[50] substituiu a Resolução CFM nº 1.480/97,[51] atualizando os critérios para a definição de morte encefálica no âmbito da medicina, buscando orientações para fins médicos diante das pre-

---

48. "O direito, todavia, não pode deixar de absorver a contribuição da ciência, ao procurar resposta atual à indagação: em que consiste a morte? Situava-se o momento da morte na cessação das grandes funções orgânicas: ausência dos batimentos cardíacos, término dos movimentos respiratórios e da contração pupilar. A ciência moderna, entretanto, chega a uma conclusão diferente. A vida do indivíduo está subordinada à atividade cerebral. E enuncia que a vida termina com a 'morte cerebral', ou morte encefálica. A ciência admite que, ocorrendo esta, será lícita a remoção de órgãos para fins de transplante, ou outras finalidades científicas". PEREIRA, Caio Mário da Silva. *Instituições de direito civil*. 32. ed. Atualizada por Maria Celina Bodin de Moraes. Rio de Janeiro: Forense, 2019. v. I: Introdução ao direito civil. Teoria geral do direito civil, p. 189.
49. A determinação de morte com base em critérios cardiorespiratórios foi afetada pelo avanço no campo dos transplantes de órgãos. Nos anos 1960, a parada cardíaca era necessária para atestar a morte e permitir a subsequente obtenção de órgãos. Esta limitação restringia as oportunidades do sucesso dos transplantes, porque os órgãos precisavam ser rapidamente coletados e transplantados. A necessidade crescente de órgãos doados, associados ao desperdício potencial do suporte às funções vegetativas em pacientes com morte encefálica, serviu com ímpeto para o desenvolvimento dos critérios para determinação de morte neurológica". Portella Silveira, Paulo Vítor *et al*. Aspectos éticos da legislação de transplante e doação de órgãos no Brasil. *Revista Bioética*, v. 17, n. 1, p. 61-75, 2009. p. 62.
50. CONSELHO FEDERAL DE MEDICINA. Resolução nº 2.173, de 23 de novembro de 2017. Define os critérios do diagnóstico de morte encefálica. Disponível em: https://sistemas.cfm.org.br/normas/visualizar/resolucoes/BR/2017/2173. Acesso em: 26 nov. 2022.
51. CONSELHO FEDERAL DE MEDICINA. Resolução CFM nº 1.480, de 21 de agosto de 1997. Disponível em: https://sistemas.cfm.org.br/normas/visualizar/resolucoes/BR/1997/1480. Acesso em: 26 nov. 2022.

visões da Lei nº 9.434/97[52] e do Decreto nº 9.175/17,[53] que tratam do transplante de órgãos no Brasil. Juridicamente, prova-se a morte pela certidão extraída do assento de óbito, dispondo o art. 29, III, da Lei nº 6.015/73[54] que serão registrados no registro civil de pessoas naturais os óbitos, na forma dos arts. 77 e seguintes do mesmo diploma.[55]

Com efeito, se, para o direito brasileiro, há inegável correlação entre o fim da personalidade civil e a morte física ao estabelecer o art. 6º do Código Civil de 2002 que "[a] existência da pessoa natural termina com a morte", presumindo-se essa nas hipóteses do art. 7º[56] e, quanto aos ausentes, nos casos em que a lei autoriza a abertura de sucessão definitiva,[57] o término da personalidade não significa a cessação absoluta da tutela jurídica direcionada à proteção da pessoa.

Cumpre nesse sentido verificar os efeitos da morte sobre as situações jurídicas antes vinculadas ao falecido, ou seja, se será possível a transmissão da situação jurídica, com a alteração da titularidade, ou se a perda da titularidade incide sobre direitos personalíssimos, não admitindo tal modificação.[58]

---

52. BRASIL. Lei nº 9.434, de 4 de fevereiro de 1997. Dispõe sobre a remoção de órgãos, tecidos e partes do corpo humano para fins de transplante e tratamento e dá outras providências. Disponível em: http://www.planalto.gov.br/ccivil_03/leis/l9434.htm. Acesso em: 25 nov. 2022.
53. BRASIL. Decreto nº 9.175, de 18 de outubro de 2017. Regulamenta a Lei nº 9.434, de 4 de fevereiro de 1997, para tratar da disposição de órgãos, tecidos, células e partes do corpo humano para fins de transplante e tratamento. Disponível em: https://www.planalto.gov.br/ccivil_03/_ato2015-2018/2017/decreto/d9175.htm. Acesso em: 25 nov. 2022.
54. BRASIL. Lei nº 6.015, de 31 de dezembro de 1973. Dispõe sobre os registros públicos, e dá outras providências. Disponível em: http://www.planalto.gov.br/ccivil_03/leis/l6015compilada.htm. Acesso em: 25 nov. 2022.
55. Na mesma esteira, determina o art. 9º, I e IV do Código Civil de 2002 que serão registrados em registro público os óbitos e a sentença declaratória de ausência e de morte presumida.
56. Art. 7º, Código Civil. "Pode ser declarada a morte presumida, sem decretação de ausência: I – se for extremamente provável a morte de quem estava em perigo de vida; II – se alguém, desaparecido em campanha ou feito prisioneiro, não for encontrado até dois anos após o término da guerra. Parágrafo único. A declaração da morte presumida, nesses casos, somente poderá ser requerida depois de esgotadas as buscas e averiguações, devendo a sentença fixar a data provável do falecimento".
57. Dispõe o art. 26 do Código Civil de 2002, que, "[d]ecorrido um ano da arrecadação dos bens do ausente, ou, se ele deixou representante ou procurador, em se passando três anos, poderão os interessados requerer que se declare a ausência e se abra provisoriamente a sucessão", determinando os arts. 37 e 38 do mesmo diploma que os interessados podem requerer a sucessão definitiva dez anos depois de passada em julgado a sentença que concede a abertura da sucessão provisória e nos casos em que o ausente conta oitenta anos de idade, e que de cinco datam as últimas notícias dele.
58. "Quando se considerem os dois sentidos do conceito de personalidade e a titularidade sob seu perfil dinâmico e funcional, a extinção da personalidade em razão da morte tem importantes repercussões nas situações jurídicas subjetivas, quer de natureza existencial, quer de feição patrimonial. Cabe observar que, de modo geral, é possível a modificação subjetiva, isto é, a alteração da titularidade, ocorrendo a transmissão da situação jurídica, desde que seja possível preservar o centro de interesse em sua função primordial. Há, contudo, hipóteses em que a perda da titularidade incide sobre direitos personalíssimos, 'em cujo centro de interesse a pessoa de determinado titular é essencial à sua vocação funcional (*intuitu personn*ae)', implicando a extinção da situação jurídica. Nesses casos os direitos se

No que tange aos direitos da personalidade, estabelece o art. 11 do Código Civil de 2002[59] a sua intransmissibilidade, mas os parágrafos únicos dos arts. 12[60] e 20[61] do Código Civil de 2002 preveem a possibilidade de uma tutela *post mortem* de tais interesses, elencando alguns familiares para pleitearem a correlata proteção.

Sem a pretensão de um estudo de Direito Comparado, convém salientar que os ordenamentos jurídicos de outros países possuem disposições similares, a exemplo do Código Civil português, que, em seu art. 71,[62] ao tratar da "Ofensa a pessoas já falecidas", prevê que os direitos da personalidade também gozam de proteção depois da morte do titular, e do Código Civil francês, o qual determina que o respeito ao corpo humano não termina com a morte, resguardando os restos mortais de pessoas falecidas, incluindo as cinzas daqueles cujos corpos foram cremados.[63]

A Lei Orgânica Espanhola nº 1, de 5 de maio de 1982, determina, em seu art. 4º, que o exercício das ações de proteção da honra, da vida privada ou da imagem do defunto compete a quem este designar para o efeito no seu testa-

---

constituem em razão da pessoa do seu titular, não admitindo alteração subjetiva ou de titularidade". BARBOZA, Heloisa Helena; ALMEIDA, Vitor. Tecnologia, morte e direito: em busca de uma compreensão sistemática da "herança digital". In: TEIXEIRA, Ana Carolina Brochado; LEAL, Livia Teixeira. *Herança digital*: controvérsias e alternativas. 2. ed. Indaiatuba/SP: Foco, 2022. t. 1, p. 7.

59. Código Civil, art. 11. "Com exceção dos casos previstos em lei, os direitos da personalidade são intransmissíveis e irrenunciáveis, não podendo o seu exercício sofrer limitação voluntária".
60. Código Civil, art. 12. "Pode-se exigir que cesse a ameaça, ou a lesão, a direito da personalidade, e reclamar perdas e danos, sem prejuízo de outras sanções previstas em lei. Parágrafo único. Em se tratando de morto, terá legitimação para requerer a medida prevista neste artigo o cônjuge sobrevivente, ou qualquer parente em linha reta, ou colateral até o quarto grau".
61. Código Civil, art. 20. "Salvo se autorizadas, ou se necessárias à administração da justiça ou à manutenção da ordem pública, a divulgação de escritos, a transmissão da palavra, ou a publicação, a exposição ou a utilização da imagem de uma pessoa poderão ser proibidas, a seu requerimento e sem prejuízo da indenização que couber, se lhe atingirem a honra, a boa fama ou a respeitabilidade, ou se se destinarem a fins comerciais. Parágrafo único. Em se tratando de morto ou de ausente, são partes legítimas para requerer essa proteção o cônjuge, os ascendentes ou os descendentes".
62. "Artigo 71.º (Ofensa a pessoas já falecidas). 1. Os direitos de personalidade gozam igualmente de proteção depois da morte do respectivo titular. 2. Tem legitimidade, neste caso, para requerer as providências previstas no n.º 2 do artigo anterior o cônjuge sobrevivo ou qualquer descendente, ascendente, irmão, sobrinho ou herdeiro do falecido. 3. Se a ilicitude da ofensa resultar de falta de consentimento, só as pessoas que o deveriam prestar têm legitimidade, conjunta ou separadamente, para requerer providências a que o número anterior se refere". REPÚBLICA PORTUGUESA. Decreto-Lei nº 47344. Código Civil. Disponível em: https://dre.pt/dre/legislacao-consolidada/decreto-lei/1966-34509075-49761175. Acesso em: 30 out. 2022.
63. "Article 16-1-1 – Création LOI nº 2008-1350 du 19 décembre 2008 – Le respect dû au corps humain ne cesse pas avec la mort. Les restes des personnes décédées, y compris les cendres de celles dont le corps a donné lieu à crémation, doivent être traités avec respect, dignité et décence". Em tradução livre: O respeito devido ao corpo humano não cessa com a morte. Os restos mortais de pessoas falecidas, incluindo as cinzas daqueles cujos corpos foram cremados, devem ser tratados com respeito, dignidade e decência. FRANÇA. Code civil. Disponível em: https://www.legifrance.gouv.fr/codes/id/LEGITEXT000006070721/. Acesso em: 30 out. 2022.

mento, podendo-se elencar, inclusive uma pessoa jurídica com tal finalidade. Na hipótese de inexistência de designação ou no caso de a pessoa escolhida ter falecido, poderão pleitear a proteção o cônjuge, descendentes, ascendentes e irmãos do *de cujus*, e, na ausência destes, caberá ao Ministério Público o exercício das ações de proteção, desde que não tenham decorrido mais de oitenta anos desde o falecimento do lesado.[64]

O Código Civil argentino, no seu art. 53,[65] ao tratar da necessidade de consentimento para a captação e a reprodução da imagem ou da voz de uma pessoa, estabelece que, no caso de pessoas falecidas, os seus herdeiros ou a pessoa designada pelo falecido em última vontade podem prestar o consentimento e, na hipótese de discordância entre herdeiros do mesmo grau, o juiz decidirá, prevendo o mesmo dispositivo, ainda, que a reprodução não ofensiva é livre vinte anos após a morte. Além disso, o art. 71,[66] ao abordar a proteção ao nome, determina que a proteção pode ser pleiteada pelos familiares em caso de falecimento do titular.

---

64. "Artículo cuarto
    Uno. El ejercicio de las acciones de protección civil del honor, la intimidad o la imagen de una persona fallecida corresponde a quien ésta haya designado a tal efecto en su testamento. La designación puede recaer en una persona jurídica.
    Dos. No existiendo designación o habiendo fallecido la persona designada, estarán legitimados para recabar la protección el cónyuge, los descendientes, ascendientes y hermanos de la persona afectada que viviesen al tiempo de su fallecimiento.
    Tres. A falta de todos ellos, el ejercicio de las acciones de protección corresponderá al Ministerio Fiscal, que podrá actuar de oficio a instancia de persona interesada, siempre que no hubieren transcurrido más de ochenta años desde el fallecimiento del afectado. El mismo plazo se observará cuando el ejercicio de las acciones mencionadas corresponda a una persona jurídica designada en testamento.
    Cuatro. En los supuestos de intromisión ilegítima en los derechos de las víctimas de un delito a que se refiere el apartado ocho del artículo séptimo, estará legitimado para ejercer las acciones de protección el ofendido o perjudicado por el delito cometido, haya o no ejercido la acción penal o civil en el proceso penal precedente. También estará legitimado en todo caso el Ministerio Fiscal. En los supuestos de fallecimiento, se estará a lo dispuesto en los apartados anteriores". ESPANHA. Ley Orgánica 1/1982, de 5 de mayo, de protección civil del derecho al honor, a la intimidad personal y familiar y a la propia imagen. Disponível em: https://www.boe.es/buscar/act.php?id=BOE=-A1982-11196-&b6=&tn1=&p-20100623#acuarto. Acesso em: 30 out. 2022.
65. "Articulo 53. – Derecho a la imagen. Para captar o reproducir la imagen o la voz de una persona, de cualquier modo que se haga, es necesario su consentimiento, excepto en los siguientes casos: a) que la persona participe en actos públicos; b) que exista un interés científico, cultural o educacional prioritario, y se tomen las precauciones suficientes para evitar un daño innecesario; c) que se trate del ejercicio regular del derecho de informar sobre acontecimientos de interés general. En caso de personas fallecidas pueden prestar el consentimiento sus herederos o el designado por el causante en una disposición de última voluntad. Si hay desacuerdo entre herederos de un mismo grado, resuelve el juez. Pasados veinte años desde la muerte, la reproducción no ofensiva es libre". ARGENTINA. Ley nº 26.994/2014. Código Civil y Comercial de la Nación. Disponível em: https://siteal.iiep.unesco.org/sites/default/files/sit_accion_files/siteal_argentina_0837.pdf. Acesso em: 30 out. 2022.
66. "Articulo 71. – Acciones de protección del nombre. Puede ejercer acciones en defensa de su nombre: a) aquel a quien le es desconocido el uso de su nombre, para que le sea reconocido y se prohíba toda futura impugnación por quien lo niega; se debe ordenar la publicación de la sentencia a costa del demandado;

O Código Civil peruano, em seu art. 13, dispõe que, na falta de declaração prestada em vida, compete ao cônjuge do defunto, seus descendentes, ascendentes ou irmãos, exclusivamente e nesta ordem, decidir sobre a autópsia, cremação e sepultura,[67] competindo-lhes, ainda, o consentimento para a utilização póstuma da imagem e da voz de uma pessoa, nos termos do art. 15 do mesmo diploma.[68] Além disso, determina o art. 17 que cabe aos herdeiros a legitimidade para o ajuizamento de ação para exigir a cessação dos atos ofensivos ao morto.[69]

Nesse contexto, se, para o direito brasileiro, os direitos da personalidade são intransmissíveis, não admitindo, portanto, a alteração de sua titularidade também após a morte do titular,[70] qual fundamento respaldaria as previsões constantes nos parágrafos únicos dos arts. 12 e 20 do Código Civil? Em suma: o que justifica a proteção conferida pelo ordenamento jurídico a aspectos relacionados a pessoas já falecidas e a correlata legitimidade conferida aos familiares?

A doutrina apresenta fundamentos variados para a tutela *post mortem* de direitos da personalidade, destacando-se três caminhos centrais nesta seara: (i) o entendimento de que se tutela neste caso um direito do falecido; (ii) o de que se protege um direito dos familiares; (iii) o de que se tutela um interesse autônomo.

---

b) aquel cuyo nombre es indebidamente usado por otro, para que cese en ese uso; c) aquel cuyo nombre es usado para la designación de cosas o personajes de fantasía, si ello le causa perjuicio material o moral, para que cese el uso. En todos los casos puede demandarse la reparación de los daños y el juez puede disponer la publicación de la sentencia. Las acciones pueden ser ejercidas exclusivamente por el interesado; si ha fallecido, por sus descendientes, cónyuge o conviviente, y a falta de éstos, por los ascendientes o hermanos". ARGENTINA. Ley nº 26.994/2014. Código Civil y Comercial de la Nación. Disponível em: https://siteal.iiep.unesco.org/sites/default/files/sit_accion_files/siteal_argentina_0837.pdf. Acesso em: 30 out. 2022.

67. "Artículo 13º. - A falta de declaración hecha en vida, corresponde al cónyuge del difunto, a sus descendientes, ascendientes o hermanos, excluyentemente y en este orden, decidir sobre la necropsia, la incineración y la sepultura sin perjuicio de las normas de orden público pertinentes". PERU. Código Civil. Decreto Legislativo nº 295. Disponível em: https://www.minjus.gob.pe/wp-content/uploads/2015/01/Codigo-Civil-MINJUS-BCP.pdf. Acesso em: 30 out. 2022.
68. "Artículo 15º. – La imagen y la voz de una persona no pueden ser aprovechadas sin autorización expresa de ella o, si ha muerto, sin el asentimiento de su cónyuge, descendientes, ascendientes o hermanos, excluyentemente y en este orden. Dicho asentimiento no es necesario cuando la utilización de la imagen y la voz se justifique por la notoriedad de la persona, por el cargo que desempeñe, por hechos de importancia o interés público o por motivos de índole científica, didáctica o cultural y siempre que se relacione con hechos o ceremonias de interés general que se celebren en público. No rigen estas excepciones cuando la utilización de la imagen o la voz atente contra el honor, el decoro o la reputación de la persona a quien corresponden". *Ibidem*.
69. "Artículo 17º. – La violación de cualquiera de los derechos de la persona a que se refiere este título, confiere al agraviado o a sus herederos acción para exigir la cesación de los actos lesivos". *Ibidem*.
70. "Como manifestações essenciais da condição humana, os direitos da personalidade não podem ser alienados ou transmitidos a outrem, quer por ato entre vivos, quer em virtude da morte do titular". SCHREIBER, Anderson. In: SCHREIBER, Anderson; TARTUCE, Flávio; SIMÃO, José Fernando; MELO, Marco Aurélio Bezerra de; DELGADO, Mário Luiz. *Código civil comentado*: doutrina e jurisprudência. Rio de Janeiro: Forense, 2019. p. 13.

No âmbito deste último entendimento, indaga-se, ainda, a quem este interesse estaria relacionado.

Observa-se, inicialmente, que alguns autores apontam uma espécie de extensão desses direitos após a morte. Na visão de Diogo Leite de Campos, os herdeiros não defenderiam um interesse próprio, mas sim um interesse do falecido, de modo que a personalidade jurídica se prolongaria para depois da morte.[71] Rabindranath Capelo de Sousa chega a se referir a uma "tutela geral da personalidade do defunto" para indicar a proteção conferida pelo legislador às pessoas falecidas contra "qualquer ofensa ilícita ou ameaça de ofensa à respectiva personalidade física ou moral que existia em vida e que permaneça após a morte".[72] Contudo, tal concepção esbarraria, no sistema jurídico pátrio, no fato de a morte ser elencada como elemento que extingue a personalidade, de modo que não haveria que se falar em um "direito do morto".

Pela teoria clássica, de outro lado, que possui como parâmetro a relação jurídica intersubjetiva, ou seja, o vínculo entre dois ou mais sujeitos,[73] a tutela jurídica dos aspectos da personalidade após a morte do titular poderia, então, ser considerada a partir de óticas diversas, seja como um direito da família atingida pela violação aos direitos do parente morto,[74] como um reflexo *post mortem* dos

---

71. CAMPOS, Diogo Leite de. Lições de direitos da personalidade. *Boletim da Faculdade de Direito da Universidade de Coimbra*. Coimbra, n. 67, 1991.
72. SOUSA, Rabindranath Capelo de. *O direito geral de personalidade*. Coimbra: Coimbra Editora, 1995. p. 193. Na visão do autor, "embora a morte faça cessar a personalidade jurídica, ela não impõe a extinção ou a destruição de todos os bens componentes da personalidade física ou moral do falecido. (...) há elementos da personalidade física e moral do defunto que subsistem após o momento da morte, como o corpo em cadáver e a memória do falecido, no que toca v. g. à sua honra, identidade e autoria. Ora, tais elementos não são meras ideias morais mas autênticos bens jurídicos, objectivos e com uma onticidade diferente e autónoma da detida pelas pessoas referidas no nº 2 do art. 71º do Código Civil". *Ibidem*. p. 433-434.
73. "A todo homem foi reconhecida a condição de sujeito de direitos, originariamente por vincular-se à capacidade de exercício do direito de propriedade. A pessoa era essencial na participação de relações jurídicas patrimoniais e, por isso, generalizou-se a atribuição de capacidade. O abstracionismo pandectista culminou na elaboração da teoria clássica da relação jurídica, explicada pela existência de dois sujeitos contrapostos, dotados de personalidade. Daí podemos afirmar que, necessariamente, a regra construiu-se na consideração de duas pessoas naturais, não abarcando situações 'excepcionais'". SÁ, Maria de Fátima Freire de; NAVES, Bruno Torquato de Oliveira. *Manual de biodireito*. 3. ed. Belo Horizonte: Del Rey, 2015. p. 71.
74. "Verifica-se, com a morte da pessoa, uma especial sucessão de direitos da sua personalidade em prol dos herdeiros do falecido, o que os legitima a tomarem providências para eventual tutela jurídica desses direitos, entre os quais o de impedir ofensas à integridade física, moral ou intelectual do falecido. Compete-lhes, portanto, qualquer decisão a esse respeito, por direito próprio, não como representantes, que não poderia ser de alguém já falecido". AMARAL, Francisco. *Direito civil*: introdução. 6. ed. Rio de Janeiro: Renovar, 2006. p. 268. "O art. 11 do Código Civil é expresso quanto à intransmissibilidade dos direitos da personalidade; a regra do parágrafo único do art. 20, que confere legitimidade ao cônjuge, aos ascendentes e descendentes para postularem a proteção da imagem do morto, ou indenização pela ofensa à sua boa fama e respeitabilidade, alcança aquelas agressões que ocorrerem após o falecimento,

direitos da personalidade, como uma espécie de legitimação processual conferida aos familiares[75] ou até mesmo sob uma concepção baseada no interesse público em impedir a violação de tais valores.[76]

Todavia, reconhecer a legitimação dos familiares para promover a proteção a que se referem os parágrafos únicos dos arts. 12 e 20 do Código Civil como instrumento de interesse próprio do familiar tornaria tais disposições desnecessárias, já que o *caput* dos mencionados dispositivos já lhes confeririam a possibilidade de atuar nesse sentido.[77] Ademais, o ordenamento jurídico também já concebe em prol dos familiares o dano moral reflexo ou por ricochete, referente

---

caso em que os parentes virão a juízo por direito próprio". CAVALIERI FILHO, Sérgio. *Programa de responsabilidade civil*. 12. ed. São Paulo: Atlas, 2015. p. 134.

75. No que tange a este aspecto, importa mencionar as reflexões de Alfredo Domingues Barbosa Migliore: "No caso do direito da personalidade post mortem, o problema da legitimidade dos parentes para propor ações inibitórias ou indenizatórias está, justamente, em saber se o caso é de legitimidade ordinária ou legitimidade extraordinária, decorrente esta da ofensa a interesse alheio. Na primeira hipótese, estar-se-á frente à questão relativa a direito do próprio parente do *de cujus*. Na outra, o direito é do morto, mas, por não poder ser exercido por ele, do além, a lei comete ao seu parente até quarto grau na vocação hereditária, ou cônjuge, o direito de pleitear, no seu interesse, mas em próprio nome, a tutela jurisdicional (do art. 12, parágrafo único; ou ao cônjuge e ascendentes ou descendentes, no caso do art. 20, parágrafo único, do Código Civil)". MIGLIORE, Alfredo Domingues Barbosa. *Direito além da vida*: um ensaio sobre os direitos da personalidade *post mortem*. São Paulo: LTr, 2009. p. 219-220.

76. A respeito do tema, ver: SÁ, Maria de Fátima Freire de; NAVES, Bruno Torquato de Oliveira. Honra e imagem do morto? *Revista de Informação Legislativa*, Brasília a. 44, n. 175 jul./set. 2007. Na visão de Carlos Alberto Bittar, "de um modo geral, os direitos da personalidade terminam, como os demais direitos subjetivos, com a morte de titular, exaurindo-se assim com a exalação do último sopro vital (em consonância, aliás, com o princípio *mors omnia solvit*). Mas isso não ocorre com alguns direitos dessa categoria, como o direitos ao corpo, ou à parte do corpo, à imagem, e o direito moral de autor, em que subsistem efeitos post mortem (certos direitos de personalidade, como os ao corpo, à parte, à imagem) ou, mesmo, *ad aeternum*, com tutela específica (como o direito moral de autor, em que a lei prevê a defesa, pelo Estado, depois de caída em domínio público, da integridade e da genuinidade da obra: Lei nº 9.610/98, art. 24, § 2º), ou ainda sem medida específica de defesa (como o direito à honra). Esses direitos são, ademais, sob certos aspectos, transmissíveis por sucessão *mortis causa*, cabendo aos herdeiros ou ao cônjuge sobrevivente, ou a ambos, conforme o caso, promover a sua defesa contra terceiros. Assim ocorre com os citados direitos morais de autor (art. 24, § 1º) e com outros direitos da personalidade, quanto à autorização para uso altruístico (como os direitos ao corpo, a partes e a órgãos), agindo, pois, os herdeiros, em todos esses casos, por direito próprio". BITTAR, Carlos Alberto. *Os direitos da personalidade*. 8. ed. Atualizada por Eduardo C. B. Bittar. São Paulo: Saraiva, 2015. p. 44-45.

77. "Sendo assim, situar o fundamento da legitimação dos familiares para promover a tutela póstuma da personalidade do falecido em direito próprio faria com que o parágrafo único do art. 12 (ou do art. 20) do CC fosse absolutamente desnecessário, pois seus interesses já estão tutelados no caput. Ademais, a tutela reparatória dos danos morais reflexos, também conhecidos por indiretos ou por ricochete, tem sido amplamente reconhecida, e tem lugar quando 'independentemente do dano causado à vítima direta, ocorre outro dano, tendo em vista aquele primeiro dano ocasionado, devendo todos ser indenizados', vez que todos os lesados possuem o seu direito à reparação de forma autônoma'. (...) Desse modo, a potencialidade lesiva *par ricochet* já confere aos familiares o direito de perseguir os meios para tutela de sua própria personalidade, ainda que isso implique, indiretamente, a proteção de aspectos da personalidade de pessoa falecida". COLOMBO, Maici Barboza dos Santos. Tutela póstuma dos direitos da personalidade e herança digital. In: TEIXEIRA, Ana Carolina Brochado; LEAL, Livia Teixeira. *Herança digital*: controvérsias e alternativas. 2. ed. Indaiatuba: Foco, 2022. t. 1, p. 127-128.

às hipóteses em que um ato lesivo a uma determinada pessoa venha a atingir, de forma indireta, o direito personalíssimo de alguém que mantinha com o lesado um vínculo direto.[78]

Na jurisprudência pátria, pode-se observar a separação do que se configuraria como um interesse próprio do familiar e do que se caracterizaria como um interesse relacionado à pessoa falecida.

Nessa toada, a 2ª Turma do Superior Tribunal de Justiça já entendeu que o espólio pode ajuizar ação autônoma buscando a reparação dos danos sofridos pelo falecido, inclusive aqueles que levaram a sua própria morte, asseverando que o dano experimentado pelos familiares de forma reflexa não se confundiria com o dano direto sofrido pelo falecido, de modo que estes poderiam ser cumulados.[79]

A 4ª Turma da mesma Corte Superior também já pontuou que o dano moral reflexo pode se caracterizar ainda que a vítima direta do evento danoso sobreviva, na medida em que o dano moral em ricochete "não significa o pagamento da indenização aos indiretamente lesados por não ser mais possível, devido ao falecimento, indenizar a vítima direta", e sim se trata de indenização autônoma, devida independentemente do falecimento da vítima direta.[80]

---

78. "O dano moral reflexo, indireto ou por ricochete é aquele que, originado necessariamente do ato causador de prejuízo a uma pessoa, venha a atingir, de forma mediata, o direito personalíssimo de terceiro que mantenha com o lesado um vínculo direto". STJ, 4ª Turma, AgInt no AREsp 1099667/SP, Rel. Ministro Luis Felipe Salomão, j. 24.04.2018, DJe 02.05.2018.
79. Processual civil. Administrativo. Agravo em recurso especial. Responsabilidade civil do estado. Dano por morte. Direito autônomo do espólio. Cumulação com danos por ricochete (reflexos) dos familiares. Possibilidade. Enriquecimento sem causa dos familiares. Inexistência. Pensionamento. Condição de arrimo familiar. Contribuição do falecido para a economia doméstica. Suficiência. 1. O espólio pode ajuizar ação autônoma buscando a reparação dos danos sofridos pelo falecido, inclusive aqueles que levaram a sua própria morte. Trata-se de direito autônomo do *de cujus*, cujo direito de ação, de caráter patrimonial, transfere-se aos herdeiros. 2. O dano experimentado pelos familiares de forma reflexa (em ricochete) não se confunde com o dano direto sofrido pelo falecido, podendo ser cumulados. 3. Na hipótese, inexiste enriquecimento sem causa dos integrantes do núcleo familiar apto a ensejar a negativa de indenização do dano autônomo. O valor total de R$ 275 mil, devidos aos 7 membros da família, é significativamente inferior aos parâmetros jurisprudenciais admitidos por esta Corte, que situam entre 300 e 500 salários mínimos, devidos a cada legitimado, os níveis razoáveis de reparação. Hipótese em que não houve insurgência quanto aos valores dessas parcelas em si mesmas. 4. Sendo inequívoca a contribuição do falecido para a economia familiar, inclusive pelos valores da renda do grupo consignados pelo acórdão recorrido, não há que se falar em ausência de prova da condição de arrimo familiar para a fixação do pensionamento, que é devido. 5. Hipótese em que, fixada a autonomia do dano sofrido pelo próprio *de cujus*, da legitimidade do espólio para sua persecução, da ausência de enriquecimento ilícito dos familiares no caso e da possibilidade de cumulação das parcelas, bem como de ser devido o pensionamento, determina-se o reenvio do feito à origem para fixação dos valores devidos e demais consectários da condenação. 6. Agravo conhecido para dar provimento ao recurso especial. STJ, 2ª Turma, AREsp 2065911 / RS, Rel. Min. Og Fernandes, j. 16.08.2022, DJe 06.09.2022.
80. STJ, 4ª Turma, REsp 1734536 / RS, Rel. Min. Luis Felipe Salomão, j. 06.08.2019, DJe 24.09.2019.

Maici Barboza dos Santos Colombo observa, assim, que existem dois centros de interesses distintos, objeto de tutela jurídica: "um relativo à tutela póstuma da personalidade de pessoa falecida e o outro consistente na proteção dos familiares".[81] Sob essa perspectiva, quando atuam como legitimados para a proteção dos interesses do falecido, nos termos dos parágrafos únicos do art. 12 e 20 do Código Civil, a atuação dos familiares será limitada pela tutela da projeção da personalidade do *de cujus*.[82]

O que se resguardaria, então, em tal contexto?

Pietro Perlingieri, reconhecendo que além da relação jurídica há situações anômalas que dispensam a intersubjetividade, nas quais o sujeito consistiria em elemento acidental, entende que haveria, no caso dos direitos da personalidade, um *centro de interesses* a ser tutelado mesmo após a morte do sujeito, enquanto tais interesses fossem relevantes socialmente.[83] Sob a perspectiva da situação jurídica subjetiva, "pode existir uma relação juridicamente relevante entre dois ou mais centros de interesses sem que ela se traduza necessariamente em relação entre sujeitos", de modo que a relação jurídica se consubstanciaria em uma

---

81. "Percebe-se, então, que a tutela póstuma da personalidade não pode se confundir com os direitos próprios inerentes à personalidade dos familiares que sofrem com os atos atentatórios à personalidade do seu ente querido falecido. Importa reconhecer, assim, a existência de dois centros de interesses distintos: um relativo à tutela póstuma da personalidade de pessoa falecida e o outro consistente na proteção dos familiares. Disso decorre que, paralelamente aos interesses nascidos da lesão a direitos da personalidade próprios dos familiares, surgirá a legitimação para a defesa dos aspectos perenes da personalidade de pessoa falecida. Cada centro de interesse terá, portanto, seus respectivos instrumentos de tutela, ainda que sejam eles estruturalmente coincidentes em certa medida: a possibilidade de exigir que cesse a ameaça ou a lesão e as perdas e danos, sem prejuízo de outras sanções, como descrito no caput do art. 12. É essa coincidência dos mecanismos de tutela que faz parecer que os interesses dos familiares e aqueles decorrentes da proteção póstuma da personalidade guardam identidade, mas quando esses interesses caminham em direções opostas, fica evidente se tratar de situações jurídicas diversas". COLOMBO, Maici Barboza dos Santos. Tutela póstuma dos direitos da personalidade e herança digital. In: TEIXEIRA, Ana Carolina Brochado; LEAL, Livia Teixeira. *Herança digital*: controvérsias e alternativas. 2. ed. Indaiatuba: Foco, 2022. t. 1, p. 129.

82. "O que muda da identificação de dois centros de interesses autônomos, é que a função da legitimação dos familiares do falecido será limitada pela tutela da projeção da personalidade do *de cujus*, enquanto, por seus direitos próprios, os familiares atuam em defesa dos próprios interesses, não apenas protegendo-a, mas dela fruindo de forma ampla". COLOMBO, Maici Barboza dos Santos. Tutela póstuma dos direitos da personalidade e herança digital. In: TEIXEIRA, Ana Carolina Brochado; LEAL, Livia Teixeira. *Herança digital*: controvérsias e alternativas. 2. ed. Indaiatuba: Foco, 2022. t. 1, p. 130.

83. "Mesmo depois da morte do sujeito, o ordenamento considera certos interesses tuteláveis. Alguns requisitos relativos à existência, à personalidade do defunto – por exemplo, a sua honra, a sua dignidade, a interpretação exata da sua história – são de qualquer modo protegidos por um certo período de tempo (...), isto é, enquanto forem relevantes também socialmente". PERLINGIERI, Pietro. *Perfis do direito civil*: introdução ao Direito Civil Constitucional. 3. ed. Trad. Maria Cristina De Cicco. Rio de Janeiro: Renovar, 2002. p. 111.

relação entre situações jurídicas subjetivas, ou seja, entre centros de interesses.[84] O mesmo autor define a situação jurídica subjetiva, assim, como um "interesse que, essencial à sua existência, constitui o seu núcleo vital e característico".[85]

Nesse sentido, tem-se, em síntese, que se tutela a honra, a imagem, a intimidade, a identidade do *de cujus* não de modo a se reconhecer efetivos *direitos* ao morto, mas sim porque tais *interesses*, tais aspectos antes vinculados à personalidade daquela pessoa humana, são merecedores de tutela pelo ordenamento jurídico, o qual busca conferir máxima e integral proteção aos atributos essenciais à condição humana, como decorrência da cláusula geral de tutela e proteção da pessoa humana, fulcrada no art. 1º, III, da Constituição da República.[86] E é nesse contexto que se insere a legitimidade legalmente conferida aos familiares para tal proteção, já que a pessoa a quem tais interesses se vinculam não pode mais atuar nesse sentido.

Insta ressaltar, por oportuno, que as discussões referentes à legitimidade para pleitear a proteção de aspectos da personalidade relativos à pessoa falecida não se confundem com a reparação patrimonial decorrente da violação a atributos

---

84. PERLINGIERI, Pietro. *Perfis do direito civil*: introdução ao Direito Civil Constitucional. 3. ed. Trad. Maria Cristina De Cicco. Rio de Janeiro: Renovar, 2002. p. 114.
85. PERLINGIERI, Pietro. *Perfis do direito civil*: introdução ao Direito Civil Constitucional. 3. ed. Trad. Maria Cristina De Cicco. Rio de Janeiro: Renovar, 2002. p. 106. Eduardo Nunes de Souza, ao abordar aspectos controversos das situações jurídicas subjetivas, pontua que "a perspectiva dinâmica da relação jurídica impede uma rígida delimitação das situações jurídicas subjetivas. Em outros termos, mais importante do que identificar quais prerrogativas e quais deveres encontram-se "no interior" de uma situação subjetiva e quais formam, por si mesmos, situações subjetivas autônomas é identificar que toda situação jurídica subjetiva tem por núcleo determinado interesse, e que a nenhum centro de interesses é possível atribuir apenas situações de vantagem ou de desvantagem". SOUZA, Eduardo Nunes de. Situações jurídicas subjetivas: aspectos controversos. *Civilistica.com*. Rio de Janeiro: a. 4, n. 1, 2015. Disponível em: http://civilistica.com/situacoesjuridicas-subjetivas-aspectos-controversos/. Acesso em: 18 dez. 2022.
86. "Os direitos da personalidade projetam-se para além da vida do seu titular. O atentado à honra do morto não repercute, por óbvio, sobre a pessoa já falecida, mas produz efeitos no meio social. Deixar sem consequência uma violação desse direito poderia não apenas causar conflitos com familiares e admiradores do morto, mas também contribuir para um ambiente de baixa efetividade dos direitos da personalidade. O direito quer justamente o contrário: proteção máxima para os atributos essenciais à condição humana. Daí a necessidade de se proteger *post mortem* a personalidade, como valor objetivo, reservando a outras pessoas uma extraordinária legitimidade para pleitear a adoção das medidas necessárias a inibir, interromper ou remediar a violação, como autoriza o art. 12 do Código Civil". SCHREIBER, Anderson. *Manual de direito civil contemporâneo*. São Paulo: Saraiva, 2018. p. 153. "Do ponto de vista funcional, todavia, há que se reconhecer que depois da morte ainda há interesses existenciais merecedores de tutela e que se atribui aos familiares, como em princípio mais vinculados ao morto, a legitimidade para defendê-los e a terceiros, o dever de respeitar o morto, bem como sua imagem, privacidade, honra e nome. Trata-se de uma atribuição residual, subsidiária, diante de uma lesão que pode ser tanto à dignidade do falecido como, indiretamente, de modo reflexo, à própria família". TEIXEIRA, Ana Carolina Brochado; KONDER, Carlos Nelson. Autonomia e solidariedade na disposição de órgãos para depois da morte. *Revista da Faculdade de Direito da UERJ – RFD*, n. 18, 2010.

da personalidade. Isso porque o art. 943 do Código Civil[87] prevê a transmissão, a título de herança, do direito de exigir reparação pelo dano provocado, de modo que as discussões, neste âmbito, se direcionam, assim, à possibilidade de transmissão aos herdeiros do direito a demandar a compensação pelo dano moral sofrido pela pessoa, já que, conforme já apontado, os direitos da personalidade não são transmissíveis.

Mesmo antes do advento do Código Civil de 2002, já se verificava a existência do posicionamento no sentido de que os sucessores passam a ter, por direito próprio, legitimidade para postularem indenização em juízo decorrente da violação à imagem da pessoa falecida, na medida em que se trata de direito patrimonial,[88] o que, conforme salienta Paulo Lobo, não se confunde com a legitimação do familiar para defesa da imagem do *de cujus*, nos termos do parágrafo único do art. 20 do Código Civil.[89]

Quanto a este ponto, o STJ possuía precedentes em sentidos diversos, seja no da *intransmissibilidade absoluta*, ou seja, na linha de que o direito de obter reparação por dano moral e o respectivo direito de ação se extinguiriam com a morte da vítima,[90] seja no da *transmissibilidade condicionada*, entendimento por

---

87. Código Civil, art. 943. "O direito de exigir reparação e a obrigação de prestá-la transmitem-se com a herança".
88. Civil e processual civil. Reexame de prova. Divergência. Danos morais e materiais. Direito à imagem. Sucessão. Sucumbência recíproca. Honorários. 1. Os direitos da personalidade, de que o direito à imagem é um deles, guardam como principal característica a sua intransmissibilidade. Nem por isso, contudo, deixa de merecer proteção a imagem de quem falece, como se fosse coisa de ninguém, porque ela permanece perenemente lembrada nas memórias, como bem imortal que se prolonga para muito além da vida, estando até acima desta, como sentenciou Ariosto. Daí porque não se pode subtrair da mãe o direito de defender a imagem de sua falecida filha, pois são os pais aqueles que, em linha de normalidade, mais se desvanecem com a exaltação feita à memória e à imagem de falecida filha, como são os que mais se abatem e se deprimem por qualquer agressão que possa lhes trazer mácula. Ademais, a imagem de pessoa famosa projeta efeitos econômicos para além de sua morte, pelo que os seus sucessores passam a ter, por direito próprio, legitimidade para postularem indenização em juízo. 2. A discussão nos embargos infringentes deve ficar adstrita única e exclusivamente à divergência que lhe deu ensejo. 3. Ao alegar ofensa ao art. 535 do Código de Processo Civil o recorrente deve especificar as omissões e contradições que viciariam o aresto atacado, sob pena de inviabilizar o conhecimento do recurso especial. Ademais, na hipótese, o acórdão dos aclaratórios não contém esses vícios. 4. "A pretensão de simples reexame de prova não enseja recurso especial." (Súmula nº 7/STJ). 5. Sem demonstração analítica do dissídio, não se conhece do recurso especial pela letra "c". Recursos não conhecidos. STJ, 4ª Turma, REsp 268660 / RJ, Rel. Min. Cesar Asfor Rocha, j. 21.11.2000, DJ 19.02.2001.
89. Segundo o autor, "[o] direito próprio é sobre os efeitos patrimoniais (reparação por danos morais) em virtude da sucessão hereditária. Quanto à defesa da imagem da filha, não se trata de direito próprio, mas de atribuição pelo sistema jurídico de legitimação para defesa de direito alheio". LÔBO, Paulo Luiz N. Direito Civil. São Paulo: Saraiva, 2022. v. 1 – Parte Geral, p. 140. *E-book*. Disponível em: https://integrada.minhabiblioteca.com.br/#/books/9786555596816/. Acesso em: 29 nov. 2022.
90. Recurso especial. Processual civil. Acórdão. Omissão. Invalidade. Inexistência. Divergência jurisprudencial. Comprovação. Dano moral. Ação de indenização. Herdeiro da vítima. Legitimidade ativa *ad causam*. Inexistência de invalidade do acórdão recorrido, o qual, de forma clara e precisa, pronunciou-se

meio do qual os herdeiros só sucederiam o pleito reparatório se a vítima tivesse ajuizado a ação em vida,[91] ou ainda no da *transmissibilidade incondicionada*, em que os herdeiros teriam legitimidade para propor a ação indenizatória em razão de ofensa moral suportada pelo *de cujus* em vida, na medida em que o direito à indenização, nesses casos, seria transmitido *causa mortis* por integrar o patrimônio da vítima.[92]

O entendimento daquela Corte Superior restou, enfim, pacificado com a edição da Súmula nº 642, que determina que "[o] direito à indenização por danos morais transmite-se com o falecimento do titular, possuindo os herdeiros da vítima legitimidade ativa para ajuizar ou prosseguir a ação indenizatória", reconhecendo, desse modo, que os familiares podem propor ação reparatória mesmo que o lesado não o tenha feito em vida. Na mesma linha inclina-se o Enunciado 454, editado na V Jornada de Direito Civil do Conselho da Justiça Federal, que prevê que "[o] direito de exigir reparação a que se refere o art. 943 do Código Civil abrange inclusive os danos morais, ainda que a ação não tenha sido iniciada pela vítima".[93]

---

acerca dos fundamentos suficientes à prestação jurisdicional invocada. Não se conhece o Recurso Especial pela divergência se inexiste a confrontação analítica dos julgados. Na ação de indenização de danos morais, os herdeiros da vítima carecem de legitimidade ativa *ad causam*. STJ, 3ª Turma, REsp 302029 / RJ, Rel. Min. Nancy Andrighi, j. 29.05.2001, DJ 01.10.2001.

91. "Na ação de reparação por danos morais, os herdeiros da vítima podem prosseguir no polo ativo da demanda. Precedentes". STJ, 3ª Turma, AgRg no Ag 704807 / MG, Rel. Ministro Sidnei Beneti, j. 25.11.2008, DJe 19.12.2008.
92. "Com essas considerações doutrinárias e jurisprudenciais, pode-se concluir que, embora o dano moral seja intransmissível, o direito à indenização correspondente transmite-se *causa mortis*, na medida em que integra o patrimônio da vítima. Não se olvida que os herdeiros não sucedem na dor, no sofrimento, na angústia e no aborrecimento suportados pelo ofendido, tendo em vista que os sentimentos não constituem um 'bem' capaz de integrar o patrimônio do *de cujus*. Contudo, é devida a transmissão do direito patrimonial de exigir a reparação daí decorrente. Entende-se, assim, pela legitimidade ativa *ad causam* dos pais do ofendido, já falecido, para propor ação de indenização por danos morais, em virtude de ofensa moral por ele suportada". STJ, 1ª Turma, REsp 978651 / SP, Rel. Min. Denise Arruda, j. 17.02.2009, DJe 26.03.2009.
93. O Tribunal de Justiça do Estado do Rio de Janeiro também possui precedentes no mesmo sentido: Apelação cível. Direito do consumidor. Morte de titular da conta de energia elétrica. Declaratória de inexistência de débito em nome de pessoa falecida com pedido de indenização por danos morais. Tutela de direitos da personalidade *post mortem*. Possibilidade. Danos morais não caracterizados diante da ausência de comprovação de qualquer prejuízo ou ofensa àqueles direitos. Demanda proposta pelo espólio do ex-casal e por sua filha comum. Meras cobranças desacompanhadas de outras medidas que justifiquem a indenização. 1. O art. 12, parágrafo único, do CC assegura aos herdeiros o direito de pleitear, em nome próprio, indenização pelos danos decorrentes da violação a direitos da personalidade do parente morto, incluindo o direito à imagem, cuja proteção é assegurada pela Constituição Federal, no art. 5º, X. 2. Legitimidade ativa *ad causam* da filha para fazer cessar a lesão e pleitear compensação pela violação da memória de seus genitores já falecidos. 3. A situação narrada não traduz constrangimento capaz de provocar abalo emocional, tendo em vista não ter causado mácula ao nome e à memória dos entes falecidos, uma vez que se limitaram a meras cobranças, razão pela

Evidenciando a mencionada diferença, pontua Caio Mário da Silva Pereira que as medidas destinadas à defesa dos interesses relacionados ao falecido podem ser intentadas por qualquer dos legitimados legais, sem observância de ordem, mas a indenização por perdas e danos deveria respeitar a ordem de vocação hereditária,[94] diante de seu caráter patrimonial.

Questiona-se, ainda, se o poder-dever de tutela de situações jurídicas extrapatrimoniais conferido aos familiares pelos parágrafos únicos dos arts. 12 e 20 afastaria a possibilidade de que terceiros busquem tal proteção. Sob este aspecto, ressalta-se que o rol de legitimados para a tutela póstuma de direitos da personalidade não passou incólume a críticas por parte da doutrina, na medida em que o legislador nomeia justamente os herdeiros para a defesa de aspectos da personalidade da pessoa morta.

---

qual inexiste obrigação de indenizar. 4. Manutenção da sentença. Desprovimento do recurso. TJRJ, 5ª CC, Apelação Cível nº 0015749-33.2016.8.19.0021, Des. Paulo Wunder de Alencar, j. 22.02.2022.

Agravo de Instrumento – Ação de obrigação de fazer c/c indenizatória – Pretensão de transferência de paciente em estado grave de upa para uti, bem como de indenização por dano moral – Morte do autor no curso da demanda – Decisão recorrida que deferiu a habilitação dos herdeiros, diante da morte do demandante – Manutenção – Trata-se de caso de sucessão processual – Art. 43 do CPC – Entendimento do e. STJ de que o direito de exigir a reparação do dano, inclusive do dano de ordem moral, transmite-se aos sucessores do falecido com a herança – Art. 12, parágrafo único do C.C. e 943 do C.C. – Com efeito, o que se sucede é o direito de ação, de cunho patrimonial, e não o direito moral, personalíssimo por sua natureza, portanto, intransmissível – Precedentes do STJ e TJRJ – Recurso desprovido. TJRJ, 6ª CC, Agravo de Instrumento 0043269-02.2014.8.19.0000, Desª. Inês da Trindade Chaves de Melo, j. 05.11.2014.

94. "Não obstante seu caráter personalíssimo, os direitos da personalidade projetam-se na família do titular. Em vida, somente este tem o direito de ação contra o transgressor. Morto ele, tal direito pode ser exercido por quem ao mesmo estivesse ligado pelos laços conjugais, de união estável ou de parentesco. Ao cônjuge supérstite, ao companheiro, aos descendentes, aos ascendentes e aos colaterais até o quarto grau, transmite-se a legitimação para as medidas de preservação e defesa da personalidade do defunto. Há, contudo, distinguir. As medidas de pura defesa podem ser intentadas por qualquer deles, sem observância da ordem de sua colocação. No caso, entretanto, de indenização por perdas e danos, há que respeitar a ordem de vocação hereditária". PEREIRA, Caio Mário da Silva. *Instituições de direito civil*. 32. ed. Atualizada por Maria Celina Bodin de Moraes. Rio de Janeiro: Forense, 2019. v. I: Introdução ao direito civil. Teoria geral do direito civil, p. 204-205. No mesmo sentido: "Indaga-se, porém, se a legitimidade atribuída aos herdeiros para a propositura de ações de indenização por danos causados à memória do morto possibilitaria tantas ações quantos fossem os herdeiros, ou uma única ação coletiva, ou promovida por um só dos herdeiros? O art. 12, parágrafo único, do CC não indica uma ordem sucessória preferencial, onde gradativamente o parente mais próximo exclua o mais remoto. Porém, o melhor entendimento para essa questão é o de que existe um único direito à indenização, o qual beneficiará todos os sucessores, seguindo a ordem de vocação hereditária, mesmo que a ação tenha sido promovida por aquele que não é o herdeiro mais próximo. No caso, o dano é causado à vida ou à memória do morto. Os sucessores serão beneficiados com o valor pago a título de indenização; não há uma transmissão do direito da personalidade do morto para os seus sucessores, não sendo o herdeiro titular de um direito próprio de indenização, mas possuidor exclusivamente de uma legitimação processual para agir em defesa da memória do morto". BELTRÃO, Silvio Romero. Tutela jurídica da personalidade humana após a morte: conflitos em face da legitimidade ativa. *Revista de Processo*, v. 247, set. 2015.

Neste sentido, observa Anderson Schreiber que o Código deveria ter evitado tal associação indevida, na medida em que tais direitos não seriam "coisas" transmissíveis por herança, de modo que a iniciativa deveria ter sido reconhecida a "qualquer pessoa que tivesse 'interesse legítimo' em ver protegida, nas circunstâncias concretas, a personalidade do morto".[95] Na mesma toada, Ana Luiza Maia Nevares entende que o poder dever de tutela de situações jurídicas extrapatrimoniais conferido aos familiares da pessoa não deve excluir a possibilidade de que terceiros busquem tal proteção.[96]

Heloisa Helena Barboza e Vitor Almeida ressaltam que o legislador atribui a legitimidade para promover a tutela de tais situações jurídicas aos herdeiros e sucessores do *de cujus* em razão do princípio da solidariedade familiar, devendo, contudo, ser reconhecida a legitimidade de outras pessoas "integrantes do círculo de relações do falecido".[97]

---

95. SCHREIBER, Anderson. *Direitos da personalidade*. 3. ed. São Paulo: Atlas, 2014. p. 156. Em sentido diverso: "Nestes casos, o legislador considera que, sem prejuízo da natureza personalíssima dos direitos da personalidade, os quais, por isso mesmo, se extinguem com a morte, seus reflexos – como a memória, a imagem, a honra do defunto – se projetam para além da morte em outras pessoas que são diretamente atingidas por essas violações supervenientes ao falecimento. No âmbito da comunidade familiar surge direito próprio, a exigir do legislador norma específica, a um só tempo de legitimação e de contenção: estas e somente estas pessoas podem requerer ressarcimento pelos danos que sofreram diante da violação à personalidade do defunto ou ausente, não já tantas outras que, a despeito do liame afetivo estabelecido com o falecido – a exemplo de ex-alunos, ex-clientes, leitores, admiradores de artistas ou atores, e assim por diante –, não são reconhecidas pelo ordenamento como partes legítimas para a propositura de ações". TEPEDINO, Gustavo; OLIVA, Milena Donato. *Fundamentos do direito civil*. Rio de Janeiro: Forense, 2020. v. 1: Teoria geral do direito civil, p. 169.
96. Destaca Ana Luiza Nevares: "poder-se-ia imaginar casos excepcionais nos quais seria admitida a tutela da personalidade *post mortem* do falecido por pessoa diversa de seus parentes enumerados nos dispositivos já citados, quando restasse cabalmente configurado o seu interesse de agir diante do caso concreto, tudo em prol da ampla proteção da memória de uma pessoa, sendo tais hipóteses pertinentes principalmente quando o falecido não deixou sucessores, ou quando aqueles deixados já faleceram ou se encontram incapazes. Apesar de não existir propriamente uma obrigatoriedade de ação, há, por outro lado, um poder de controle quanto à tutela da personalidade da pessoa falecida, que poderá ser exercido pelos próprios titulares do poder-dever em relação à ação de seus pares". NEVARES, Ana Luiza Maia. *A função promocional do testamento*: tendências do Direito Sucessório. Rio de Janeiro: Renovar, 2009. P. 132. Não é outro o entendimento de Elimar Szaniawski, que assim afirma: "A redação do parágrafo único o art. 12 não é das mais felizes. Melhor seria, se no mencionado dispositivo, tivesse sido explicitado que haveria legitimação para terceiros requererem medida judicial necessária para que cesse a ameaça, ou a lesão, a direito de personalidade e reclamar perdas e danos, sem prejuízo de outras sanções previstas em lei, nas hipóteses de ofensa à memória do morto ou ofensa reflexa ao cônjuge, ascendente, descendente ou qualquer parente do de cujus, a fim de não dar margem à interpretação de que o Código Civil tenha recepcionado a velha teoria alemã, que procurava outorgar a extensão dos direitos de personalidade para além da morte da pessoa". SZANIAWSKI, Elimar. *Direitos de personalidade e sua tutela*. 2. Ed. São Paulo: Ed. RT, 2005. p. 183.
97. BARBOZA, Heloisa Helena; ALMEIDA, Vitor. Tecnologia, morte e direito: em busca de uma compreensão sistemática da "herança digital". In: TEIXEIRA, Ana Carolina Brochado; LEAL, Livia Teixeira. *Herança digital*: controvérsias e alternativas. 2. ed. Indaiatuba/SP: Foco, 2022. t. 1, p. 14.

Com efeito, sob a ótica do interesse, defendida por Pietro Perlingieri, não haveria qualquer óbice para que terceiros pleiteassem também a tutela de interesses relativos à pessoa falecida, sobretudo ao se considerar a máxima tutela conferida pelo ordenamento jurídico à pessoa humana. Isso porque, caso as medidas de proteção ficassem restritas aos legitimados previstos expressamente, nas hipóteses em que o próprio familiar fosse o ofensor e não houvesse outros legitimados legais hábeis a adotar as medidas cabíveis, restaria inviabilizada a proteção do centro de interesses objeto de tutela – no caso, a memória do *de cujus*.

A título de exemplo, na hipótese em que uma pessoa venha a falecer e tenha seu filho como único familiar legitimado, caso ele realizasse publicações ofensivas no perfil do Facebook ou do Instagram de sua genitora e não houvesse a possibilidade de que terceiros – como uma amiga próxima da pessoa falecida – pudessem adotar as medidas de proteção, a situação jurídica não seria, em suma, tutelada na prática.

Diante desse cenário, o Projeto de Lei nº 1.144/2021[98] propõe a alteração do parágrafo único no art. 12 do Código Civil, para constar que, "[e]m se tratando de morto, terá legitimação para requerer a medida prevista neste artigo o cônjuge ou o companheiro sobrevivente, parente em linha reta, ou colateral até o quarto grau, ou qualquer pessoa com legítimo interesse". Sugere, ainda, a modificação do parágrafo único do art. 20 do mesmo diploma, o qual passaria a estabelecer que, "[e]m se tratando de morto ou ausente, são partes legítimas para requerer essa proteção as pessoas indicadas no parágrafo único do art. 12".

A proposta inclui o companheiro como legitimado, na esteira do Enunciado nº 275 da IV Jornada de Direito Civil do Conselho da Justiça Federal, segundo o qual "[o] rol dos legitimados de que tratam os arts. 12, parágrafo único, e 20, parágrafo único, do Código Civil também compreende o companheiro", bem como "qualquer pessoa com legítimo interesse", buscando a positivação do entendimento *supra* apontado, bem como a equalização do rol dos parágrafos únicos de ambos os dispositivos.

Ademais, observa Ana Nevares que a possibilidade de disposição dos atributos da personalidade do falecido após a sua morte pelos sucessores não deve ser a regra geral, sendo sempre excepcional, "só podendo ser autorizada diante de justificativas que encontrem respaldo na normativa constitucional".[99]

---

98. BRASIL. Câmara dos Deputados. Projeto de Lei nº 1.144, de 2021. Dispõe sobre os dados pessoais inseridos na internet após a morte do usuário. Disponível em: https://www.camara.leg.br/proposicoesWeb/fichadetramitacao?idProposicao=2275941. Acesso em: 18 dez. 2022.
99. NEVARES, Ana Luiza Maia. *A função promocional do testamento*: tendências do Direito Sucessório. Rio de Janeiro: Renovar, 2009. p. 133-135.

Conclui-se, desse modo, que os parágrafos únicos do art. 12 e 20 do Código Civil consagram a tutela jurídica póstuma de interesses relacionados à pessoa falecida, conferindo legitimidade, a princípio, aos familiares elencados nas referidas disposições para adotarem as medidas de proteção diante da impossibilidade de a própria pessoa fazê-lo, devendo tal atuação ocorrer na esteira do fundamento que a respalda – como se verá, a proteção da memória da pessoa falecida.

Caso o familiar pretenda resguardar interesse próprio diante de ofensa à pessoa falecida que venha atingir a sua esfera existencial, deverá fazê-lo não com base nas mencionadas previsões, e sim com fulcro no *caput* do art. 12 do Código Civil, não se confundindo a legitimidade para a tutela póstuma de interesses relacionados à pessoa falecida com a esfera de interesses pertinentes aos familiares.

2.3 A MEMÓRIA DA PESSOA FALECIDA NA REDE

Se, conforme assinalado, não obstante a ausência do titular do direito, determinadas situações jurídicas permanecem objeto de tutela pelo ordenamento jurídico, importa identificar qual seria o fundamento para a tutela póstuma de atributos antes vinculados à pessoa do titular do perfil do Facebook e do Instagram dotado de caráter autobiográfico. Em suma: o que o direito pretende preservar, sob o aspecto existencial, no que se refere a essas contas?

Conforme apontado no Capítulo 1, nesses perfis em rede sociais pode-se observar uma espécie de projeção da identidade do titular da conta, sobretudo na interação com os demais usuários, que vai englobar a prospecção de atributos relacionados à pessoa falecida, como imagem, nome e voz e que se consubstanciam nos dados pessoais inseridos na página.

Contudo, se a personalidade jurídica restou extinta pela morte, seria impróprio falar em um direito à identidade *post mortem*. De outro lado, o ordenamento jurídico resguarda situações merecedoras de tutela, mesmo diante da inexistência de um titular. Mas o que se tutela, então?

A resposta parece residir na concepção de *memória* da pessoa falecida, já que, embora não se possa falar mais em "direitos da personalidade" ou em um "direito à identidade", busca-se resguardar após a morte o projeto existencial[100]

---

[100]. "Cumpre, assim, à pessoa, como ser histórico, transformar-se, prospectar-se na vida, para realizar sua integralidade, completar-se – o que significa, em última análise, manifestar sua identidade. Esse desiderato está ínsito no texto constitucional, sob a premissa de destinar ao Direito o papel garantidor da dignidade da pessoa humana, provendo os meios necessários para a realização de suas potencialidades e de seus projetos existenciais". CHOERI, Raul Cleber da Silva. *O direito à identidade na perspectiva civil-constitucional*. Rio de Janeiro: Renovar, 2010. p. 69.

construído por aquela pessoa ao longo de sua vida e que se encontra registrado em seu perfil – o qual se configura como um aspecto de seu corpo eletrônico.

Sob este aspecto, impõe-se observar, de início, como o direito se debruça sobre a proteção do morto, o que se reflete, materialmente, no cadáver, no corpo sem vida, sobretudo se considerado que o corpo se reflete como relevante elemento de identidade da pessoa humana. Com efeito, se não há propriamente mais "pessoa" naquele corpo, o cadáver deveria ser tratado, então, como coisa?

O corpo morto é qualificado pela doutrina civilística como coisa *extra commercium* (fora do comércio), não podendo, portanto, ser patrimonializado.[101] Além disso, embora a personalidade seja extinta com a morte, o corpo, como substrato da personalidade, permanece tutelado pelo ordenamento jurídico mesmo após o falecimento de seu titular, consoante já salientado.

Desse modo, a cláusula geral de tutela da pessoa humana, ao irradiar sobre todo o ordenamento, também se reflete no tratamento jurídico direcionado à proteção do cadáver, não podendo o corpo morto ser tratado como coisa, de forma completamente dissociada de sua origem humana. Do contrário, restaria violada a dignidade da pessoa humana, na medida em que se deve rechaçar qualquer tratamento que venha a considerar a pessoa humana como objeto, ou como meio para alcançar um fim. Além disso, a tutela jurídica dos restos mortais do falecido também reflete a histórica preocupação social e religiosa com o respeito aos mortos, consoante assinalado no Capítulo 1 deste estudo.

Com efeito, o corpo físico constitui a materialização do nosso "estar" no mundo, da nossa identificação e consequente reconhecimento perante os demais indivíduos.

---

101. "Correlato ao direito ao corpo, existe o direito ao cadáver, ou seja, o corpo sem vida, em princípio sob a égide da vontade do titular, respeitadas as prescrições de ordem pública, em especial, sanitárias. Não obstante as várias posições doutrinárias, nem sempre convergentes, entendemos tranquila a inserção da matéria dentro da teoria em análise, como prolongamento do direito ao corpo vivo, tornando por isso concreto esse caractere de perpetuidade de certos direitos da personalidade. Daí, a possibilidade de disposição pelo interessado, em declaração que produzirá efeito *post mortem*, conforme se tem assentado na doutrina. Nesse sentido goza esse direito das prerrogativas comuns aos direitos da personalidade, de que se ressalta a extracomercialidade, de sorte que a validade da disposição depende de sua vinculação a fins altruísticos ou científicos. Não produz efeito, nesse campo, consequentemente, qualquer convenção a título oneroso". BITTAR, Carlos Alberto. *Os direitos da personalidade*. 8. ed. Atualizada por Eduardo C. B. Bittar. São Paulo: Saraiva, 2015. p. 149. "Se a personalidade não existe depois da morte, nem por isso o cadáver deixa de ser considerado por parte do ordenamento jurídico. Pelo contrário, o corpo humano, depois da morte, torna-se uma coisa submetida à disciplina jurídica, coisa, no entanto, que não podendo ser objeto de direitos privados patrimoniais, deve classificar-se entre as coisas *extra commercium* (fora do comércio). Não sendo a pessoa, enquanto viva, objeto de direitos patrimoniais, não pode sê-lo também o cadáver, o qual, apesar da mudança de substância e de função, conserva o cunho e o resíduo da pessoa viva. A comercialidade estaria, pois, em nítido contraste com tal essência do cadáver, e ofenderia a dignidade humana". DE CUPIS, Adriano. *Os direitos da personalidade*. São Paulo: Quorum, 2008. p. 98.

Assim, o corpo encontra-se intimamente ligado à identidade da pessoa, ressaltando Heloisa Helena Barboza que "[a] concepção da identidade como um processo complexo e dinâmico (...) evidencia a sua realização no corpo, que pode ser entendido como expressão material da identidade de cada indivíduo, fiel tradutor de sua biografia".[102]

Nesse sentido, a Lei nº 9.434/97[103] estabelece regras para a remoção de órgãos, tecidos e partes do corpo humano para fins de transplante e tratamento, autorizando a disposição gratuita dessas parcelas do corpo humano, em vida ou *post mortem*. Este diploma exige o diagnóstico de morte encefálica, constatada e registrada por dois médicos não participantes das equipes de remoção e transplante, para a retirada póstuma de tecidos, órgãos ou partes do corpo humano destinados a transplante ou tratamento (art. 3º), vedando a remoção *post mortem* de partes do corpo de pessoas não identificadas (art. 6º).

Prevê a referida lei, ainda, como crime a remoção de tecidos, órgãos ou partes do corpo de pessoa ou cadáver,[104] a realização de transplante ou enxerto[105] e o armazenamento, guarda, distribuição e transporte de partes do corpo humano em desacordo com as suas disposições,[106] configurando-se, ainda, como prática delituosa "[d]eixar de recompor cadáver, devolvendo-lhe aspecto condigno, para sepultamento ou deixar de entregar ou retardar sua entrega aos familiares ou interessados",[107] de modo que apresenta o legislador especial preocupação com a integridade do corpo morto.

---

102. BARBOZA, Heloisa Helena. Disposição do próprio corpo em face da bioética: o caso dos transexuais. In: Débora Gozzo; Wilson Ricardo Ligiera (org.). *Bioética e Direitos Fundamentais*. São Paulo: Saraiva, 2012. p. 133.
103. BRASIL. Lei nº 9.434, de 4 de fevereiro de 1997. Dispõe sobre a remoção de órgãos, tecidos e partes do corpo humano para fins de transplante e tratamento e dá outras providências. Disponível em: http://www.planalto.gov.br/ccivil_03/leis/l9434.htm. Acesso em: 25 nov. 2022.
104. "Art. 14. Remover tecidos, órgãos ou partes do corpo de pessoa ou cadáver, em desacordo com as disposições desta Lei:
 Pena – reclusão, de dois a seis anos, e multa, de 100 a 360 dias-multa.
 § 1.º Se o crime é cometido mediante paga ou promessa de recompensa ou por outro motivo torpe:
 Pena – reclusão, de três a oito anos, e multa, de 100 a 150 dias-multa." (...)
105. "Art. 16. Realizar transplante ou enxerto utilizando tecidos, órgãos ou partes do corpo humano de que se tem ciência terem sido obtidos em desacordo com os dispositivos desta Lei:
 Pena – reclusão, de um a seis anos, e multa, de 150 a 300 dias-multa".
 "Art. 18. Realizar transplante ou enxerto em desacordo com o disposto no art. 10 desta Lei e seu parágrafo único:
 Pena – detenção, de seis meses a dois anos".
106. "Art. 17 Recolher, transportar, guardar ou distribuir partes do corpo humano de que se tem ciência terem sido obtidos em desacordo com os dispositivos desta Lei:
 Pena – reclusão, de seis meses a dois anos, e multa, de 100 a 250 dias-multa".
107. "Art. 19. Deixar de recompor cadáver, devolvendo-lhe aspecto condigno, para sepultamento ou deixar de entregar ou retardar sua entrega aos familiares ou interessados:
 Pena – detenção, de seis meses a dois anos".

Ainda no âmbito criminal, ressalta-se que o Código Penal brasileiro[108] dedica um capítulo inteiro aos "Crimes contra o respeito aos mortos", estabelecendo sanções para condutas como impedimento ou perturbação de cerimônia funerária,[109] violação de sepultura,[110] destruição, subtração, ocultação[111] ou vilipêndio[112] de cadáver.

Interessante observar que tais disposições se encontram inseridas no "Título V" do referido diploma, que trata dos "Crimes contra o sentimento religioso e contra o respeito aos mortos", a evidenciar a vinculação entre morte e religião. Salienta-se, nessa perspectiva, que os cemitérios foram administrados pela Igreja até o Decreto nº 789, de 27 de setembro de 1890,[113] quando o seu gerenciamento foi transferido para a Administração Pública Municipal,[114] como consequência da separação entre Estado e Igreja decorrente da instauração da República no Brasil, em 1889.

Ao túmulo historicamente cumpre assinalar onde está e a quem pertence o corpo ali enterrado, funcionando a sepultura como um memorial, ao qual incumbe transmitir às gerações futuras a lembrança do defunto.[115] Nesse sentido,

---

108. BRASIL. Decreto-lei nº 2.848, de 7 de dezembro de 1940. Código Penal. Disponível em: https://www.planalto.gov.br/ccivil_03/decreto-lei/del2848compilado.htm. Acesso em: 25 nov. 2022.
109. "Art. 209 – Impedir ou perturbar enterro ou cerimônia funerária:
 Pena – detenção, de um mês a um ano, ou multa.
 Parágrafo único – Se há emprego de violência, a pena é aumentada de um terço, sem prejuízo da correspondente à violência".
110. "Art. 210 – Violar ou profanar sepultura ou urna funerária:
 Pena – reclusão, de um a três anos, e multa".
111. "Art. 211 – Destruir, subtrair ou ocultar cadáver ou parte dele:
 Pena – reclusão, de um a três anos, e multa".
112. "Art. 212 – Vilipendiar cadáver ou suas cinzas:
 Pena – detenção, de um a três anos, e multa".
113. BRASIL. Decreto nº 789, de 27 de setembro de 1890. Estabelece a secularisação dos cemiterios. Disponível em: https://www2.camara.leg.br/legin/fed/decret/1824-1899/decreto-789-27-setembro-1890-552270-publicacaooriginal-69398-pe.html. Acesso em: 25 nov. 2022.
114. "Também entre nós, até a República, os cemitérios foram locais quase sagrados, sob a direção da Igreja. Com o Dec. 789, de 27-09-1890, os cemitérios foram secularizados, passando para a Administração municipal (cf. arts. 72, § 5º, da CF de 1891; 113, n. 7, da CF de 1934; 122, n. 5, da Carta de 1937; 141, § 10, da CF de 1946; a EC 1/69 à CF de 1967 foi omissa a respeito, omissão mantida na Constituição de 1988)". MAZZILLI, Hugo Nigro. O crime de violação de sepultura. *Revista do Ministério Público*. Rio de Janeiro: MPRJ, n. 32, abr./jun. 2009.
115. "Sobre o túmulo, uma inscrição bem visível, mais ou menos longa, mais ou menos abreviada, indica o nome do defunto, situação da família, por vezes seu estado ou profissão, idade, data da morte, elo com o parente encarregado da sepultura. Essas inscrições são inumeráveis. Seu conjunto constitui uma das fontes da história romana. Essas indicações são frequentemente acompanhadas de um retrato: o marido e a mulher, por vezes ligados pelo gesto do casamento, os filhos mortos, o homem trabalhando, no seu ateliê, na sua tenda, ou simplesmente o busto ou a cabeça do defunto numa concha ou num medalhão (*imago clipeata*). Em resumo: o túmulo visível deve dizer simultaneamente onde está e a quem pertence o corpo, e finalmente lembrar a imagem física do defunto, símbolo de sua personalidade.

o local do sepultamento se configura como um espaço de preservação dos restos mortais da pessoa humana, ou seja, do corpo morto, e de respeito à sua memória.[116]

Com o advento da Internet e o já apontado crescimento da ritualização póstuma observada nas redes sociais, o papel de memorial, antes desempenhado pelos túmulos, passa a agregar práticas desenvolvidas na interação dos usuários na rede, de modo a ressaltar a relevância da tutela do corpo eletrônico, o qual, dentro de suas peculiaridades, também se apresenta na contemporaneidade como relevante elemento de rememoração da pessoa falecida e de preservação de sua memória.

Com efeito, a concepção de corpo não se restringe ao aspecto físico e unitário, podendo ser analisado sob a perspectiva virtual,[117] projetada nos dados relativos à pessoa, que se encontram disponíveis em bancos diversos,[118] constituindo o que o professor Stefano Rodotà aponta como "um corpo distribuído no espaço", ou "corpo eletrônico", além das diversas partes do corpo que também merecem tutela jurídica (gametas, órgãos). O avanço tecnológico transforma a concepção de corpo, de modo que as múltiplas projeções do corpo podem acarretar discussões específicas, pertinentes a campos diversos (embrião, nascituro, pessoa nascida, corpo sem vida, corpo sem viabilidade de sobrevivência, corpo eletrônico).

Nesse contexto, verifica-se que o ordenamento jurídico se ocupa em resguardar a memória da pessoa falecida, seja no âmbito da tutela póstuma de direitos da personalidade, seja no resguardo dos rituais funerários e proteção do corpo morto contra ofensas físicas ou morais. Além disso, no ambiente digital, também o corpo eletrônico, consubstanciado nos dados pessoais do *de cujus* que perma-

---

Se o túmulo designava o local necessariamente exato do culto funerário, é porque também tinha por objetivo transmitir às gerações seguintes a lembrança do defunto. Daí o seu nome de *monumentum*, de *memoria*: o túmulo é um memorial. A sobrevivência do morto não devia ser apenas assegurada no plano escatológico por oferendas e sacrifícios; dependia também do renome que era mantido na terra, fosse pelo túmulo com os seus signa e suas inscrições, fosse pelos elogios dos escrivães". ARIÈS, Philippe. *O homem diante da morte*. São Paulo: Editora Unesp, 2014. p. 269-270.

116. Um dos mecanismos empregados no período nazista foi justamente o de utilizar "valas comuns" como forma de desprezo pelas pessoas ali enterradas, em desrespeito à memória destas e à sua condição humana.

117. "Num rol que não se pretende exaustivo, pode-se afirmar que cada pessoa tem um corpo social, um psicológico, um político e um jurídico. Todos esses corpos apresentam dupla expressão: uma real, que é o corpo físico que está presente em determinado momento e lugar, e uma virtual, que transita com a transmissão de dados e para o qual não há limites de tempo ou espaço". BARBOZA, Heloisa Helena. A pessoa na Era da Biopolítica: autonomia, corpo e subjetividade. *Cadernos IHU Ideias (UNISINOS)*, v. 194, p. 3-20, 2013.

118. "Na *Information Age* o corpo foi desde logo considerado como um conjunto de dados, um sistema informativo. O tema do corpo, suas transformações e seu destino, torna-se assim a grande metáfora, aspecto essencial da sociedade de informação e de sua aproximação à realidade virtual". RODOTÁ, Stefano. Transformações do corpo. *RTDC*, v. 19, p. 91-107, jul./set. 2004. p. 91.

necem na rede, recebe tutela jurídica, cumprindo, diante de tal cenário, indagar o que significa "memória" e como ela se traduz para o direito.

A memória foi e permanece sendo objeto de estudo por diversas áreas do saber, tanto no que se refere a um aspecto médico-científico, sob uma perspectiva individual, quanto no que tange às suas concepções históricas e sociais. Contudo, os conceitos de memória individual, coletiva e social muitas vezes se entrelaçam,[119] justamente pela relevância do contexto social para a construção da memória individual.

Aristóteles afirmava que a memória possui como objeto o passado, implicando um intervalo de tempo, de modo a conferir ao ser humano uma consciência de temporalidade. A lembrança traduziria, assim, com o indivíduo percebe o tempo.[120]

Para o historiador Jacques Le Goff, a memória, "como propriedade de conservar certas informações, remete-nos em primeiro lugar a um conjunto de funções psíquicas, graças às quais o homem pode atualizar impressões ou informações passadas, ou que ele representa como passadas",[121] sendo tal conceito, contudo, influenciado pelos desenvolvimentos da cibernética e da biologia.[122]

Ivan Izquierdo define memória como um processo de aprendizagem que envolve "aquisição, formação, conservação e evocação de informações", observando que "[o] acervo de nossas memórias faz cada um de nós ser o que é: um indivíduo, um ser para o qual não existe outro idêntico". Além disso, a memória inscreve o homem na temporalidade, já que as lembranças influenciam não apenas quem o indivíduo é, mas também ditam como ele deverá ser.[123] O neurocientis-

---

119. "Devido à polissemia do conceito, a própria distinção entre memória individual, coletiva e social se torna um problema". GONDAR, Jô. Memória individual, memória coletiva, memória social. *Morpheus – Revista Eletrônica em Ciências Humanas*, a. 08, n. 13, 2008.
120. "A memória, portanto, não é sensação e nem juízo, mas um estado ou inclinação a uma dessas coisas, uma vez decorrido um tempo. Não pode haver memória de algo presente e no tempo presente, como já foi dito, mas a sensação refere-se ao tempo presente, a esfera ou expectativa para o que é futuro e a memória para o que é passado. Toda memória ou lembrança, portanto, implica um intervalo de tempo. Portanto, pode-se dizer que apenas os seres vivos que são conscientes do tempo se lembram e fazem isso com a parte da alma que está consciente do tempo". ARISTÓTELES. *Da memória e reminiscências*. Trad. Marcos A. Thomazin. *E-book*.
121. LE GOFF, Jacques. *História e memória*. 7. ed. Campinas, SP: Editora da Unicamp, 2013. p. 387.
122. "Numa época muito recente, os desenvolvimentos da cibernética e da biologia enriqueceram consideravelmente, sobretudo metaforicamente e em relação com a memória humana consciente, a noção de memória. Fala-se da memória central dos computadores, e o código genético é apresentado como uma memória da hereditariedade (cf. Jacob, 1970)". *Ibidem*. p. 390.
123. "O passado, nossas memórias, nossos esquecimentos voluntários, não só nos dizem quem somos, como também nos permitem projetar o futuro; isto é, nos dizem quem poderemos ser. O passado contém o acervo de dados, o único que possuímos, o tesouro que nos permite traçar linhas a partir dele, atravessando, rumo ao futuro, o efêmero presente em que vivemos. Não somos outra coisa se

ta classifica, em seus estudos, as memórias de acordo com a sua função, com o tempo que duram e com o seu conteúdo, apontando a localização da memória nas funções cerebrais.[124]

Para Antônio Colaço Martins Filho, a memória individual se consubstanciaria na "capacidade de registrar e evocar conhecimentos anteriormente postos à disposição do indivíduo",[125] e tal concepção se ancora na "constatação de que a memória duma pessoa não se confunde com a de outra e é intransferível".[126]

O historiador Wulf Kansteiner defende que a memória individual e a memória coletiva possuem processos distintos, de modo que a análise a respeito da memória coletiva não deve se direcionar ao exame de categorias psicológicas e psicoanalíticas, mas sim de aspectos sociais e culturais.[127]

No âmbito das ciências sociais, contudo, a memória foi elencada como um fenômeno também eminentemente coletivo. Nesse sentido, Maurice Halbwachs pontua que cada memória individual se configuraria como um ponto de vista sobre a memória coletiva, e o indivíduo, mesmo nas hipóteses em que constrói lembranças com base na experiência individual, necessitaria recorrer a ferramentas que lhe são fornecidas pelo meio social, de modo que o sujeito seria, assim, um instrumento das memórias do grupo, ainda quando lembra individualmente.[128]

Michael Pollak, de outro lado, embora reconheça o caráter socialmente construído da memória, pontua também a relevância do poder de ingerência

---

não isso; não podemos sê-lo. Se não temos hoje a medicina entre nossas memórias, não poderemos praticá-la amanhã. Se não nos lembramos de como se faz para caminhar, não poderemos fazê-lo. Se não recebemos amor quando crianças, dificilmente saberemos oferecê-lo quando adultos". IZQUIERDO, Ivan. *Memória*. 3. ed. Porto Alegre: Artmed, 2018. p. 1.

124. *Ibidem*. p. 1.
125. MARTINS FILHO, Antônio Colaço. *Direito e memória*. Rio de Janeiro: Lumen Juris, 2022. p. 19.
126. *Ibidem*. p. 23.
127. KANSTEINER, Wulf. Finding Meaning in Memory: A Methodological Critique of Collective Memory Studies. *History and Theory*, v. 41, n. 2, p. 179-197, May 2002. Disponível em: http://links.jstor.org/sici?sici=0018-2656%28200205%2941%3A2%3C179%3AFMIMAM%3E2.0.CO%3B2-V. Acesso em: 02 dez. 2022.
128. "No mais, se a memória coletiva tira sua força e sua duração do fato de ter por suporte um conjunto de homens, não obstante eles são indivíduos que se lembram, enquanto membros do grupo. Dessa massa de lembranças comuns, e que se apoiam uma sobre a outra, não são as mesmas que aparecerão com mais intensidade para cada um deles. Diríamos voluntariamente que cada memória individual é um ponto de vista sobre a memória coletiva, que este ponto de vista muda conforme o lugar que ali eu ocupo, e que este lugar mesmo muda segundo as relações que mantenho com outros meios. Não é de admirar que, do instrumento comum, nem todos aproveitam do mesmo modo. Todavia quando tentamos explicar essa diversidade, voltamos sempre a uma combinação de influências que são, todas, de natureza social. (...) A sucessão de lembranças, mesmo daquelas que são mais pessoais, explica-se sempre pelas mudanças que se produzem em nossas relações com os diversos meios coletivos, isto é, em definitivo, pelas transformações desses meios, cada um tomado à parte, e em seu conjunto". HALBWACHS, Maurice. *A memória coletiva*. São Paulo: Vértice, 1990. p. 51.

dos indivíduos, identificando como elementos constitutivos da memória, seja ela individual ou coletiva: os acontecimentos vividos pessoalmente, aqueles vivenciados pelo grupo ou coletividade à qual a pessoa se sente pertencedora, os personagens, os lugares e os vestígios datados da memória.[129] Para o autor, a memória também seria um elemento constituinte do sentimento de identidade, sendo também permeada por um aspecto relacional.[130]

Daniel Vieira Sarapu, ao abordar a relação entre direito e memória, observa como características principais do conceito de memória o fato de que ela: (i) promove a conexão entre o indivíduo e a temporalidade, realizando a interligação entre passado, presente e futuro, (ii) se configura como o elemento pelo qual os indivíduos constituem sua identidade, ressaltando o autor que a memória também se caracteriza como "o conjunto das lembranças que produz os traços que definem a identidade de uma individualidade", e (iii) organiza a experiência de forma narrativa.[131]

Pode-se observar, nesse cenário, a relação entre memória, temporalidade e identidade, aspectos que, como já assinalado, se reconfiguram na rede, com a maior facilidade de resgate de informações pretéritas e de disponibilidade de acesso ao seu conteúdo, o que vai também reverberar na construção da identidade e no "eu" que se projeta nos perfis em redes sociais por meio dos dados pessoais, de forma dialógica, em interação com os demais usuários.

O ordenamento jurídico não apresenta um conceito expresso de memória, mas o tema tem ganhado repercussão sobretudo no que tange às discussões referentes ao direito ao esquecimento e na ideia de preservação da memória coletiva.[132]

---

129. POLLAK, Michael. Memória e identidade social. *Estudos históricos*. 1992. v. 5, n. 10: Teoria e História, p. 201-203.
130. "Esse último elemento da memória – a sua organização em função das preocupações pessoais e políticas do momento mostra que a memória é um fenômeno construído. Quando falo em construção em nível individual, quero dizer que os modos de construção podem tanto ser conscientes como inconscientes. O que a memória individual grava, recalca, exclui, relembra, é evidentemente o resultado de um verdadeiro trabalho de organização. (...) Podemos portanto dizer que a memória é um elemento constituinte do sentimento de identidade, tanto individual como coletiva, na medida em que ela é também um fator extremamente importante do sentimento de continuidade e de coerência de uma pessoa ou de um grupo em sua reconstrução de si. (...) A construção da identidade é um fenômeno que se produz em referência aos outros, em referência aos critérios de aceitabilidade, de admissibilidade, de credibilidade, e que se faz por meio da negociação direta com outros. Vale dizer que memória e identidade podem perfeitamente ser negociadas, e não são fenômenos que devam ser compreendidos como essência de uma pessoa ou de um grupo". *Ibidem*. p. 201-204.
131. SARAPU, Daniel Vieira. *Direito e memória*: uma compreensão temporal do direito. Belo Horizonte: Arraes Editores, 2012. p. 213-215.
132. "A noção de memória, institucionalizada na sociedade, não mereceu atenção específica do legislador, embora o tema angarie cada vez mais espaço em razão da discussão relativa ao chamado direito ao esquecimento e a preservação da memória coletiva a respeito de determinados fatos históricos relevantes. Com a internet, as memórias pessoais publicizadas em suporte digital diferem das memórias privadas

O direito ao esquecimento refere-se ao direito de ter eventos pessoais de seu passado apagados, de forma que não sejam mais acessíveis pela sociedade em geral, que não fiquem disponíveis pela eternidade. Nas palavras de Anderson Schreiber, tratar-se-ia de "um direito a não ser constantemente perseguido por fatos do passado, que já não mais refletem a identidade atual daquela pessoa", "um direito contra uma recordação opressiva de fatos".[133]

Daniel Sarmento observa, contudo, que "a imposição do esquecimento tem sido um instrumento de manipulação da memória coletiva, de que se valem os regimes totalitários em favor dos seus projetos de poder", ressaltando os riscos de agentes estatais definirem o que pode e o que não pode ser recordado pela sociedade.[134]

No Supremo Tribunal Federal, a questão foi amplamente debatida, sendo observadas três tendências distintas em relação ao debate: a primeira, que *privilegia o direito à informação*, ressaltando a possibilidade de perda histórica, de comprometimento da memória coletiva, ao se apagar dados;[135] a segunda,

---

arquivadas em meios analógicos, tais como diários, fotografias e cadernos. (...) A bem da verdade, o mundo digital impõe como desafio a perenidade dos seus arquivos, o que contrasta com a volatilidade da memória individual e coletiva". BARBOZA, Heloisa Helena; ALMEIDA, Vitor. Tecnologia, morte e direito: em busca de uma compreensão sistemática da "herança digital". In: TEIXEIRA, Ana Carolina Brochado; LEAL, Livia Teixeira. *Herança digital*: controvérsias e alternativas. 2. ed. Indaiatuba/SP: Foco, 2022. t. 1, p. 4.

133. SCHREIBER, Anderson. *Nossa ordem jurídica não admite proprietários de passado*. Disponível em: http://www.conjur.com.br/2017-jun-12/anderson-schreiber-nossas-leis-nao-admitem-proprietarios-passado. Acesso em: 14 nov. 2022.

134. "O "direito ao esquecimento" mantém também uma tensão insanável com a faceta mais específica do direito à memória. Trata-se da dimensão do direito à memória – por vezes chamada de direito à memória e à verdade, ou apenas de direito à verdade – que envolve a obrigação do Estado de revelar e difundir à sociedade fatos históricos profundamente negativos, consistentes em graves violações de direitos humanos, geralmente ocorridos em períodos ditatoriais, e que eram mantidos em sigilo. Esta é uma faceta importantíssima do direito à memória no país, tendo em vista o período de autoritarismo que vivenciamos no passado, marcado por odiosas afrontas aos direitos humanos, bem como pela cultura de segredo sobre o tema, que sobreviveu ao final do regime de exceção". SARMENTO, Daniel. Parecer. Liberdades Comunicativas e "Direito ao Esquecimento" na ordem constitucional brasileira. *Revista Brasileira de Direito Civil - RBDCivil*, v. 7, jan./mar. 2016. Disponível em: https://rbdcivil.ibdcivil.org.br/rbdc/article/view/76/70. Acesso em: 14 nov. 2022.

135. Nesse sentido: "Na verdade, tanto em sua manifestação individual, como especialmente na coletiva, entende-se que as liberdades de informação e de expressão servem de fundamento para o exercício de outras liberdades, o que justifica uma posição de preferência – *preferred position* – em relação aos direitos fundamentais individualmente considerados". BARROSO, Luís Roberto. Colisão entre liberdade de expressão e direitos da personalidade. critérios de ponderação. Interpretação constitucionalmente adequada do Código Civil e da Lei de Imprensa. *Revista de Direito Administrativo*, Rio de Janeiro, 235, p. 1-36, jan./mar. 2004. Daniel Sarmento também entende a proteção das liberdades de imprensa e expressão como direitos preferenciais. SARMENTO, Daniel. Parecer. Liberdades Comunicativas e "Direito ao Esquecimento" na ordem constitucional brasileira. *Revista Brasileira de Direito Civil - RBDCivil*, v. 7, jan./mar. 2016. Disponível em: https://rbdcivil.ibdcivil.org.br/rbdc/article/view/76/70. Acesso em: 14 nov. 2022.

que entende que *o direito ao esquecimento deve prevalecer*, como expressão da dignidade da pessoa humana, sobre a liberdade de informação acerca de dados pretéritos; e uma terceira, pela qual *não há uma hierarquização prévia e abstrata entre a liberdade de expressão e o direito ao esquecimento* (como desdobramento da privacidade), devendo haver uma ponderação à luz de cada caso concreto.[136]

Prevaleceu na Corte a tese de que a ideia de um direito ao esquecimento, compreendido como "o poder de obstar, em razão da passagem do tempo, a divulgação de fatos ou dados verídicos e licitamente obtidos e publicados em meios de comunicação social" seria incompatível com a Constituição Federal, devendo eventuais excessos ou abusos no exercício da liberdade de expressão e de informação ser analisados caso a caso.[137]

Não obstante a relevância da discussão pertinente ao direito ao esquecimento para a apreensão jurídica da memória coletiva, Sérgio Branco observa que este direito foi concebido "para impedir possíveis danos à ressocialização, ou sociabilidade, de seu titular", de modo que, se o titular já faleceu, não haveria que se falar em prejuízo à interação social deste sujeito com os demais e, portanto, não haveria sentido em se buscar tutela jurídica com base na referida constru-

---

136. SCHREIBER, Anderson. *As três correntes do direito ao esquecimento*. Disponível em: https://jota.info/artigos/as-tres-correntes-do-direito-ao-esquecimento-18062017. Acesso em: 14 nov. 2022.
137. "(...) 3. Em que pese a existência de vertentes diversas que atribuem significados distintos à expressão direito ao esquecimento, é possível identificar elementos essenciais nas diversas invocações, a partir dos quais se torna possível nominar o direito ao esquecimento como a pretensão apta a impedir a divulgação, seja em plataformas tradicionais ou virtuais, de fatos ou dados verídicos e licitamente obtidos, mas que, em razão da passagem do tempo, teriam se tornado descontextualizados ou destituídos de interesse público relevante. 4. O ordenamento jurídico brasileiro possui expressas e pontuais previsões em que se admite, sob condições específicas, o decurso do tempo como razão para supressão de dados ou informações, em circunstâncias que não configuram, todavia, a pretensão ao direito ao esquecimento. Elas se relacionam com o efeito temporal, mas não consagram um direito a que os sujeitos não sejam confrontados quanto às informações do passado, de modo que eventuais notícias sobre esses sujeitos – publicadas ao tempo em que os dados e as informações estiveram acessíveis – não são alcançadas pelo efeito de ocultamento. Elas permanecem passíveis de circulação se os dados nelas contidos tiverem sido, a seu tempo, licitamente obtidos e tratados. Isso porque a passagem do tempo, por si só, não tem o condão de transmutar uma publicação ou um dado nela contido de lícito para ilícito. 5. A previsão ou aplicação do direito ao esquecimento afronta a liberdade de expressão. Um comando jurídico que eleja a passagem do tempo como restrição à divulgação de informação verdadeira, licitamente obtida e com adequado tratamento dos dados nela inseridos, precisa estar previsto em lei, de modo pontual, clarividente e sem anulação da liberdade de expressão. Ele não pode, ademais, ser fruto apenas de ponderação judicial. (...) 8. Fixa-se a seguinte tese: "É incompatível com a Constituição a ideia de um direito ao esquecimento, assim entendido como o poder de obstar, em razão da passagem do tempo, a divulgação de fatos ou dados verídicos e licitamente obtidos e publicados em meios de comunicação social analógicos ou digitais. Eventuais excessos ou abusos no exercício da liberdade de expressão e de informação devem ser analisados caso a caso, a partir dos parâmetros constitucionais – especialmente os relativos à proteção da honra, da imagem, da privacidade e da personalidade em geral – e das expressas e específicas previsões legais nos âmbitos penal e cível". STF, Tribunal Pleno, RE 1010606, Rel. Min. Dias Toffoli, j. 11.02.2021, Publ. 20.05.2021.

ção. Para o autor, na hipótese de fatos desabonadores relacionados ao *de cujus* ressurgirem após a morte deste, a tutela deve ser aquela conferida aos direitos da personalidade, sob a sua perspectiva póstuma.[138]

Não obstante, a discussão referente ao direito ao esquecimento poderia conduzir a uma reflexão quanto a eventual existência de interesse público (histórico ou arquivístico) na manutenção de perfis de pessoas falecidas, na medida em que a Internet se revela como uma considerável base de dados, que pode fornecer informações valiosas para as futuras gerações acerca dos hábitos, momentos históricos e a dinâmica das relações das gerações anteriores.

Contudo, diferentemente do debate referente ao direito ao esquecimento, no caso de perfis de pessoas falecidas no Facebook e no Instagram, é o próprio titular da conta quem realiza as publicações, no âmbito da construção autobiográfica já mencionada ao longo do presente estudo, de modo que, neste caso, não se observa o confronto entre a liberdade de informação e de imprensa e os direitos da personalidade que permeia aquela discussão. Tem-se, neste caso, a autodeterminação da pessoa consubstanciada no gerenciamento de sua própria página, de modo que, no exercício de sua autonomia, pode ela optar por manter ou excluir as informações ali contidas ou o perfil em sua totalidade, descabendo eventuais interferências externas que lhe compelissem a manter a conta ativa.

Nesse sentido, embora a memória coletiva tenha adquirido relevo no direito em face do debate pertinente ao direito ao esquecimento, para o tratamento jurídico dos perfis abordados no presente estudo interessa em especial a memória individual.

É nesse ponto que o estudo da identidade pessoal, o qual também se encontra no bojo das discussões envolvendo o direito ao esquecimento, adquire especial relevo no debate, na medida em que, ao se compreender juridicamente a iden-

---

138. "Uma das razões de ser do direito ao esquecimento é que determinada pessoa não possa ser potencialmente prejudicada, em sua vida presente, pelo ressurgimento de eventos do passado, sem que ela tenha contribuído para isso. O direito ao esquecimento não se confunde com a proteção de direito de personalidade em si (imagem, privacidade ou honra, por exemplo). Trata-se da proteção do titular em uma situação de fato muito específica: o possível advento de danos patrimoniais ou morais decorrentes do acesso a informações pretéritas cuja circulação, atualmente, seria capaz de acarretar tais danos. Tratando-se, porém, de pessoa falecida, não há, obviamente, qualquer possibilidade de comprometimento de qualquer aspecto de sua vida atual (...). Mas e se fatos desabonadores do passado ressurgem após a morte do indivíduo, acarretando potencial dano a seus direitos de personalidade? Nesse caso, parece que o bem jurídico tutelado deve ser apenas o direito de personalidade em si mesmo, quer se trate de imagem, privacidade, honra ou qualquer outro. O que não parece possível é a evocação de um direito que foi concebido para impedir possíveis danos à ressocialização, ou sociabilidade, de seu titular se esse titular já faleceu e não há mais possibilidade de interação social". BRANCO, Sérgio. Direito ao esquecimento e herança digital. In: TEIXEIRA, Ana Carolina Brochado; LEAL, Livia Teixeira. *Herança digital*: controvérsias e alternativas. 2. ed. Indaiatuba/SP: Foco, 2022. t. 1, p. 239.

tidade como o "direito de ser si mesmo", como o respeito às escolhas de vida de uma pessoa,[139] às suas concepções, experiências pessoais, convicções ideológicas, religiosas, morais e sociais,[140] busca-se preservar, no âmbito da tutela da memória individual, justamente que tais elementos atrelados ao projeto existencial construído por aquela pessoa ao longo de sua vida não sejam modificados após a sua morte, inclusive sob o aspecto relacional.

A respeito do tema, Raul Choeri observa que "o direito fundamental à identidade constitui o direito de expressar a verdade pessoal, 'quem de fato a pessoa é', em suas realidades física, moral e intelectual", compreendendo os dados que servem para a identificação física (como imagem, voz, genoma etc.) e os informativos integrantes do *status* jurídico (estado civil, estado político), além de uma dimensão coletiva, por meio de símbolos que caracterizam um determinado grupo social.[141] Nessa perspectiva, o direito à identidade pessoal,[142] além de assumir tanto um aspecto estável[143] quanto dinâmico,[144] inclui a proteção do

---

139. "Conquanto não desfrute de previsão legal expressa, o direito à identidade pessoal assegura a identificação da pessoa com base nas suas escolhas de vida, de modo a se retratar, com fidedignidade, suas características a partir de suas legítimas opções. Tutela-se o sujeito que se vê lesado na sua dignidade por ser retratado com caracteres identificativos incompatíveis com aqueles que escolhera para guiar sua vida pessoal e social". TEPEDINO, Gustavo; OLIVA, Milena Donato. *Fundamentos do direito civil*. Rio de Janeiro: Forense, 2020. v. 1: Teoria geral do direito civil, p. 160.
140. "Enquanto o nome identifica o sujeito físico no plano da existência material e a imagem evoca os traços fisionômicos da pessoa, a identidade pessoal representa uma 'fórmula sintética' para destacar a pessoa globalmente considerada de seus elementos, características e manifestações, isto é, para expressar a concreta personalidade individual que se veio consolidando na vida social. Este novo direito da personalidade consubstanciou-se num 'direito de ser si mesmo' (*diritto ad essere se stesso*), entendido como o respeito à imagem global da pessoa participante da vida em sociedade, com a sua aquisição de ideias e experiências pessoais, com as suas convicções ideológicas, religiosas, morais e sociais, que a distinguem e ao mesmo tempo a qualificam". BODIN DE MORAES, Maria Celina. *Na medida da pessoa humana*: estudos de direito civil-constitucional. Rio de Janeiro: Renovar, 2010. p. 137-138.
141. CHOERI, Raul Cleber da Silva. *O direito à identidade na perspectiva civil-constitucional*. Rio de Janeiro: Renovar, 2010. p. 309-310.
142. Anderson Schreiber observa que "a doutrina italiana desenvolveu, a partir da década de 1970, o chamado direito à identidade pessoal, que abrange a proteção ao nome, mas vai muito além, alcançando sua relação com os diferentes traços pelos quais a pessoa humana vem representada no meio social". SCHREIBER, Anderson. *Manual de direito civil contemporâneo*. São Paulo: Saraiva, 2018. p. 146.
143. Carlos Nelson de Paula Konder sinaliza que se atribui a primeira referência a um direito à identidade pessoal no âmbito do direito civil a Adriano De Cupis, em 1959. Contudo, em um primeiro momento, tal direito foi compreendido sob uma perspectiva estática. KONDER, Carlos Nelson de Paula. O alcance do direito à identidade pessoal no direito civil brasileiro. *Pensar*, Fortaleza, v. 23, n. 1, p. 1-11, jan./mar. 2018. p. 2. Nesse sentido, verifica-se da obra de Adriano De Cupis que este autor restringe o direito à identidade pessoal ao nome, chegando a afirmar, inclusive, que "o direito à identidade pessoal se configura, essencialmente, como direito ao nome" e que "a função identificadora das pessoas é exercida, principalmente através do nome". DE CUPIS, Adriano. *Os direitos da personalidade*. São Paulo: Quorum, 2008. p. 298.
144. "A identidade, sob a ótica individual, é que permite que cada pessoa humana seja única, irrepetível, ímpar, seja ela mesma, determinada e fluida, reconhecida em sua historicidade e projetada em seu vir-a-ser, que reflita a totalidade do que é o ser humano em sua dignidade ontológica e relacional. Ini-

processo de construção intersubjetiva das identidades, considerando o indivíduo nas suas relações.[145]

Importa salientar que, embora não haja previsão normativa específica a respeito do direito à identidade no ordenamento jurídico brasileiro, o direito à identidade pessoal é extraído da cláusula geral de dignidade da pessoa humana, na esteira da proteção integral da personalidade,[146] nos termos pontuados no item anterior.

Outrossim, não obstante a nebulosidade que parece existir no que tange às fronteiras jurídicas entre as concepções de "identidade pessoal", de "imagem-atributo", consubstanciada no comportamento que qualifica a pessoa no meio social, ou seja, nas características que aquela pessoa exterioriza em suas relações e que a distinguem,[147] e de "honra", que inclui tanto a "reputação de que goza a pessoa no meio social" (honra objetiva) quanto o "sentimento que a própria pessoa ostenta em relação à sua integridade moral" (honra subjetiva),[148] é preciso observar que é o aspecto identitário dos perfis abordados no presente estudo o traço determinante para delinear o seu tratamento jurídico *post mortem*.

Ao abordar o direito de imagem e a sua distinção em relação a outros direitos, Carlos Affonso Souza aponta como exemplo decisão do Tribunal de Justiça do Estado do Rio Grande do Sul que reconheceu a violação da imagem-atributo em caso no qual a empresa, ao demitir, em situação rotineira, um empregado,

---

cia-se desde a concepção, a partir da união dos gametas, na definição de um código genético singular, que acompanhará toda a existência humana, até a morte; e desenvolve-se após o nascimento com vida através dos supracitados processos ou sentimentos de materialidade, pertencimento, unidade, coerência, continuidade temporal, diferença, valor, autonomia, confiança e vir-a-ser, abrangendo assim os dois aspectos identitários: estável e dinâmico". CHOERI, Raul Cleber da Silva. *O direito à identidade na perspectiva civil-constitucional*. Rio de Janeiro: Renovar, 2010. p. 166.

145. "Dessa forma, a tutela da identidade pessoal não pode restringir-se à leitura de sua construção de forma estritamente isolada, tomando o sujeito como átomo, sob pena de, novamente, restringir a tutela da dignidade da pessoa humana a aspectos limitados de manifestação da personalidade. O direito à identidade pessoal deve dar guarida à construção coletiva e dialógica das identidades, protegendo o próprio processo pelo qual as identidades se constroem intersubjetivamente". KONDER, Carlos Nelson de Paula. O alcance do direito à identidade pessoal no direito civil brasileiro. *Pensar*, Fortaleza, v. 23, n. 1, p. 1-11, jan./mar. 2018. p. 5.

146. "Esse direito da personalidade não goza de previsão normativa, e não precisa ter para existir e tutelar as relações que pretende. O direito à identidade pessoal existe no ordenamento jurídico brasileiro em decorrência direta do art. 1º, III da Constituição da República". CAMPOS, Ligia Fabris. *O direito de ser si mesmo: a tutela da identidade pessoal no ordenamento jurídico brasileiro*. 2006. Dissertação (Mestrado em Direito) – Departamento de Direito, PUC-Rio, 2006. Disponível em: http://www.dominiopublico.gov.br/download/teste/arqs/cp077214.pdf. Acesso em: 18 dez. 2022. p. 149.

147. Carlos Affonso Pereira de Souza define a imagem-atributo como "o conjunto de particularidades comportamentais que distinguem uma pessoa das outras, podendo, tais particularidades, abonar ou desprestigiar o respectivo indivíduo". SOUZA, Carlos Affonso. Contornos atuais do direito à imagem. *Revista trimestral de direito civil*, Rio de Janeiro, v. 13, p. 33-71, jan./mar. 2003. p. 42.

148. SCHREIBER, Anderson. *Direitos da personalidade*. 3. ed. São Paulo: Atlas, 2014. p. 74.

divulgou comunicado público do referido fato, afirmando, ainda, que a empresa não se responsabilizaria pelos atos do trabalhador. Na hipótese, embora se esteja diante de fato verídico, que não macula a rigor a identidade do funcionário, a publicação do aviso atinge a imagem do indivíduo no seio social, violando, assim, sua imagem-atributo.[149]

Além disso, é possível que se tenha violação à identidade pessoal sem que haja ofensa à honra, podendo a afirmação feita pelo ofensor não possuir caráter difamatório, embora esteja em desacordo com o projeto existencial construído por aquela pessoa.[150] Na hipótese de acesso indevido ao perfil de uma pessoa por terceiros que não venham a divulgar qualquer informação ofensiva à honra do titular da conta, mas que a utilizem com o propósito de se passar indevidamente por aquela pessoa, tem-se a violação da identidade sem que se verifique efetiva violação à honra.

Com efeito, embora possa haver no bojo dos perfis examinados neste trabalho situações que acarretem violações à imagem-atributo da pessoa falecida ou à sua honra, é o aspecto da identidade pessoal refletido, após a morte do titular da conta, como memória que se configura como elemento central de sua tutela.

Sob este aspecto, é preciso observar, ainda, que, a tutela da identidade vai abranger, em certos aspectos, a tutela da privacidade[151] e do corpo eletrônico, correspondendo, todavia, a como esses dados pessoais, em conjunto, irão refletir

---

149. SOUZA, Carlos Affonso. Contornos atuais do direito à imagem. *Revista trimestral de direito civil*, Rio de Janeiro, v. 13, p. 33-71, jan./mar. 2003. p. 43. Na visão de Ligia Fabris Campos, "para que a lesão à identidade ocorra, é necessário que se desconsidere o que a pessoa é naquele dado momento, ou, ainda, haver modificação, descontextualização deturpação de algo que, por esse ato, seja contrário ao estilo individual e social daquela pessoa, observando o contexto no qual o ato original se produziu. Na violação da imagem-atributo, ao contrário, não se requer descontextualização ou deturpação de algo que existiu: os fatos são íntegros; o que se observa, nesse caso, é as consequências que tal fato, embora correspondente à verdade, atento à veracidade, e em acordo com o que o indivíduo em questão seja, cause dano à imagem daquela pessoa". CAMPOS, Ligia Fabris. *O direito de ser si mesmo: a tutela da identidade pessoal no ordenamento jurídico brasileiro*. 2006. Dissertação (Mestrado em Direito) – Departamento de Direito, PUC-Rio, 2006. Disponível em: http://www.dominiopublico.gov.br/download/teste/arqs/cp077214.pdf. Acesso em: 18 dez. 2022. p. 112-113.
150. "A lesão à identidade pessoal, no entanto, pode não afetar a honra ou a reputação. Basta, para que ocorra, que se imputem características não verdadeiras, não condizentes com o sujeito em questão e com os seus atos, ou a sua verdade histórica". CAMPOS, Ligia Fabris. *O direito de ser si mesmo: a tutela da identidade pessoal no ordenamento jurídico brasileiro*. 2006. Dissertação (Mestrado em Direito) – Departamento de Direito, PUC-Rio, 2006. Disponível em: http://www.dominiopublico.gov.br/download/teste/arqs/cp077214.pdf. Acesso em: 18 dez. 2022. p. 76.
151. Para Caitlin Sampaio Mulholland, o direito à privacidade comportaria três concepções: "(i) o direito de ser deixado só, (ii) o direito de ter controle sobre a circulação dos dados pessoais, e (iii) o direito à liberdade das escolhas pessoais de caráter existencial". MULHOLLAND, Caitlin Sampaio. Dados pessoais sensíveis e a tutela de direitos fundamentais: uma análise à luz da Lei Geral de Proteção de Dados (Lei 13.709/18). *R. Dir. Gar. Fund.*, Vitória, v. 19, n. 3, p. 159-180, set./dez. 2018. p. 173.

o projeto existencial construído por aquele indivíduo ao longo da sua vida e que está registrado naquela conta.

Stefano Rodotà,[152] ao tratar das novas configurações do direito à privacidade, destaca que "as tecnologias da informação e da comunicação contribuíram para tornar cada vez mais sutil a fronteira entre a esfera pública e a privada", de modo que a possibilidade de construção livre da esfera privada de desenvolvimento autônomo da personalidade passa a constituir condição para determinar a liberdade na esfera pública. Nesse cenário, o direito à privacidade não pode mais ser restrito ao tradicional *right to be left alone* (direito de ser deixado só)[153] incluindo, hoje, a possibilidade de o indivíduo controlar as informações que lhe dizem respeito.[154]

A tutela dos dados pessoais – do "corpo eletrônico", em suma –, deve ser conjugada com a tutela da identidade, na medida em que, conforme ressalta Caitlin Sampaio Mulholland, os dados pessoais são "elemento constituinte da identidade da pessoa e que devem ser protegidos na medida em que compõem parte fundamental de sua personalidade, que deve ter seu desenvolvimento privilegiado, por meio do reconhecimento de sua dignidade".[155]

Esta perspectiva é notadamente observada quando se trata de perfis com caráter autobiográfico, na medida em que é necessário garantir não apenas que o titular da conta possa ter conhecimento, acessar e dispor a respeito de seus dados pessoais que se encontram na página, mas, sobretudo, é preciso considerar como

---

152. RODOTÀ, Stefano. *A vida na sociedade da vigilância*: a privacidade hoje. Org. Maria Celina Bodin de Moraes. Trad. Danilo Doneda e Luciana Cabral Doneda. Rio de Janeiro: Renovar, 2008. p. 128.
153. A privacidade foi definida, inicialmente, por Warren e Brandeis como "direito de ser deixado só". BRANDEIS, Louis; WARREN, Samuel. The right to privacy. *Harvard Law Review*, v. 4, n. 5, 1890. "A ampla utilização das redes sociais para a divulgação de informações relativas à personalidade, tanto de seus usuários quanto de terceiros, parece refletir o resultado de um novo tipo compreensão acerca do conteúdo da esfera privada da pessoa humana. Aquele universo inspirado na cultura oitocentista, em que ocorre a busca do eu intimista, que visa manter sua essência pessoal, gostos e hábitos fora do conhecimento público, começou a ser profundamente modificado no final ao século XX, operando-se então a priorização da exposição constante de si e dos outros (SIBILIA, 2013). Nos últimos anos, verifica-se uma intensíssima utilização, principalmente pelos jovens, de diversas ferramentas disponíveis on-line para exibir assuntos relativos às suas vidas privadas. Tanto os detalhes mais interessantes quanto os mais irrelevantes vêm sendo expostos em redes sociais e aplicativos interativos". TEFFÉ, Chiara Spadaccini de; BODIN DE MORAES, Maria Celina. Redes sociais virtuais: privacidade e responsabilidade civil: Análise a partir do Marco Civil da Internet, *Pensar*, Fortaleza, v. 22, n. 1, p. 108-146, jan./abr. 2017. p. 118-119.
154. RODOTÀ, Stefano. *A vida na sociedade da vigilância*: a privacidade hoje. Org. Maria Celina Bodin de Moraes. Trad. Danilo Doneda e Luciana Cabral Doneda. Rio de Janeiro: Renovar, 2008. p. 27-28.
155. MULHOLLAND, Caitlin Sampaio. Dados pessoais sensíveis e a tutela de direitos fundamentais: uma análise à luz da Lei Geral de Proteção de Dados (Lei 13.709/18). *R. Dir. Gar. Fund.*, Vitória, v. 19, n. 3, p. 159-180, set./dez. 2018. p. 171.

esse conjunto de dados individualiza o usuário perante os demais e reflete o seu "eu" digital.[156]

Esses perfis, por terem o elemento de identificação do indivíduo perante a comunidade, não esgotam sua tutela na proteção da privacidade – ou do corpo eletrônico –, mas demandam, sobretudo, o reconhecimento da tutela da identidade[157], ou seja, de como esse conjunto de dados interfere na interação com os demais usuários.

Nota-se que a confiabilidade mínima em relação à titularidade dos perfis integra a própria funcionalidade da rede social, havendo ao menos uma expectativa inicial de que a pessoa natural que está utilizando aquela conta seja a mesma que se apresenta na página por meio do nome, idade, das imagens, vídeos, do ciclo de amigos. Há, inclusive, especial preocupação com os perfis falsos nessas redes sociais,[158] podendo o usuário que utiliza a conta para se passar por terceiro cometer crime de falsa identidade, na forma do art. 307 do Código Penal.[159]

---

156. "Dada a ipseidade que difere o ser humano dos outros entes e entre seus próprios pares (*distinctum subsistens*), a ciência jurídica o protege das agressões que afetem a sua individualidade. Trata-se de conferir tutela jurídica aos elementos que emprestam conteúdo ao valor-fonte do ordenamento jurídico, aos bens (da personalidade) que individualizam o sujeito perante a sociedade. Sob essa perspectiva, um dado, atrelado à esfera de uma pessoa, pode se inserir dentre os direitos da personalidade. Para tanto, ele deve ser adjetivado como pessoal, caracterizando-se como uma projeção, extensão ou dimensão do seu titular. E, nesse sentido, cada vez mais, as atividades de processamento de dados têm ingerência na vida das pessoas. Hoje vivemos em uma sociedade e uma economia que se orientam e movimentam a partir desses signos identificadores do cidadão. Trata-se de um novo tipo de identidade e, por isso mesmo, tais dossiês digitais devem externar informações corretas para que seja fidedignamente projetada a identidade do titular daquelas informações. (...) Seria contraproducente e até mesmo incoerente pensar a proteção de dados pessoais somente sob as lentes do direito à privacidade. O eixo da privacidade está ligado ao controle de informações pessoais do que seja algo íntimo ou privado do sujeito. A proteção dos dados pessoais não se satisfaz com tal técnica normativa, uma vez que a informação pode estar sob a esfera pública, discutindo-se, apenas, a sua exatidão, por exemplo". BIONI, Bruno Ricardo. *Proteção de dados pessoais*: a função e os limites do consentimento. 3. ed. Rio de Janeiro: Forense, 2021. p. 56-58.
157. Aline de Miranda Valverde Terra, Milena Donato Oliva e Filipe Medon destacam, nessa perspectiva, que "a personalidade da pessoa hoje em dia é, em grande medida, construída digitalmente: muito do que somos depende das nossas interações nas redes sociais e com o espaço digital. Para muitos, as redes sociais são extensão de si mesmos, representação da própria personalidade, de modo que a identidade pessoal é redefinida no meio digital". TERRA, Aline de Miranda Valverde; OLIVA, Milena Donato; MEDON, Filipe. Acervo digital: controvérsias quanto à sucessão causa mortis. In: TEIXEIRA, Ana Carolina Brochado; LEAL, Livia Teixeira. *Herança digital*: controvérsias e alternativas. 2. ed. Indaiatuba/SP: Foco, 2022. t. 1, p. 80.
158. UOL. *Descubra se um perfil é fake no Instagram, Facebook, WhatsApp e TikTok*. Disponível em: https://www.uol.com.br/tilt/noticias/redacao/2022/04/26/como-saber-se-perfil-e-fake-no-instagram-facebook-whatsapp-e-tiktok.htm?cmpid=copiaecola. Acesso em: 16 dez. 2022.
159. Código Penal, art. 307 – "Atribuir-se ou atribuir a terceiro falsa identidade para obter vantagem, em proveito próprio ou alheio, ou para causar dano a outrem: Pena – detenção, de três meses a um ano, ou multa, se o fato não constitui elemento de crime mais grave".

Nos termos de uso do Facebook constam cláusulas que dispõem que o usuário deve "[a]bster-se de compartilhar sua senha, dar acesso à sua conta do Facebook a terceiros ou transferir sua conta para outra pessoa (sem a nossa permissão)".[160] No Instagram pode-se observar a previsão de que o usuário deve "fornecer informações atualizadas e precisas (inclusive informações de registro), que podem incluir dados pessoais", não podendo "se passar por alguém ou algo que você não seja nem criar uma conta para outra pessoa, a menos que tenha a permissão expressa dela".[161] Há, inclusive, mecanismos em ambos os provedores de denúncia de contas na hipótese em que alguém esteja indevidamente se passando por determinada pessoa.[162]

Além disso, o Facebook contêm previsões relativas à exigência de envio de cópia de documentos de identificação do usuário, para confirmar seu nome ou caso o titular tenha perdido o acesso à conta, a fim de inviabilizar a utilização do perfil por terceiros.[163] Também o Instagram possui mecanismos com a mesma finalidade, exigindo que o titular da página envie documentos com seu nome para utilizar recursos da plataforma.[164] Segundo o provedor, tal solicitação pode ocorrer para confirmar se a conta que está tentando acessar pertence àquele usuário, para confirmar ou editar sua idade, para processar pagamentos e para ajudar a prevenir abusos, como golpes ou fraudes eletrônicas.[165]

Cumpre observar, nessa esteira, a edição do Enunciado nº 677 na IX Jornada de Direito Civil do Conselho da Justiça Federal – CJF em 2022, segundo o qual "[a] identidade pessoal também encontra proteção no ambiente digital",[166]

---

160. FACEBOOK. *Termos de serviço*. Disponível em: https://www.facebook.com/terms.php. Acesso em: 16 dez. 2022.
161. INSTAGRAM. *Termos de Uso e Impressão*. Disponível em: https://www.facebook.com/help/instagram/478745558852511. Acesso em: 16 dez. 2022.
162. FACEBOOK. *Como faço para denunciar uma conta falsa?* Disponível em: https://pt-br.facebook.com/business/help/173435393294159?id=867336363714190. Acesso em: 16 dez. 2022. INSTAGRAM. *Denunciar uma conta que está se passando por você no Instagram*. Disponível em: https://pt-br.facebook.com/help/instagram/370054663112398/?helpref=related_articles. Acesso em: 16 dez. 2022.
163. "Há alguns motivos para que você receba um pedido para carregar uma cópia de seu documento de identificação no Facebook. Veja alguns exemplos: Para confirmar se a conta que está tentando acessar pertence a você: sua segurança é muito importante para nós. Solicitamos um documento de identificação para impedir que outras pessoas entrem na sua conta. Para confirmar seu nome: pedimos que todos no Facebook coloquem os nomes usados no dia a dia. Isso ajuda a manter você e nossa comunidade protegidos contra imitação". FACEBOOK. Enviando uma ID. Disponível em: https://pt-br.facebook.com/help/contact/183000765122339?locale2=pt_BR. Acesso em: 16 dez. 2022.
164. INSTAGRAM. *Sendo você mesmo no Instagram*. Disponível em: https://pt-br.facebook.com/help/instagram/401525221649141/?helpref=hc_fnav. Acesso em: 16 dez. 2022.
165. INSTAGRAM. *Por que devo carregar um documento de identificação no Instagram?*. https://help.instagram.com/293775921768331?helpref=faq_content. Acesso em: 16 dez. 2022.
166. De acordo com a justificativa do Enunciado, "[o] estudo do direito à identidade sob enfoque diverso das conceituações tradicionais apresentadas (que conferem ênfase na identificação) e da ressignificação contemporânea, baseada na identidade dinâmica, deve receber abordagem específica e

reconhecendo-se a necessidade de se considerar a tutela da identidade nas relações estabelecidas no ambiente digital, consideradas as suas peculiaridades, o que também deve ocorrer após a morte, na esteira da tutela jurídica póstuma já assinalada ao longo deste capítulo.

Desse modo, o interesse jurídico que se pretende resguardar quando se tutela o perfil do Facebook e do Instagram do usuário falecido com viés autobiográfico é a memória individual do titular da conta, referente ao projeto existencial da pessoa humana registrado naquela página e que reflete a sua identidade pessoal, a qual se constitui no âmbito da rede social em relação com as contas de outros usuários, e que se consubstancia nos dados pessoais ali inseridos considerados em conjunto.

É a partir dessa premissa central que devem ser desenvolvidas as bases da tutela jurídica de perfis de pessoas naturais com viés autobiográfico do Facebook e do Instagram, que será objeto de enfrentamento na sequência.

---

aprofundada pela perspectiva da influência das novas tecnologias no Direito Privado e revela simbiose com a própria concepção da identidade pessoal. O Direito foi salvo pela tecnologia. Essa afirmação de Stefano Rodotà provoca reflexão a respeito da utilização da internet e do ciberespaço e as inevitáveis influências na livre formação da personalidade e demanda análise aprofundada, de forma mais detida, em relação ao direito fundamental à identidade pessoal e as possíveis influências nas relações no meio virtual. A generalidade e amplitude dessa resumida conceituação compreende os complexos e multifacetados componentes do valor da personalidade em sua dimensão plural e existencial, cuja prevalência de tutela decorre de proclamação constitucional. Reconhecida a tutela da pessoa humana em todos os espectros e o correspectivo direito à diferença, e analisando o paralelismo com o conteúdo do direito à igualdade, exsurge, essencialmente, o direito de manifestar a singularidade inata em cada ser humano como valor inerente à personalidade, especialmente nas relações travadas em ambiente digital. O respeito à alteridade e às peculiaridades da relação entre o eu e o outro, exige, agora sob os contornos do componente tecnológico, exige, agora sob os contornos do componente tecnológico, tratamento conformado com os valores constitucionais". CONSELHO DA JUSTIÇA FEDERAL. *IX Jornada Direito Civil*: comemoração dos 20 anos da Lei nº 10.406/2022 e da instituição da Jornada de Direito Civil: enunciados aprovados. Brasília: Conselho da Justiça Federal, Centro de Estudos Judiciários, 2022. Disponível em: https://www.cjf.jus.br/cjf/corregedoria-da-justica-federal/centro-de-estudos-judiciarios-1/publicacoes-1/jornadas-cej/enunciados-aprovados-2022-vf.pdf. Acesso em: 29 nov. 2022.

3
TRATAMENTO JURÍDICO *POST MORTEM* DOS PERFIS COM CARÁTER AUTOBIOGRÁFICO

> *"A história da morte é ainda uma história da vida; vale dizer, é uma história da vida daqueles que sobrevivem ao morto, é uma história daquilo que é feito diante da morte e de quem morre".*
> – Giselda Hironaka[1]

O tratamento jurídico *post mortem* dos perfis de pessoas naturais com viés autobiográfico do Facebook e do Instagram perpassa, como visto, pela compreensão de que o culto aos mortos se encontra presente na história das civilizações, constituindo uma preocupação religiosa, social e jurídica, bem como de que a transcendência da vida física e a busca pela imortalidade também se configuram como elementos que se manifestaram através dos tempos. Apontou-se que, contudo, a Internet agrega feições singulares a essa realidade, ao viabilizar a permanência, a princípio, indefinida dos conteúdos inseridos na rede, os quais podem também se traduzir como uma projeção da identidade do titular da conta.

Nesse cenário, incumbe ao direito promover a tutela jurídica do centro de interesses relativos à proteção da pessoa humana mesmo após a morte do titular. Como destacado, a identidade do usuário, projetada dos dados pessoais presentes na conta, se reflete também após a morte, sendo necessário resguardar o projeto existencial construído pela pessoa e registrado na página.

Importa, contudo, observar que o tratamento jurídico *post mortem* do conteúdo inserido na rede ao longo da vida do usuário é alvo de considerável controvérsia, notadamente no que se refere aos aspectos existenciais que permeiam algumas contas, tendo a discussão referente à temática da denominada "herança

---

1. HIRONAKA, Giselda Maria Fernandes Novaes. *Morrer e suceder*. 2. ed. São Paulo: Ed. RT, 2014. p. 98.

digital"[2] se iniciado justamente a partir de casos relativos a perfis em redes sociais, os quais constituem um dos grandes pontos de divergência acerca do tema.

Em 2018, o *Bundesgerichtshof – BGH*, tribunal alemão equivalente ao Superior Tribunal de Justiça brasileiro, julgou um caso no qual os pais de uma menina de 15 anos, que morreu em uma estação subterrânea do metrô em 2012, ajuizaram ação em face do Facebook, requerendo o acesso à conta da filha, a fim de compreenderem se a morte teria decorrido de acidente ou de suicídio, por meio da leitura das suas conversas privadas, o que foi, ao final, deferido pelo tribunal.[3] Este processo se tornou o primeiro caso mundialmente conhecido sobre o tema, evidenciando a necessidade de se debater a temática no campo jurídico.

Para o tribunal alemão, deve-se aplicar o princípio da sucessão universal, de modo que os herdeiros assumem a posição jurídica do usuário falecido na relação contratual estabelecida com o provedor, e, portanto, detêm a legítima pretensão de acessar a conta, reconhecendo-se a abusividade das cláusulas previstas pelos termos de uso que restringissem tal direito. Além disso, entendeu-se que a prestação do provedor, consistente em viabilizar o acesso e a administração da conta ao usuário, não teria caráter personalíssimo, bem como que o emissor da mensagem suportaria o risco de que terceiro tenha acesso ao material enviado. Concluiu o tribunal, assim, que as contas firmadas em redes sociais deveriam ser transmitidas, como ocorre com as cartas, diários e informações confidenciais estabelecidas no mundo físico.[4]

No Brasil, a primeira demanda examinada pelo Poder Judiciário a respeito da herança digital de que se tem conhecimento também envolveu o perfil de uma usuária de rede social. Em 2013, uma mãe requereu administrativamente ao Facebook que desativasse o perfil da filha falecida, o que não foi feito, sendo ajuizada uma ação para a exclusão do perfil. No caso, a juíza da 1ª Vara do Juizado Especial Central do Estado de Mato Grosso do Sul deferiu o pedido em sede liminar, determinando a exclusão da página, o que foi posteriormente confirmado em sentença.[5]

Em 2021, a 31ª Câmara de Direito Privado do Tribunal de Justiça do Estado de São Paulo reconheceu a improcedência de pedido formulado por uma mãe

---

2. O termo "herança digital" vem sendo utilizado, de forma geral, para caracterizar as discussões referentes ao tratamento jurídico *post mortem* do conteúdo inserido na rede pelo usuário. Contudo, há discussões se todos os bens digitais se configurariam efetivamente como "herança". Caso se considere que o termo "herança digital" corresponde apenas àqueles bens digitais efetivamente passíveis de transmissão sucessória, a resposta vai depender do entendimento que se vai adotar em relação ao tema.
3. ALEMANHA. Bundesgerichtshof. v. 12.07.2018, III ZR 183/17. Disponível em: https://datenbank.nwb.de/Dokument/Anzeigen/741207/. Acesso em: 18 dez. 2022.
4. MENDES, Laura Schertel Ferreira; FRITZ, Karina Nunes. Case Report: Corte Alemã Reconhece a Transmissibilidade da Herança Digital. *RDU*. Porto Alegre, v. 15, n. 85, p. 188-211. 2019.
5. TJMS, 1ª Vara do Juizado Especial Central, Processo nº 0001007-27.2013.8.12.0110, Juíza Vania de Paula Arantes, j. 19.03.2013.

direcionado à restauração de perfil de filha falecida no Facebook e à reparação por danos morais.[6] Além disso, o mesmo tribunal examinou outro caso em agosto do mesmo ano, tendo a 10ª Câmara de Direito Privado julgado procedente pleito de restauração de perfil de pessoa falecida que havia sido invadido e de fornecimento de dados dos invasores, destacando que deve ser resguardado o "direito à memória" e à "fidelidade de informações que existiam nos aplicativos e foram modificadas à revelia daqueles que detém o interesse e a legitimidade para buscar a preservação do conteúdo".[7]

No que tange ao acesso ao aparelho celular e às informações contidas no telefone e nas contas a ele vinculadas, percebe-se certa divergência nas soluções determinadas pelo Poder Judiciário brasileiro. Em 2018, o Juízo da Vara Única de Pompeu, de Minas Gerais, negou aos pais o acesso aos dados contidos no celular da filha falecida, considerando o sigilo das comunicações, a proteção de direitos da personalidade de terceiros e a intimidade da jovem.[8] Mais recentemente, o juiz da 2ª Vara do Juizado Especial Cível do Tribunal de Justiça de São Paulo, em sentido diverso, autorizou a expedição de alvará judicial para transferência de dados da conta Apple ID para o genitor do falecido.[9]

Em janeiro de 2022, a 3ª Câmara Cível do Tribunal de Justiça do Estado de Minas Gerais manteve decisão de indeferimento de pleito de quebra de sigilo de "contas e dispositivos Apple" do *de cujus*, por entender que "a autorização judicial para o acesso às informações privadas do usuário falecido deve ser concedida apenas nas hipóteses de haver relevância para o acesso de dados mantidos como sigilosos"[10]

Nessa esteira, verifica-se a ausência de conformidade na Jurisprudência em relação ao tratamento jurídico do tema e os poucos – mas crescentes – casos examinados pelas Cortes brasileiras evidenciam a importância de se debater como tutelar esses perfis.

---

6. TJSP, 31ª Câmara de Direito Privado, Apelação Cível nº 1119688-66.2019.8.26.0100, Rel. Des. Francisco Casconi, j. 09.03.2021.
7. "[o] que os autores pretenderam foi a recuperação das informações que constavam dos sítios e que confessadamente foram alterados por terceiros. É o direito à memória, ao não esquecimento, à fidelidade de informações que existiam nos aplicativos e foram modificadas à revelia daqueles que detém o interesse e a legitimidade para buscar a preservação do conteúdo". TJSP, 10ª Câmara de Direito Privado, Apelação Cível nº 1074848-34.2020.8.26.0100, Rel. Des. Ronnie Herbert Barros Soares, j. 31.08.2021
8. TJMG, Vara Única da Comarca de Pompeu, Processo nº 0023375-92.2017.8.13.0520, Juiz Manoel Jorge de Matos Junior, j. 08.06.2018.
9. TJSP, 2ª Vara do Juizado Especial Cível, Processo nº 1020052-31.2021.8.26.0562, Juiz Guilherme de Macedo Soares, j. 07.10.2021
10. TJMG, 3ª CC, Agravo de Instrumento nº 1.0000.21.190675-5/001, Rel. Des. Albergaria Costa, j. 27.01.2022, Publ. 28.01.2022.

A doutrina, por sua vez, vem se dividindo entre aqueles que entendem que, na ausência de manifestação de vontade do titular da conta em vida em sentido contrário, deve-se aplicar a regra da sucessão universal das contas, de modo que todo o acervo digital do indivíduo deveria ser transmitido por força de sua morte como regra, incluídos os perfis do Facebook e do Instagram,[11] e aqueles que reconhecem outras possibilidades de afastamento da regra da transmissibilidade das contas, como a violação a direitos da personalidade ou de outro interesse juridicamente tutelável que preponderasse no caso concreto.[12]

Em recente Enunciado, de nº 40, o Instituto Brasileiro de Direito de Família (IBDFAM), na linha do segundo posicionamento, dispôs que "[a] herança digital pode integrar a sucessão do seu titular, ressalvadas as hipóteses envolvendo direitos personalíssimos, direitos de terceiros e disposições de última vontade em sentido contrário".

No âmbito legislativo, os primeiros Projetos de Lei a respeito da herança digital, datados de 2012, buscavam viabilizar a transmissão irrestrita de todo o acervo digital do indivíduo, sem prever qualquer tipo de diferenciação entre as contas, a exemplo dos Projetos de Lei nº 4.847/2012[13] e 4.099/2012.[14] Posteriormente, foram apresentadas propostas de alteração da Lei nº 12.965/2014 (Marco Civil da Internet), para prever regras para a exclusão das contas e dados pessoais dos usuários falecidos, como os Projetos de Lei nº 1.331/2015[15] e PL 7.742/2017,[16] indicando que o tema também se relaciona a questões importantes relativas à regulação da Internet e ao tratamento de dados pessoais.

---

11. MENDES, Laura Schertel Ferreira; FRITZ, Karina Nunes. Case Report: Corte Alemã Reconhece a Transmissibilidade da Herança Digital. *RDU*. Porto Alegre, v. 15, n. 85, 2019; TERRA, Aline de Miranda Valverde; OLIVA, Milena Donato; MEDON, Filipe. Acervo digital: controvérsias quanto à sucessão causa mortis. In: TEIXEIRA, Ana Carolina Brochado; LEAL, Livia Teixeira. *Herança digital*: controvérsias e alternativas. 2. ed. Indaiatuba/SP: Foco, 2022. t. 1.
12. HONORATO, Gabriel; LEAL, Livia Teixeira. Herança digital: o que se transmite aos herdeiros? In: TEIXEIRA, Ana Carolina Brochado; NEVARES, Ana Luiza Maia (org.). *Direito das Sucessões*: problemas e tendências. Indaiatuba: Foco, 2021. p. 169-183; NEVARES, Ana Luiza Maia. Testamento virtual: ponderações sobre a herança digital e o futuro do testamento. In: TEIXEIRA, Ana Carolina Brochado; LEAL, Livia Teixeira. *Herança digital*: controvérsias e alternativas. 2. ed. Indaiatuba/SP: Foco, 2022. t. 1.
13. BRASIL. Câmara dos Deputados. Projeto de Lei nº 4.847, de 2012. Acrescenta o Capítulo II-A e os arts. 1.797-A a 1.797-C à Lei nº 10.406, de 10 de janeiro de 2002. Disponível em: http://www.camara.gov.br/proposicoesWeb/fichadetramitacao?idProposicao=563396. Acesso em: 18 dez. 2022.
14. BRASIL. Câmara dos Deputados. Projeto de Lei nº 4.099, de 2012. Altera o art. 1.788 da lei nº 10.406, de 10 de janeiro de 2002. Disponível em: https://www.camara.leg.br/proposicoesWeb/fichadetramitacao?idProposicao=548678. Acesso em: 18 dez. 2022.
15. BRASIL. Câmara dos Deputados. Projeto de Lei nº 1.331, de 2015. Altera a Lei nº 12.965, de 23 de abril de 2014 – Marco Civil da Internet, dispondo sobre o armazenamento de dados de usuários inativos na rede mundial de computadores. Disponível em: http://www.camara.gov.br/proposicoesWeb/fichadetramitacao?idProposicao=1227967. Acesso em: 18 dez. 2022.
16. BRASIL. Câmara dos Deputados. Projeto de Lei nº 7.742, de 2017. Acrescenta o art. 10-A à Lei nº 12.965, de 23 de abril de 2014 (Marco Civil da Internet), a fim de dispor sobre a destinação das contas

Atualmente, encontram-se em tramitação no Congresso Nacional proposições das mais diversas ordens, que tanto buscam estabelecer a transmissão aos herdeiros de "todos os conteúdos de contas ou arquivos digitais de titularidade do autor da herança" (Projeto de Lei nº 6468/2019[17]), quanto determinam a exclusão de contas de usuários brasileiros falecidos, por meio do requerimento dos familiares, exceto se existir manifestação de vontade do titular em vida em sentido diverso (Projeto de Lei nº 410/2021[18]).

Tem-se, ainda, propostas que garantem o direito de acesso do sucessor à página pessoal do falecido, prevendo o prazo de 70 anos para a vigência dos direitos patrimoniais do autor (Projeto de Lei nº 1689/2021[19]), e outras que preveem que as determinações acerca da herança digital poderão ser consignadas em testamento ou, se essa funcionalidade estiver disponível, diretamente nas aplicações de Internet, bem como que, após o falecimento do usuário, o conteúdo publicado não poderá ser alterado ou removido pelos herdeiros ou legatários, nem pelo provedor da aplicação, salvo mediante determinação testamentária expressa (Projeto de Lei nº 365/2022[20]).

Destaca-se, também, o Projeto de Lei nº 1144/2021,[21] o qual busca alterar os parágrafos únicos dos arts. 12 e 20 do Código Civil, prevendo, ainda, que integram a herança "os conteúdos e dados pessoais inseridos em aplicações da Internet de natureza econômica" e que não se transmite aos herdeiros o conteúdo de mensagens privadas, exceto se utilizadas com finalidade exclusivamente econômica.

Observa-se, desse modo, que, diante da própria diversidade das soluções discutidas no Congresso Nacional, o debate em torno de aspectos existenciais

---

de aplicações de internet após a morte de seu titular. Disponível em: http://www.camara.gov.br/proposicoesWeb/fichadetramitacao?idProposicao=2139508. Acesso em: 18 dez. 2022.

17. BRASIL. Senado Federal. Projeto de Lei nº 6468, de 2019. Altera o art. 1.788 da Lei nº 10.406, de 10 de janeiro de 2002, que institui o Código Civil, para dispor sobre a sucessão dos bens e contas digitais do autor da herança. Disponível em: https://www25.senado.leg.br/web/atividade/materias/-/materia/140239. Acesso em: 18 dez. 2022.
18. BRASIL. Câmara dos Deputados. Projeto de Lei nº 410, de 2021. Acrescenta artigo à Lei do Marco Civil da Internet – Lei nº 12.965, de 23 de abril de 2014, a fim de dispor sobre a destinação das contas de internet após a morte de seu titular. Disponível em: https://www.camara.leg.br/proposicoesWeb/fichadetramitacao?idProposicao=2270016. Acesso em: 18 dez. 2022.
19. BRASIL. Câmara dos Deputados. Projeto de Lei nº 1689, de 2021. Altera a Lei 10.406, de 10 de janeiro de 2002, para dispor sobre perfis, páginas contas, publicações e os dados pessoais de pessoa falecida, incluindo seu tratamento por testamentos e codicilos. Disponível em: https://www.camara.leg.br/propostas-legislativas/2280308. Acesso em: 18 dez. 2022.
20. BRASIL. Senado Federal. Projeto de Lei nº 365, de 2022. Dispõe sobre a herança digital. Disponível em: https://www25.senado.leg.br/web/atividade/materias/-/materia/151903. Acesso em: 18 dez. 2022.
21. BRASIL. Câmara dos Deputados. Projeto de Lei nº 1144, de 2021. Dispõe sobre os dados pessoais inseridos na internet após a morte do usuário. Disponível em: https://www.camara.leg.br/proposicoesWeb/fichadetramitacao?idProposicao=2275941. Acesso em: 18 dez. 2022.

relacionados ao tema se revela cada vez mais necessário e urgente, a fim de resguardar a proteção da dignidade humana, consubstanciada na tutela da memória individual, também nessa esfera.

Cumpre ressaltar que parte da doutrina vem dividindo o patrimônio digital em três categorias: (i) os bens digitais patrimoniais, que gozam de valor econômico, como criptomoedas e milhas aéreas, (ii) os bens digitais personalíssimos, aqueles dotados de valor existencial; (iii) e os bens digitais híbridos, que englobam tanto conteúdo personalíssimo como patrimonial, como perfis monetizados em redes sociais.[22] Sob este aspecto, na esteira do segundo entendimento, os bens digitais personalíssimos e os aspectos existenciais dos bens digitais híbridos não seriam objeto de transmissão a título sucessório.

Para sua caracterização no âmbito desses três espectros, importa examinar a função do bem digital no ordenamento jurídico, investigando sob qual finalidade ele atende melhor os objetivos constitucionais, ou seja, à tutela da pessoa humana, a partir da síntese dos efeitos essenciais da situação jurídica em concreto. Ou seja, deve ser analisada a funcionalidade concreta da situação diante da circunstância fática determinada: "se realiza direta e imediatamente a dignidade humana por meio do livre desenvolvimento da personalidade, trata-se de situação existencial; se a realização da dignidade humana é mediata, visando, em primeiro plano, a efetivação da livre iniciativa, trata-se de situação patrimonial".[23]

Como assinalado anteriormente, os perfis abordados neste estudo desempenham a função de individualizar e identificar a pessoa humana que figura como titular da conta perante os demais usuários da rede social, ou seja, daquela comunidade digital, refletindo o seu projeto existencial registrado naquela página. Desse modo, esses perfis devem ser caracterizados como bens digitais existenciais, ou seja, personalíssimos, notadamente diante da ausência de exploração econômica.

---

22. Bruno Zampier define como bens digitais os "bens incorpóreos, os quais são progressivamente inseridos na Internet por um usuário, consistindo em informações de caráter pessoal que lhe trazem alguma utilidade, tenham ou não conteúdo econômico". Os bens digitais patrimoniais consistiriam, assim, em "manifestações da existência de interesses patrimoniais de seus titulares no ambiente virtual", incluindo filmes, músicas, livros, moedas digitais etc., e atraindo a tutela jurídica relativa ao direito de propriedade. Por outro lado, os bens digitais existenciais corresponderiam àquelas informações capazes de gerar repercussões extrapatrimoniais, atraindo a tutela direcionada aos direitos da personalidade, havendo, ainda, aqueles que conteriam ambos os aspectos – os bens digitais patrimoniais-existenciais. ZAMPIER, Bruno. *Bens digitais*: cybercultura, redes sociais, e-mails, músicas, livros, milhas aéreas, moedas virtuais. 2. ed. Indaiatuba: Foco, 2021. p. 63-71.
23. TEIXEIRA, Ana Carolina Brochado; KONDER, Carlos Nelson. Situações jurídicas dúplices: controvérsias na nebulosa fronteira entre patrimonialidade e extrapatrimonialidade. In: TEPEDINO, Gustavo; FACHIN, Luiz Edson. *Diálogos sobre direito civil*. Rio de Janeiro: Renovar, 2012. v. IIII, p. 24.

Dessa conclusão, extraem-se três efeitos centrais: (i) a impossibilidade de se reconhecer o direito sucessório dos familiares a tais perfis; (ii) a relevância da garantia da autonomia do usuário em relação à destinação da conta; e (iii) a necessidade de se delinear os instrumentos de tutela *post mortem* dessas páginas com a finalidade de resguardar a memória da pessoa falecida. É o que se passa a expor.

3.1 A IMPOSSIBILIDADE DE SE RECONHECER UM DIREITO SUCESSÓRIO DOS FAMILIARES

O primeiro aspecto que decorre da compreensão de que os perfis abordados neste estudo refletem a identidade de seu titular e de que essas contas são, portando, personalíssimas, é a inviabilidade de se transmitir a conta aos herdeiros a título sucessório.

Ressalta Francisco Amaral que os efeitos jurídicos da morte incidem "nas relações jurídicas de que o falecido era parte, extinguindo-as ou modificando-as, conforme sejam intransmissíveis ou transmissíveis",[24] entendimento contido no brocardo tradicional *mors omnia solvit*, ou seja, "a morte tudo resolve", havendo, após a morte, a extinção ou a transmissão das situações jurídicas constituídas pelo indivíduo em vida.

Nesse sentido, observam Gustavo Tepedino e Milena Donato Oliva que, de forma geral, revela-se possível a alteração subjetiva da situação jurídica, ou seja, a mudança de sua titularidade, desde que o centro de interesses conserve sua vocação funcional. De outro lado, haveria extinção da situação jurídica quando a perda da titularidade incidisse sobre direitos personalíssimos, "em cujo centro de interesse a pessoa de determinado titular é essencial à sua vocação funcional".[25]

Contudo, Heloisa Helena Barboza e Vitor Almeida assinalam, quanto a este ponto, que "não é – necessariamente – a existência biológica do titular que vincula a preservação do centro de interesse, mas o reconhecimento de ser ele digno de proteção e viável a sua transmissibilidade",[26] na medida em que, con-

---

24. AMARAL, Francisco. *Direito civil*: introdução. 8. ed. Rio de Janeiro: Renovar, 2014. p. 276.
25. "Do ponto de vista subjetivo, haverá extinção quando a perda da titularidade incide sobre direitos personalíssimos, em cujo centro de interesse a pessoa de determinado titular é essencial à sua vocação funcional. Designam-se personalíssimos os direitos constituídos em razão da pessoa de seu titular (*intuitu personae*) e que, por esse motivo, por sua visceral vinculação com específica titularidade, não admitem alteração subjetiva, a qual acarreta a sua extinção". TEPEDINO, Gustavo; OLIVA, Milena Donato. *Fundamentos do direito civil*. Rio de Janeiro: Forense, 2020. v. 1: Teoria geral do direito civil, p. 108-109.
26. "De igual modo, a autorização para a alteração subjetiva não depende – apenas – da natureza personalíssima do centro de interesse, mas também da verificação do perfil dinâmico e funcional da titularidade, que traduz as características e atributos peculiares à pessoa natural existente ou que existiu, visto que normas jurídicas devem ser criadas e aplicadas tendo em conta a dignidade do ser humano em suas

forme já assinalado no Capítulo 2, pode-se reconhecer um centro de interesses juridicamente tutelável mesmo na ausência de titular.

Os mesmos autores salientam que a sucessão *causa mortis* possui como pressupostos a morte do autor da herança e a sobrevivência de herdeiro sucessível, mas que as situações que se constituem na rede possuem como peculiaridade a permanência do conteúdo inserido pelo usuário, inclusive "a(s) identidade(s) que ali criou e múltiplas manifestações existenciais, que vão de fotos, conversas, manifestações artísticas e científicas, a negócios de toda ordem em pleno curso, que podem ter continuidade". Nesse cenário, haveria uma "multiplicidade de centros de interesse existenciais e patrimoniais muitas vezes desconhecidos por familiares e amigos e, principalmente, cuja titularidade nem sempre é precisa", ou seja, de "situações jurídicas extrapatrimoniais que permanecem ativas após a morte biológica de seu titular", as quais devem ser examinadas individualmente, a fim de se verificar o seu merecimento de tutela.[27]

No âmbito do Direito Civil, cabe ao Direito das Sucessões, como observa Luiz Paulo Vieira de Carvalho, "estudar e regulamentar a destinação do patrimônio da pessoa física ou natural em decorrência de sua morte", buscando dirimir conflitos familiares e propiciar a circulação de bens.[28] Na mesma esteira, assinala Caio Mário da Silva Pereira que, na herança, o patrimônio é "considerado na sua linha mais pura, abrangente do complexo das relações jurídicas de cunho patrimonial do defunto".[29]

Com a morte da pessoa física, opera-se a transmissão de seu patrimônio, de seu complexo de direitos e deveres, para os herdeiros,[30] na esteira do direito constitucional à herança, previsto pelo art. 5º, XXX, da Constituição da República[31] e

---

peculiaridades". BARBOZA, Heloisa Helena; ALMEIDA, Vitor. Tecnologia, morte e direito: em busca de uma compreensão sistemática da "herança digital". In: TEIXEIRA, Ana Carolina Brochado; LEAL, Livia Teixeira. *Herança digital*: controvérsias e alternativas. 2. ed. Indaiatuba/SP: Foco, 2022. t. 1, p. 10.

27. BARBOZA, Heloisa Helena; ALMEIDA, Vitor. Tecnologia, morte e direito: em busca de uma compreensão sistemática da "herança digital". In: TEIXEIRA, Ana Carolina Brochado; LEAL, Livia Teixeira. *Herança digital*: controvérsias e alternativas. 2. ed. Indaiatuba/SP: Foco, 2022. t. 1, p. 15.
28. CARVALHO, Luiz Paulo Viera de. *Direito das Sucessões*. 2. ed. São Paulo: Atlas, 2015. p. 18 e 20.
29. PEREIRA, Caio Mário da Silva Pereira. *Instituições de direito civil*. 32. ed. Atualizada por Maria Celina Bodin de Moraes. Rio de Janeiro: Forense, 2019. v. I: Introdução ao direito civil. Teoria geral do direito civil, p. 335.
30. Dispõe, nessa toada, o art. 1.784 do Código Civil que, "[a]berta a sucessão, a herança transmite-se, desde logo, aos herdeiros legítimos e testamentários".
31. Constituição da República, art. 5º, XXX. "é garantido o direito de herança". "O direito à legítima pertence às garantias fundamentais dispostas na Constituição Federal. Em seu artigo 5º, inciso XXX, a Constituição Federal garante o direito à herança, com fundamento nos institutos da propriedade privada e da família. Garantir o direito à herança significa assegurar a sucessão causa mortis privada, isso é, após o falecimento do indivíduo, os seus bens deverão ser transmitidos aos seus herdeiros legais ou testamentários". FLEISCHMANN, Simone Tassinari Cardoso; TEDESCO, Letícia Trevizan. Legítima

conforme a ordem de vocação hereditária apresentada pelo Código Civil, em seus arts. 1.829 e seguintes. Desse modo, não se pode negar que a sucessão hereditária, calca, a princípio, suas bases no princípio da patrimonialidade, direcionando-se, portanto, à transferência patrimonial dos bens do indivíduo.[32]

Nesse sentido, tem se entendido pela transmissão a título sucessório das contas que possuam caráter patrimonial, a exemplo de criptoativos,[33] milhas aéreas,[34] cupons eletrônicos e acessórios de jogos on-line,[35] sobre os quais o presente trabalho não se debruçará.

Contudo, conforme assinalado, algumas situações jurídicas são personalíssimas, e, portanto, intransmissíveis, de modo que não podem ser objeto de sucessão, não integrando o acervo sucessório por deixado pelo *de cujus*.[36]

---

e herança digital: um desafio quase impossível. In: TEIXEIRA, Ana Carolina Brochado; LEAL, Livia Teixeira. *Herança digital*: controvérsias e alternativas. 2. ed. Indaiatuba/SP: Foco, 2022. t. 1, p. 166.

32. NEVARES, Ana Luiza Maia. *A função promocional do testamento*: tendências do Direito Sucessório. Rio de Janeiro: Renovar, 2009. p. 112.

33. Destaca-se, quanto aos criptoativos, a edição da Lei nº 14.478, de 21 de dezembro de 2022, que dispõe sobre diretrizes a serem observadas na prestação de serviços de ativos virtuais e na regulamentação das prestadoras de serviços de ativos virtuais. BRASIL. Lei nº 14.478, de 21 de dezembro de 2022. Dispõe sobre diretrizes a serem observadas na prestação de serviços de ativos virtuais e na regulamentação das prestadoras de serviços de ativos virtuais; altera o Decreto-Lei nº 2.848, de 7 de dezembro de 1940 (Código Penal), para prever o crime de fraude com a utilização de ativos virtuais, valores mobiliários ou ativos financeiros; e altera a Lei nº 7.492, de 16 de junho de 1986, que define crimes contra o sistema financeiro nacional, e a Lei nº 9.613, de 3 de março de 1998, que dispõe sobre lavagem de dinheiro, para incluir as prestadoras de serviços de ativos virtuais no rol de suas disposições. Disponível em: http://www.planalto.gov.br/ccivil_03/_ato2019-2022/2022/lei/L14478.htm. Acesso em: 03 jan. 2023.

34. Repisa-se que, não obstante, no que tange às milhas aéreas, a 3ª Turma do Superior Tribunal de Justiça considerou válida cláusula prevista em regulamento de programa de fidelidade de uma companhia aérea que previa o cancelamento dos pontos acumulados pelo cliente após o seu falecimento. Prevaleceu, assim, o enquadramento da adesão ao Plano de Benefícios como contrato unilateral, benéfico e personalíssimo, entendendo-se que a interpretação, neste caso, deve ser restritiva, razão pela qual não seria possível a transmissão de seu objeto aos herdeiros. STJ, 3ª Turma, REsp 1.878.651-SP, Rel. Min. Moura Ribeiro, j. 04.10.22, DJe 07.10.22.

35. "A situação jurídica patrimonial é aquela que desempenha função econômica, passível de conversão em pecúnia, tendo por objeto interesses financeiros e por escopo o lucro. Por isso, sua tutela está diretamente ligada à realização da livre iniciativa e tem por fundamento o art. 170 da Constituição Federal. No tocante aos bens digitais, Bruno Zampier sugere que a situação será patrimonial quando a informação inserida na rede gerar repercussões econômicas imediatas, sendo dotada de economicidade. Exemplos dessa categoria são moedas virtuais (como bitcoins), milhas, sites, aplicativos, cupons eletrônicos e bens utilizados dentro de economias virtuais de jogos on-line. Trata-se de bens que, em princípio, seguem o sistema do mercado, o que envolve, no plano do direito, o regime de apropriação e transferência de titularidades do vendedor para o comprador, do titular do patrimônio para seus herdeiros, de partilha entre cônjuges ou companheiros". TEIXEIRA, Ana Carolina Brochado; KONDER, Carlos Nelson. O enquadramento dos bens digitais sob o perfil funcional das situações jurídicas. In: TEIXEIRA, Ana Carolina Brochado; LEAL, Livia Teixeira. *Herança digital*: controvérsias e alternativas. 2. ed. Indaiatuba/SP: Foco, 2022. t. 1, p. 37.

36. CARVALHO, Luiz Paulo Viera de. *Direito das Sucessões*. 2. ed. São Paulo: Atlas, 2015. p. 38. Observam Joyceane Bezerra de Menezes e Patrícia K. de Deus Ciríaco que, "[n]essa toada, cientes que

Desse modo, os perfis de pessoas naturais com viés autobiográfico do Facebook e do Instagram, por envolverem uma projeção da identidade do usuário, desempenham uma função existencial, e, portanto, a sua titularidade é intransmissível. Todavia, a impossibilidade de transferência da titularidade sobre o perfil não acarreta como consequência necessária a extinção ou exclusão da conta, na medida em que o próprio usuário pode optar pela manutenção da página como memorial e a preservação do perfil pode corresponder na prática a uma forma de resguardar a memória da pessoa falecida.

Nessa toada, embora se reconheça aos familiares a legitimidade para adotar as medidas de tutela da memória do *de cujus*, nos termos dos parágrafos únicos dos arts. 12 e 20 do Código Civil, tais disposições não lhes conferem titularidade sobre as contas aqui tratadas, tampouco a possibilidade de atuarem em desconformidade com o projeto existencial construído pelo indivíduo, ou seja, em desacordo com o fundamento da legitimidade que lhes é conferida legalmente: a tutela da memória do *de cujus*.

Não se olvida que há circunstâncias que podem ensejar o reconhecimento do direito do familiar de acessar a conta, diante da necessidade de proteção da memória da pessoa falecida[37] ou de algum interesse existencial do requerente que prepondere no caso concreto.[38]

---

estamos da expansão do corpo para o meio virtual, a disciplina jurídica dos bens virtuais não pode ser reduzida à lógica patrimonialista. O conjunto dos bens digitais pode envolver interesses jurídicos existenciais e patrimoniais que, em comum, têm apenas o ambiente no qual se desenvolvem e/ou a figura do seu titular". MENEZES, Joyceane Bezerra de; CIRÍACO, Patrícia K. de Deus. Direito à morte do corpo virtual: (im)possibilidade de um direito à sucessão de bens virtuais existenciais. In: TEIXEIRA, Daniele Chaves. *Arquitetura do planejamento sucessório*. Tomo III. Belo Horizonte: Fórum, 2022. p. 96. Em sentido diverso: "De fato, o ordenamento jurídico brasileiro, em harmonia com a tradição jurídica universal, deixa claro em inúmeras passagens a legitimidade dos familiares para suceder o falecido em seus direitos e obrigações, bem como a defender seus direitos de personalidade póstumos". FRITZ, Karina. A garota de Berlim e a herança digital. In: TEIXEIRA, Ana Carolina Brochado; LEAL, Livia Teixeira. *Herança digital*: controvérsias e alternativas. 2. ed. Indaiatuba/SP: Foco, 2022. t. 1, p. 261.

37. "Se o acesso aos bens digitais existenciais do falecido for indispensável para o exercício da pretensão assinalada no parágrafo único do art. 12, seria plausível a sua apreciação e deferimento. Mas, nesse caso, a finalidade justificaria e limitaria o acesso. (...) Mas não há que se falar em transmissão sucessória dos dados, mas no excepcional acesso a tais elementos para fins específicos, resguardados pela lei". MENEZES, Joyceane Bezerra de; CIRÍACO, Patrícia K. de Deus. Direito à morte do corpo virtual: (im)possibilidade de um direito à sucessão de bens virtuais existenciais. In: TEIXEIRA, Daniele Chaves. *Arquitetura do planejamento sucessório*. Belo Horizonte: Fórum, 2022. t. III, p. 100.
38. Na mesma esteira, aponta Ana Luiza Maia Nevares que, "[q]uanto a dados e informações que não tenham cunho patrimonial, estes só devem ser acessados pelos herdeiros caso haja uma justificativa que, no caso concreto, seja mais merecedora de tutela do que a privacidade e a vida íntima da pessoa falecida". NEVARES, Ana Luiza Maia. Testamento virtual: ponderações sobre a herança digital e o futuro do testamento. In: TEIXEIRA, Ana Carolina Brochado; LEAL, Livia Teixeira. *Herança digital*: controvérsias e alternativas. 2. ed. Indaiatuba/SP: Foco, 2022. t. 1, p. 200.

Bruno Zampier apresenta o exemplo de um descendente que se depara com a morte de seu ascendente em razão de uma doença rara que permaneceu em sigilo, e que precisa identificar tal moléstia a fim de cuidar de sua própria saúde. De acordo com o autor, "se provado que, acessando as contas digitais do defunto, há a possibilidade de se obter os resultados dos exames que lhe haviam sido enviados pela Internet, estar-se-ia diante de uma excepcional situação em que poderia ser autorizado o acesso".[39]

Ressalta-se, todavia, que o direito de acesso não se confunde com a transferência da titularidade da conta. Sob este aspecto, é possível reconhecer ao familiar a possibilidade de acessar determinado conteúdo constante na conta sem que lhe seja atribuído um direito sucessório[40] ou mesmo o gerenciamento irrestrito da página, observando-se, diante de tal cenário, uma modalidade de pertencimento diversa do modelo estático de propriedade.[41]

Em fevereiro de 2020, o Juízo da 10ª Vara Cível do Tribunal de Justiça do Estado de São Paulo julgou caso que envolvia o pleito de uma mulher de acesso aos e-mails do cônjuge falecido para obter informações a respeito de aquisição de imóvel em empreendimento imobiliário que ela havia avençado de forma conjunta com o *de cujus* em vida. No caso, o pedido foi julgado procedente, para condenar a Yahoo do Brasil Internet Ltda. "na obrigação de fazer consistente em apresentar o conteúdo do e-mail (...) de janeiro de 2017 a setembro de 2018, no prazo de quinze dias".[42]

---

39. ZAMPIER, Bruno. *Bens digitais*: cybercultura, redes sociais, e-mails, músicas, livros, milhas aéreas, moedas virtuais. 2. ed. Indaiatuba: Foco, 2021. p. 144.
40. Nesse sentido, observa Everilda Brandão Guilhermino: "Por fim, ressalta-se aqueles bens que não permitem transmissão de titularidade, mas que podem gerar um direito de acesso dos herdeiros. O melhor exemplo vem dos perfis sociais como Facebook ou Instagram. É inegável o conteúdo afetivo que existe nas postagens, como depoimentos, fotografias, vídeos. Todo o conteúdo da página do morto não pode ser transmitido, dada a relação contratual estabelecida com a plataforma no momento da abertura da conta. Não se pode, por exemplo, dar a um herdeiro a titularidade da conta para que continue as postagens, ou mesmo altere ou delete o conteúdo. Mas é possível o seu direito de acesso, para que se mantenha a memória do falecido. Considerando que as plataformas de redes sociais hoje armazenam um enorme acervo de uma pessoa, a exemplo de fotos de viagens, conquistas acadêmicas, momentos marcantes da vida, e também depoimentos de amigos em postagens, esse registro passa a ser algo importante na vida de alguém, um 'diário' de grande interesse para os parentes mais próximos, como cônjuge e filhos". GUILHERMINO, Everilda Brandão. Direito de acesso e herança digital. In: TEIXEIRA, Ana Carolina Brochado; LEAL, Livia Teixeira. *Herança digital*: controvérsias e alternativas. 2. ed. Indaiatuba/SP: Foco, 2022. t. 1, p. 118.
41. TEIXEIRA, Ana Carolina Brochado; KONDER, Carlos Nelson. O enquadramento dos bens digitais sob o perfil funcional das situações jurídicas. In: TEIXEIRA, Ana Carolina Brochado; LEAL, Livia Teixeira. *Herança digital*: controvérsias e alternativas. 2. ed. Indaiatuba/SP: Foco, 2022. t. 1, p. 34-35.
42. TJSP, 10ª Vara Cível, Processo nº 1036531-51.2018.8.26.0224, Juiz Lincoln Antônio Andrade de Moura, j. 28.02.2020.

Esse exemplo, embora não verse sobre perfil constante em rede social, e sim sobre conta de e-mail, revela que é possível garantir o acesso a determinadas informações constantes na conta aos familiares – ou mesmo a pessoas que demonstrem legítimo interesse –, sem que necessariamente se reconheça a transmissão sucessória da página.

Para Everilda Brandão Guilhermino, o reconhecimento de um direito de acesso aos perfis pelos familiares constitui um instrumento de preservação da memória da pessoa falecida.[43] Contudo, é preciso ressaltar que não necessariamente será preciso conferir ao familiar o direito de acesso ao perfil para alcançar essa finalidade, já que ele pode requerer medidas diversas para tal, como a remoção de determinada publicação ofensiva ou a restauração do perfil na hipótese em que haja acesso indevido à conta por terceiro que venha a realizar modificações página.

Impõe-se, ainda, resguardar os interesses de terceiros nessas situações, observando Bruno Zampier que, caso houvesse a transmissão sucessória do perfil aos herdeiros, os familiares poderiam violar a privacidade daqueles que se comunicaram com o falecido, "violação ocorreria pelo mero conhecimento da informação ali contida, independentemente da efetiva divulgação desta".[44]

Ademais, a ausência de transmissão sucessória do perfil para os familiares não acarreta a transferência da titularidade da conta ao provedor (no caso do presente estudo, ao Facebook ou ao Instagram), na medida em que, na linha do pontuado, o complexo de situações jurídicas relacionadas à página pode receber tutela jurídica sem que necessariamente se reconheça a existência de um titular. Além disso, o provedor não passa a deter qualquer direito sobre o perfil como consequência da morte do usuário; ao contrário, como se demonstrará,

---

43. "Nesse sentido, o impedimento de alteração do acervo se justifica porque nas redes sociais se registra um modo de viver, com suas escolhas pessoais, profissionais, afetivas. Isso não pode ser continuado por outra pessoa. Todavia, esse conteúdo precisa ser transmitido, não nos moldes tradicionais de transmissão de bens, mas pode ficar acessível a todos os herdeiros, como forma de afeto e de preservação da memória do falecido". GUILHERMINO, Everilda Brandão. Direito de acesso e herança digital. In: TEIXEIRA, Ana Carolina Brochado; LEAL, Livia Teixeira. *Herança digital*: controvérsias e alternativas. 2. ed. Indaiatuba/SP: Foco, 2022. t. 1, p. 118.
44. ZAMPIER, Bruno. *Bens digitais*: cybercultura, redes sociais, e-mails, músicas, livros, milhas aéreas, moedas virtuais. 2. ed. Indaiatuba: Foco, 2021. p. 136. No mesmo sentido, ressalta Sérgio Branco que, "Se caminharmos no sentido previsto pelo Marco Civil da Internet e pelos PLs de proteção de dados pessoais ora em tramitação, as iniciativas de alterar o Código Civil para conferir aos herdeiros total acesso a contas de e-mail, de redes sociais e de outros sites de que o falecido era titular entrarão em grave colisão com a proteção da intimidade em ambiente digital. Adicione-se, como último elemento, o fato de que terceiros que tenham travado qualquer tipo de interação com a pessoa falecida também terão sua intimidade acessada por parte dos familiares desta, caso seja conferido a estes o direito de acessar os arquivos digitais do morto". BRANCO, Sérgio. *Memória e esquecimento na Internet*. Porto Alegre: Arquipélago Editorial, 2017. p. 117.

cumprirá a ele adotar as medidas cabíveis para a preservação da memória da pessoa falecida, realizando o tratamento de dados pessoais em conformidade com esta orientação.

Diante desse cenário, se não há sucessão dos perfis tratados neste trabalho, como então será delineada a tutela póstuma dessas contas?

3.2 A AUTONOMIA COMO PARÂMETRO INICIAL

De início, se o que se busca tutelar nas contas tratadas no presente estudo é a memória da pessoa falecida, cumpre resguardar, primordialmente, a vontade do titular da conta, na medida em que a preservação do seu projeto existencial deve ser efetivada também após a morte, manifestando-se nas disposições deixadas pelo usuário em vida.

O respeito à vontade registrada pelo titular no que tange à destinação de seus bens digitais configura, aliás, o ponto de convergência doutrinária quanto à regulação *post mortem* desses bens. Nesse sentido, vem se reconhecendo a possibilidade de o usuário dispor a respeito de seus bens digitais por meio de testamento, de codicilo[45] e por outros meios, como as ferramentas disponibilizadas pela própria plataforma ou por iniciativa de empresas específicas.

Um exemplo de regulamentação jurídica dessa possibilidade pode ser observado na Catalunha (Espanha), onde foi editada a Lei nº 10, em 27 de junho de 2017,[46] que dispõe sobre a possibilidade de os indivíduos disporem sobre suas vontades digitais, a fim de que o herdeiro, o legatário, o executor, o administrador ou o tutor possam atuar perante os provedores de aplicações após a sua morte ou a perda da sua capacidade plena.

Dispõe o preâmbulo da lei que, mediante as vontades digitais, as pessoas podem direcionar as ações que considerem mais adequadas para a exclusão ou a manutenção dos conteúdos contidos na Internet a seu respeito. A manifestação de vontade deve se dar, nesses casos, pela forma escrita, por meio de testamento,

---

45. Nessa perspectiva, destaca-se o Enunciado nº 687 da IX Jornada de Direito Civil do Conselho da Justiça Federal, o qual prevê que "[o] patrimônio digital pode integrar o espólio de bens na sucessão legítima do titular falecido, admitindo-se, ainda, sua disposição na forma testamentária ou por codicilo". CONSELHO DA JUSTIÇA FEDERAL. *IX Jornada Direito Civil*: comemoração dos 20 anos da Lei nº 10.406/2022 e da instituição da Jornada de Direito Civil: enunciados aprovados. Brasília: Conselho da Justiça Federal, Centro de Estudos Judiciários, 2022. Disponível em: https://www.cjf.jus.br/cjf/corregedoria-da-justica-federal/centro-de-estudos-judiciarios-1/publicacoes-1/jornadas-cej/enunciados-aprovados-2022-vf.pdf. Acesso em: 29 nov. 2022.
46. ESPANHA. Comunidade Autônoma de Catalunha. Ley 10/2017, de 27 de junio, de las voluntades digitales y de modificación de los libros segundo y cuarto del Código civil de Cataluña. Disponível em: https://www.boe.es/diario_boe/txt.php?id=BOE-A-2017-8525. Acesso em: 27 dez. 2022.

codicilo ou disposições de última vontade, devendo ser promovido o registro no denominado "Registro eletrônico de vontades digitais".[47]

A lei define como "vontades digitais em caso de morte" as disposições estabelecidas por uma pessoa para que, depois da sua morte, o herdeiro, o executor ou a pessoa designada atue perante os prestadores de serviços digitais com os quais tenha conta ativa. O usuário pode determinar algumas atuações por parte da pessoa que irá atuar como o responsável por executar suas vontades, tais como: a) comunicar aos provedores a sua morte; b) solicitar o cancelamento das contas ativas; c) solicitar uma cópia dos arquivos digitais presentes nos servidores dos provedores, ou solicitar a estes a execução das cláusulas contratuais ou a política estabelecida para os casos de morte do usuário. Em caso de ausência de disposição de vontade do usuário, os herdeiros podem executar tais ações de acordo com os termos de uso ou políticas dos provedores. Além disso, o documento de vontades digitais pode ser modificado ou revogado a qualquer momento.

Na mesma esteira, a Espanha editou em 2018 a Lei Orgânica nº 3 (*Ley de Protección de Datos Personales y garantía de los derechos digitales*), que, em seu art. 96, prevê o direito ao testamento digital, regulando o acesso *post mortem* ao conteúdo inserido pelo usuário.[48]

---

47. Dispõe o preâmbulo da lei: "Para gestionar la huella en los entornos digitales cuando la persona muere o cuando tiene la capacidad judicialmente modificada y para evitar daños en otros derechos o intereses tanto de la propia persona como de terceros, la presente ley establece que las personas pueden manifestar sus voluntades digitales para que el heredero, el legatario, el albacea, el administrador, el tutor o la persona designada para su ejecución actúen ante los prestadores de servicios digitales después de su muerte o en caso de tener la capacidad judicialmente modificada. Mediante estas voluntades digitales, las personas pueden ordenar las acciones que consideren más adecuadas para facilitar, en caso de muerte, que la desaparición física y la pérdida de personalidad que supone se extiendan igualmente a los entornos digitales y que eso contribuya a reducir el dolor de las personas que les sobrevivan y de las personas con las que tengan vínculos familiares, de afecto o amistad, o bien que se perpetúe la memoria con la conservación de los elementos que estas determinen en los entornos digitales o con cualquier otra solución que consideren pertinente en ejercicio de la libertad civil que les corresponde en vida". *Ibidem*.
48. "Artículo 96. Derecho al testamento digital. 1. El acceso a contenidos gestionados por prestadores de servicios de la sociedad de la información sobre personas fallecidas se regirá por las siguientes reglas: a) Las personas vinculadas al fallecido por razones familiares o de hecho, así como sus herederos podrán dirigirse a los prestadores de servicios de la sociedad de la información al objeto de acceder a dichos contenidos e impartirles las instrucciones que estimen oportunas sobre su utilización, destino o supresión. Como excepción, las personas mencionadas no podrán acceder a los contenidos del causante, ni solicitar su modificación o eliminación, cuando la persona fallecida lo hubiese prohibido expresamente o así lo establezca una ley. Dicha prohibición no afectará al derecho de los herederos a acceder a los contenidos que pudiesen formar parte del caudal relicto. b) El albacea testamentario así como aquella persona o institución a la que el fallecido hubiese designado expresamente para ello también podrá solicitar, con arreglo a las instrucciones recibidas, el acceso a los contenidos con vistas a dar cumplimiento a tales instrucciones. c) En caso de personas fallecidas menores de edad, estas facultades podrán ejercerse también por sus representantes legales o, en el marco de sus competencias, por el Ministerio Fiscal, que podrá actuar de oficio o a instancia de cualquier persona física o jurídica

Em Portugal, foi publicada, em 17 de maio de 2021, a Lei nº 27, conhecida como "Carta Portuguesa de Direitos Humanos na Era Digital", a qual, em seu art. 18 reconheceu expressamente a possibilidade de o usuário deixar disposições a respeito dos seus conteúdos e dados pessoais constantes dos seus perfis e contas pessoais em plataformas digitais, nos termos das condições contratuais de prestação do serviço e da legislação aplicável, estabelecendo que o herdeiro não poderia promover a exclusão do perfil caso o titular da conta tenha deixado manifestação em sentido diverso.[49]

No Brasil, não há qualquer previsão legal específica quanto à manifestação de vontade referente às contas digitais. Contudo, os arts. 1.862 e seguintes do Código Civil apresentam as formalidades a serem observadas para elaboração dos testamentos ordinários – público, cerrado e particular – e os arts. 1.886 a 1.896 do mesmo diploma regulam os testamentos especiais – marítimo, aeronáutico e militar, não havendo, a princípio, qualquer óbice para que tais instrumentos sejam utilizados com essa finalidade.

Cumpre ressaltar que o testamento não se restringe à disposição de questões patrimoniais, havendo a possibilidade de inclusão de disposições testamentárias referentes a situações jurídicas de cunho não patrimonial, como forma de realização de interesses existenciais do testador, considerando-se que este ins-

---

interesada. d) En caso de fallecimiento de personas con discapacidad, estas facultades podrán ejercerse también, además de por quienes señala la letra anterior, por quienes hubiesen sido designados para el ejercicio de funciones de apoyo si tales facultades se entendieran comprendidas en las medidas de apoyo prestadas por el designado. 2. Las personas legitimadas en el apartado anterior podrán decidir acerca del mantenimiento o eliminación de los perfiles personales de personas fallecidas en redes sociales o servicios equivalentes, a menos que el fallecido hubiera decidido acerca de esta circunstancia, en cuyo caso se estará a sus instrucciones. El responsable del servicio al que se le comunique, con arreglo al párrafo anterior, la solicitud de eliminación del perfil, deberá proceder sin dilación a la misma. 3. Mediante real decreto se establecerán los requisitos y condiciones para acreditar la validez y vigencia de los mandatos e instrucciones y, en su caso, el registro de los mismos, que podrá coincidir con el previsto en el artículo 3 de esta ley orgánica. 4. Lo establecido en este artículo en relación con las personas fallecidas en las comunidades autónomas con derecho civil, foral o especial, propio se regirá por lo establecido por estas dentro de su ámbito de aplicación". ESPANHA. Ley Orgánica 3/2018, de 5 de diciembre, de Protección de Datos Personales y garantía de los derechos digitales. Disponível em: https://www.boe.es/buscar/doc.php?id=BOE-A-2018-16673. Acesso em: 26 dez. 2022. A respeito do tema, ver: ROSA, Conrado Paulino da; BURILLE, Cíntia. A regulação da "herança digital": uma breve análise das experiências europeia e estado unidense. In: TEIXEIRA, Ana Carolina Brochado; LEAL, Livia Teixeira. *Herança digital*: controvérsias e alternativas. 2. ed. Indaiatuba/SP: Foco, 2022. t. 1.

49. "Artigo 18º – Direito ao testamento digital. 1 – Todas as pessoas podem manifestar antecipadamente a sua vontade no que concerne à disposição dos seus conteúdos e dados pessoais, designadamente os constantes dos seus perfis e contas pessoais em plataformas digitais, nos termos das condições contratuais de prestação do serviço e da legislação aplicável, inclusive quanto à capacidade testamentária. 2 — A supressão póstuma de perfis pessoais em redes sociais ou similares por herdeiros não pode ter lugar se o titular do direito tiver deixado indicação em contrário junto dos responsáveis do serviço". REPÚBLICA PORTUGUESA. Lei nº 27/2021. Carta Portuguesa de Direitos Humanos na Era Digital. Disponível em: https://files.dre.pt/1s/2021/05/09500/0000500010.pdf. Acesso em: 26 dez. 2022.

trumento possui eficácia múltipla, podendo servir a diversos objetivos.[50] Nessa toada, o parágrafo 2º do art. 1.857 do Código Civil de 2002 reconhece a validade das disposições testamentárias de caráter não patrimonial, ainda que o testador somente a elas se tenha limitado.

Outrossim, não obstante a lei tenha previsto as solenidades essenciais do ato de testar,[51] deve-se considerar que, como as exigências formais previstas pela legislação têm por finalidade preservar a vontade real do testador, elas vêm sendo flexibilizadas em prol do resguardo da manifestação de vontade emanada por quem elaborou o testamento.[52]

Com efeito, com o avanço tecnológico e o desenvolvimento de mecanismos para a elaboração de documentos e autenticação, não se pode ignorar que se caminha para a possibilidade de elaboração de testamento privado pelo meio digital, sobretudo ao se considerar que o legislador não tinha como prever tal possibilidade no momento da elaboração do Código.

Sob este aspecto, destaca-se que, visando garantir a autenticidade, a integridade e a validade jurídica de documentos em forma eletrônica, foi regulada a assinatura

---

50. NEVARES, Ana Luiza Maia. *A função promocional do testamento*: tendências do Direito Sucessório. Rio de Janeiro: Renovar, 2009. p. 114. A mesma autora observa o seguinte: "O Código Civil de 1916 definia o testamento como o ato revogável pelo qual alguém, de conformidade com a lei, dispõe no todo ou em parte, de seu patrimônio, para depois da sua morte (CC16, art. 1.626). Tal conceito era considerado muito restrito, já que se limitava ao aspecto patrimonial do ato de última vontade, quando o testamento pode conter outras disposições de cunho não patrimonial, como o reconhecimento de filhos, a nomeação de tutor, o destino ao corpo do falecido ou uma disposição que simplesmente revogue o testamento anterior. Na esteira da aludida crítica, o Código Civil não fornece conceito de testamento, estabelecendo apenas a sua função no ordenamento jurídico, qual seja, ato através do qual são instituídas disposições de última vontade, quer de cunho patrimonial, quer de cunho não patrimonial. Realmente, o testamento serve a diversos objetivos do testador, de natureza patrimonial ou não, tendo como elemento comum de suas disposições a eficácia post mortem". NEVARES, Ana Luiza Maia. Testamento virtual: ponderações sobre a herança digital e o futuro do testamento. In: TEIXEIRA, Ana Carolina Brochado; LEAL, Livia Teixeira. *Herança digital*: controvérsias e alternativas. 2. ed. Indaiatuba/SP: Foco, 2022. t. 1, p. 187-188.
51. "Em todo o tempo, o testamento é ato formal. A manifestação de vontade do testador há de revestir a forma prescrita em lei". PEREIRA, Caio Mário da Silva. *Instituições de Direito Civil*. 27. ed. Atualizado por Carlos Roberto Barbosa Moreira. Rio de Janeiro: Forense, 2020. v. VI: Direito das Sucessões, p. 183.
52. Civil. Processual civil. Recurso especial. Testamento. Formalidades legais não observadas. Nulidade. 1. Atendido os pressupostos básicos da sucessão testamentária – i) capacidade do testador; ii) atendimento aos limites do que pode dispor e; iii) lídima declaração de vontade – a ausência de umas das formalidades exigidas por lei, pode e deve ser colmatada para a preservação da vontade do testador, pois as regulações atinentes ao testamento têm por escopo único, a preservação da vontade do testador. 2. Evidenciada, tanto a capacidade cognitiva do testador quanto o fato de que testamento, lido pelo tabelião, correspondia, exatamente à manifestação de vontade do *de cujus*, não cabe então, reputar como nulo o testamento, por ter sido preterida solenidades fixadas em lei, porquanto o fim dessas – assegurar a higidez da manifestação do *de cujus* –, foi completamente satisfeita com os procedimentos adotados. 3. Recurso não provido. STJ, 3ª Turma, REsp 1677931/MG, Rel. Min. Nancy Andrighi, j. 15.08.2017, DJe 22.08.2017.

eletrônica pela Medida Provisória nº 2200-2/2001,[53] que criou a Infraestrutura de Chaves Públicas Brasileira – ICP-Brasil,[54] a qual busca garantir a autenticidade, a integridade e a validade jurídica de documentos em forma eletrônica, das aplicações de suporte e das aplicações habilitadas que utilizem certificados digitais, bem como a realização de transações eletrônicas seguras, conforme preceitua seu art. 1º.[55] Ademais, o art. 411 do Código de Processo Civil de 2015[56] estabelece que deve se considerar autêntico o documento quando a autoria estiver identificada por qualquer outro meio legal de certificação, inclusive eletrônico, nos termos da lei ou não houver impugnação da parte contra quem foi produzido o documento.

Além disso, motivado em parte pela pandemia de Covid-19 e pela necessidade de distanciamento social decorrente desse período, o Conselho Nacional de Justiça editou em 2020 o Provimento nº 100, que dispõe sobre a prática de atos notariais eletrônicos utilizando o sistema e-Notariado, viabilizando a elaboração de testamentos por meio eletrônico.[57]

Contudo, como ainda há certa reticência em relação à elaboração de testamentos no país,[58] devem ser consideradas outras formas de manifestação

---

53. BRASIL. Medida Provisória nº 2.200-2, de 24 de agosto de 2001. Institui a Infraestrutura de Chaves Públicas Brasileira – ICP-Brasil, transforma o Instituto Nacional de Tecnologia da Informação em autarquia, e dá outras providências. Disponível em: https://www.planalto.gov.br/ccivil_03/mpv/antigas_2001/2200-2.htm. Acesso em: 27 dez. 2022.
54. "A assinatura digital de contrato eletrônico tem a vocação de certificar, através de terceiro desinteressado (autoridade certificadora), que determinado usuário de certa assinatura a utilizara e, assim, está efetivamente a firmar o documento eletrônico e a garantir serem os mesmos os dados do documento assinado que estão a ser sigilosamente enviados". REsp 1.495.920/DF, Rel. Ministro Paulo de Tarso Sanseverino, Terceira Turma, julg. 15.05.2018, DJe 07.06.2018.
55. Medida Provisória nº 2200-2/2001, art. 1º. "Fica instituída a Infraestrutura de Chaves Públicas Brasileira – ICP-Brasil, para garantir a autenticidade, a integridade e a validade jurídica de documentos em forma eletrônica, das aplicações de suporte e das aplicações habilitadas que utilizem certificados digitais, bem como a realização de transações eletrônicas seguras".
56. Código de Processo Civil, art. 411. "Considera-se autêntico o documento quando: I – o tabelião reconhecer a firma do signatário; II – a autoria estiver identificada por qualquer outro meio legal de certificação, inclusive eletrônico, nos termos da lei; III – não houver impugnação da parte contra quem foi produzido o documento". BRASIL. Lei nº 13.105, de 16 de março de 2015. Código de Processo Civil. Disponível em: https://www.planalto.gov.br/ccivil_03/_ato2015-2018/2015/lei/l13105.htm. Acesso em: 27 dez. 2022.
57. "Em suas considerações, dito provimento estabelece que os atos notariais previstos no Código Civil e na Lei 8.935/94, art. 41, poderão ser prestados por meio eletrônico. Entende-se, assim, que, uma vez tendo o testador e as testemunhas certificado digital, poderá o Tabelionato lavrar testamento público na forma eletrônica, valendo-se do sistema e-Notariado. Neste caso, haverá a captura em vídeo do ato de testar e a coleta das assinaturas do testador, das testemunhas e do Tabelião por meio do certificado digital". NEVARES, Ana Luiza Maia. Testamento virtual: ponderações sobre a herança digital e o futuro do testamento. In: TEIXEIRA, Ana Carolina Brochado; LEAL, Livia Teixeira. *Herança digital*: controvérsias e alternativas. 2. ed. Indaiatuba/SP: Foco, 2022. t. 1, p. 195.
58. "No Brasil, o testamento é envolto em certa aura de mistério, de distanciamento ou simplesmente de intocabilidade. Os juristas e operadores do Direito tratam, necessariamente, de testamentos, mas as pessoas comuns em geral evitam tocar nesse assunto. Há um tabu em torno do testamento, ou melhor,

de vontade, admitindo-se que esta seja exteriorizada por outros meios.[59] Um exemplo dessa possibilidade seria a opção conferida por alguns provedores de transformação da conta em memorial após a morte do usuário, com a escolha de um "contato herdeiro", ou seja, uma pessoa responsável para administrar o aquele conteúdo após a sua morte, ressaltando-se, ainda, ferramentas de registro da vontade do titular da conta em relação ao destino do seu perfil ou de disponibilização da senha a alguém previamente designado viabilizadas por alguns sites, como o *Mi Legado Digital*[60] e o *Secure safe*.[61]

O art. 1.881 do Código Civil de 2002, por sua vez, regula o codicilo, caracterizado como o escrito particular, datado e assinado, por meio do qual a pessoa pode realizar disposições especiais sobre o seu enterro e sobre objetos e montantes de pouco valor. Trata-se de instrumento que permitiria, portanto, ao usuário dispor sobre bens digitais com baixa ou nenhuma expressividade econômica, exigindo menos formalidades que o testamento.[62]

Sob este aspecto, o Projeto de Lei nº 5.820, de 2019, em sua redação original, visou a alteração do art. 1.881 do Código Civil, com a inclusão de um § 4º, para viabilizar a elaboração de codicilo por vídeo, inclusive no que tange à herança digital.[63] Durante a sua tramitação, a referida proposta foi substituída pelo Projeto de Lei nº 5.820-B, de 2019,[64] o qual almeja alterar o Código Civil para regular o testamento e o codicilo digitais, estabelecendo exigências para garantir a autoria e a integridade da disposição ali inserta, como a gravação da mídia em formato compatível com os programas computadorizados de leitura existentes na data

---

do ato de testar, da mesma maneira que há um tabu em torno da própria morte, por mais que esta seja algo natural, inevitável, presente todo momento em nossas vidas". HIRONAKA, Giselda Maria Fernandes Novaes. *Morrer e suceder*. 2. ed. São Paulo: Ed. RT, 2014. p. 22.

59. "A forma nas disposições existenciais *mortis causa* é, desta feita, apenas *ad probationem* e não *ad solemnitatem*. O testamento não está excluído, mas não é necessário e nem sempre é a forma mais aconselhável para atender a finalidade pretendida pelo disponente". MEIRELES, Rose Melo Vencelau. *Autonomia privada e dignidade humana*. Rio de Janeiro: Renovar, 2009. p. 146.

60. *Mi legado digital*. Disponível em: http://www.milegadodigital.com. Acesso em: 16 dez. 2022.

61. *Secure safe*. Disponível em: http://www.securesafe.com. Acesso em: 26 dez. 2022.

62. A respeito do tema, ver: MAZZEI, Rodrigo; FREIRE, Bernardo Azevedo. O codicilo como instrumento de planejamento sucessório da herança digital. In: TEIXEIRA, Ana Carolina Brochado; LEAL, Livia Teixeira. *Herança digital*: controvérsias e alternativas. Indaiatuba/SP: Foco, 2022. t. 2.

63. "Para a herança digital, entendendo-se essa como vídeos, fotos, livros, senhas de redes sociais, e outros elementos armazenados exclusivamente na rede mundial de computadores, em nuvem, o codicilo em vídeo dispensa a presença das testemunhas para sua validade". BRASIL. Câmara dos Deputados. Projeto de Lei nº 5.820, de 2019. Dá nova redação ao art. 1.881 da Lei nº 10.406, de 2002, que institui o Código Civil. Disponível em: https://www.camara.leg.br/proposicoesWeb/prop_mostrarintegra?codteor=1829027&filename=PL%205820/2019. Acesso em: 26 dez. 2022.

64. BRASIL. Câmara dos Deputados. Projeto de Lei nº 5.820-B, de 2019. Altera os arts. 1.862, 1.864, 1.876 e 1.881 da Lei nº 10.406, de 10 de janeiro de 2002 (Código Civil). Disponível em: https://www.camara.leg.br/proposicoesWeb/prop_mostrarintegra?codteor=2125102&filename=Tramitacao-PL%205820/2019. Acesso em: 26 dez. 2022.

da efetivação do ato, a necessidade de apresentação da qualificação completa do disponente e das eventuais testemunhas e a imprescindibilidade da assinatura digital certificada.

Deve-se ressaltar, contudo, que a manifestação de vontade deve estar em consonância com os demais valores do ordenamento jurídico, não sendo um direito absoluto, mas que deve ser compatibilizado com outros direitos e interesses juridicamente tutelados.[65] Nessa perspectiva destaca Ana Luiza Maia Nevares que "o fato de a interpretação do negócio testamentário atender à vontade do testador não exclui por si só a funcionalização das disposições testamentárias aos valores constitucionais".[66]

Questiona-se, quanto a esse aspecto, a validade das disposições deixadas em vida e a sua oponibilidade em relação a terceiros, na medida em que muitas vezes podem conflitar com os termos de uso dos provedores ou com o interesse dos familiares e até mesmo violar direitos de terceiros, como na hipótese de utilização indevida do perfil pelo familiar designado pelo usuário para gerenciar a conta após a sua morte ou pelo próprio conhecimento de determinadas informações privadas contidas em conversas do *de cujus* com terceiros.

Incumbe, assim, o exame de cada um desses conflitos individualmente, diante das peculiaridades dos interesses envolvidos em cada uma dessas circunstâncias.

3.2.1 Divergências entre a vontade manifestada pelo usuário e os termos de uso dos provedores

Inicialmente, importa examinar as hipóteses em que a vontade manifestada pelo titular da conta conflite com alguma previsão nos termos de uso do provedor.

O art. 5º da Lei nº 12.965/14 – Marco Civil da Internet define "conexão à internet" como "a habilitação de um terminal para envio e recebimento de pacotes de dados pela internet, mediante a atribuição ou autenticação de um endereço IP" (inciso V) e "aplicações de internet" como "o conjunto de funcionalidades que podem ser acessadas por meio de um terminal conectado à internet" (inciso VII).

---

65. "A autonomia privada não é um valor em si e, sobretudo, não representa um princípio subtraído ao controle de sua correspondência e funcionalização ao sistema das normas constitucionais. Também o poder de autonomia, nas suas heterogêneas manifestações, é submetido aos juízos de licitude e de valor, através dos quais se determina a compatibilidade entre ato e atividade de um lado, e o ordenamento globalmente considerado, do outro". PERLINGIERI, Pietro. *Perfis do direito civil*: introdução ao Direito Civil Constitucional. 3. ed. Trad. Maria Cristina De Cicco. Rio de Janeiro: Renovar, 2002. p. 277.
66. NEVARES, Ana Luiza Maia. *A função promocional do testamento*: tendências do Direito Sucessório. Rio de Janeiro: Renovar, 2009. p. 34.

Assim, os provedores de conexão são aqueles que se destinam a prover o acesso à rede, enquanto os provedores de aplicações disponibilizam funcionalidades diversas na Internet, caracterizando-se o Facebook e o Instagram, nesse cenário, como provedores de aplicações.

No que tange à relação estabelecida entre o provedor de aplicações e o usuário, vigora o entendimento de que a prestação de serviço realizada pelo provedor encontra-se submetida ao regramento do Código de Defesa do Consumidor – Lei nº 8.078/90, na medida em que, embora não haja o pagamento de uma remuneração diretamente pelo titular da conta para a criação e utilização da página, o provedor se beneficia financeiramente de forma indireta, mediante o tratamento dos dados pessoais ali inseridos, havendo, assim, uma espécie de contraprestação.[67]

Tem-se, ademais, nesse caso um contrato de adesão,[68] na medida em que o provedor predetermina as suas cláusulas, não havendo possibilidade de o usuário discutir as previsões ali constantes. Resguarda o legislador, nesse cenário, a parte aderente, determinando que as cláusulas insertas nesse tipo de avença sejam interpretadas em favor do aderente vulnerável, conforme dispõem o art. 423 do Código Civil[69] e o art. 47 do Código de Defesa do Consumidor.[70]

Além disso, prevê o art. 6º do Código de Defesa do Consumidor como direitos básicos do consumidor a informação adequada e clara sobre os diferentes produtos e serviços (inciso III) e a proteção contra práticas e cláusulas abusivas ou impostas no fornecimento de produtos e serviços (IV).

Nesse cenário, embora se reconheça que a celebração de um contrato decorra, a princípio, da autonomia privada dos indivíduos, no caso dos contratos de adesão constituídos no contexto das relações de consumo no bojo de uma sociedade massificada, protege-se o consumidor vulnerável, em contrapeso ao

---

67. O Superior Tribunal de Justiça possui precedentes reconhecendo a incidência do Código de Defesa do Consumidor nas relações entre os usuários e os provedores de aplicações, considerando-se que "o fato de o serviço prestado pelo provedor de serviço de internet ser gratuito não desvirtua a relação de consumo, pois o termo "mediante remuneração" contido no art. 3º, § 2º, do CDC deve ser interpretado de forma ampla, de modo a incluir o ganho indireto do fornecedor". STJ, 3ª Turma, REsp 1193764/SP, Rel. Min. Nancy Andrighi, j. 14.12.2010, DJe 08.08.2011.
68. O contrato de adesão é definido pelo *caput* do art. 54 do Código de Defesa do Consumidor como "aquele cujas cláusulas tenham sido aprovadas pela autoridade competente ou estabelecidas unilateralmente pelo fornecedor de produtos ou serviços, sem que o consumidor possa discutir ou modificar substancialmente seu conteúdo".
69. Código Civil, art. 423. Quando houver no contrato de adesão cláusulas ambíguas ou contraditórias, dever-se-á adotar a interpretação mais favorável ao aderente.
70. Lei nº 8.078/90, art. 47. "As cláusulas contratuais serão interpretadas de maneira mais favorável ao consumidor".

poder que o fornecedor acaba por deter diante do tratamento dos dados pessoais fornecidos por aquele.

Esse quadro se torna notadamente relevante quanto se está diante das relações desenvolvidas entre o usuário e o Facebook e o Instagram, já que tais redes sociais constituem atualmente importantes meios de interação social e a ausência de criação de uma conta nessas plataformas pode significar, na prática, uma forma de exclusão daquela pessoa de um determinado meio social.

Além disso, o incremento do compartilhamento de dados pessoais, propiciada por essas redes,[71] acarreta uma maior necessidade de proteção do indivíduo em relação ao que é estabelecido pelo provedor. Não por acaso o art. 2º, V, do Marco Civil da Internet apresenta a defesa do consumidor como um dos fundamentos da disciplina do uso da Internet no Brasil e a Lei nº 13.709/18 – Lei Geral de Proteção de Dados Pessoais (LGPD) estabeleceu regras para o tratamento de dados pessoais, inclusive nos meios digitais.

Considerando esse quadro, alguns autores têm apontado a invalidade de cláusulas insertas nos termos de uso quanto estas conflitarem com o direito sucessório dos herdeiros e com a vontade do titular da conta, afirmando que os provedores não poderiam, nesse contexto, "decidir pelo falecido ou por seus familiares".[72]

Quanto ao primeiro ponto, conforme assinalado, deve-se considerar que os familiares não detêm direito sucessório sobre a conta, podendo, contudo, ser-lhes reconhecido o direito de acesso diante da demonstração de interesse que prepondere no caso concreto ou diante da manifestação de vontade do titular do perfil, como no caso de escolha de um familiar pelo usuário para gerenciar a página após a sua morte.

---

71. "A interação dos seres humanos com a tecnologia – e, em especial, com os sites de relacionamento social – apresenta um cenário instável, cujo futuro parece preocupante: de um lado, há a banalização no fornecimento de dados pessoais e, de outro, a utilização indiscriminada desses dados por empresas e governos que, além de criarem uma vasta base de dados e metadados, normalmente trocam essas informações entre si". TEFFÉ, Chiara Spadaccini de; BODIN DE MORAES, Maria Celina. Redes sociais virtuais: privacidade e responsabilidade civil: Análise a partir do Marco Civil da Internet, *Pensar*, Fortaleza, v. 22, n. 1, p. 108-146, jan./abr. 2017. p. 120.
72. "O acervo digital é de titularidade da pessoa à qual se refere. As plataformas desempenham função instrumental, de viabilizar interação digital e armazenamento digital. Não podem decidir pelo falecido ou por seus familiares. As disposições contratuais não se sobrepõem ao direito sucessório, especialmente quando decorrem de cláusulas-padrão insertas em contrato de adesão. Isso não significa, porém, que as plataformas devam liberar acesso a qualquer familiar que o solicite, nem tampouco que os herdeiros tenham liberdade plena de fazer o que bem entenderem com o acervo digital. Além disso, há de se respeitar a vontade do de cujus, legitimamente manifestada nos termos da lei, acerca do destino do seu acervo digital". TERRA, Aline de Miranda Valverde; OLIVA, Milena Donato; MEDON, Filipe. Acervo digital: controvérsias quanto à sucessão causa mortis. In: TEIXEIRA, Ana Carolina Brochado; LEAL, Livia Teixeira. *Herança digital*: controvérsias e alternativas. 2. ed. Indaiatuba/SP: Foco, 2022. t. 1, p. 75.

No que tange à segunda hipótese, em relação ao provedor, podem ser observadas três situações diversas no que se refere à vontade manifestada pelo titular do perfil: (i) a disposição deixada pelo usuário se encontra em consonância com as previsões dos termos de uso; (ii) os termos de uso são omissos quanto ao ponto objeto da manifestação de vontade; (iii) as previsões constantes nos termos de uso são colidentes com a disposição.

No primeiro ponto, deve-se considerar que o provedor se sujeita às cláusulas que ele mesmo estabeleceu, podendo o familiar ou mesmo terceiros exigir a observância da previsão em prol da preservação da memória da pessoa falecida, valendo-se de instrumentos afetos ao direito contratual. Assim, caso, por exemplo, o usuário tenha optado pela manutenção da conta após a sua morte e pelo gerenciamento da página por um familiar escolhido como "contato herdeiro", se o Facebook, que apresenta expressamente tal possibilidade, realizar a exclusão da conta, deve prevalecer a manifestação de vontade do *de cujus*, devendo o provedor reativar o perfil e viabilizar a administração deste pela pessoa designada pelo titular.

No segundo caso, sendo os termos de uso omissos, deve prevalecer, como regra, a vontade do usuário, a qual somente pode ser afastada na hipótese e no ponto em que venha a violar interesse que prepondere no caso concreto. A título de exemplo, se o titular de um perfil do Facebook nomear por testamento ou codicilo duas pessoas diferentes para realizar o gerenciamento da conta após a sua morte, ainda que o provedor só preveja a administração por uma pessoa, a vontade manifestada deve ser observada, cumprindo àquele viabilizar o acesso aos designados. Pode-se pensar, ainda, em uma manifestação de vontade que determine um dever de transferência dos dados pessoais pelos provedores a outra plataforma posteriormente desenvolvida, a fim de manter aquele perfil ativo.

Já a terceira situação apresenta maior complexidade, devendo ser examinado o interesse que a cláusula pretende resguardar e confrontá-lo com o interesse que permeia a vontade manifestada do titular da conta, além da observância pelo provedor do dever de informação.

Sob este aspecto, importa ressaltar que as previsões contidas nos termos de uso podem visar preservar interesses existenciais juridicamente tutelados, como o direito à privacidade de terceiros ou o sigilo das comunicações, a exemplo da restrição determinada ao contato herdeiro referente à impossibilidade de acesso às mensagens privadas constantes na conta. Nesses casos, elas devem prevalecer em relação à disposição de vontade da pessoa falecida, o que será objeto de maior aprofundamento na sequência.

Na hipótese, contudo, em que a disposição prevista nos termos de uso não se encontrar respaldada por algum interesse existencial cuja tutela venha a preponderar, deve-se considerar a já pontuada função dos perfis aqui estudados, não podendo o provedor obstaculizar a destinação conferida pelo usuário à conta no exercício de sua autonomia.

O Instagram, por exemplo, prevê em seus termos de uso que "[n]inguém pode entrar em uma conta transformada em memorial",[73] de modo a impedir qualquer acesso e gerenciamento da página após o falecimento do titular. Contudo, resguardadas as conversas privadas que ficam registradas no "Direct" – uma função da plataforma que permite a troca de mensagens pelos usuários –, não haveria impedimento jurídico para que o provedor viabilizasse o acesso pelo familiar à conta nos termos direcionados pelo titular, para, por exemplo, publicar uma mensagem deixada pelo *de cujus* em vida aos seus amigos da rede social.

Além disso, verifica-se um déficit informacional nessas plataformas quanto às políticas adotadas para contas de pessoas falecidas, o que pode constituir, na prática, obstáculo ao exercício da autonomia pelo usuário. Muitas vezes o titular deixa de fazer escolhas quanto ao gerenciamento póstumo da página por não ter sequer ciência a respeito das possibilidades que possui para manifestar sua vontade no âmbito dos recursos fornecidos pela própria plataforma. Assim, as políticas adotadas por alguns provedores, embora se configurem na prática como meios mais acessíveis à população em geral, podem acabar constituindo um obstáculo ao respeito à vontade manifestada pelo titular da conta.[74]

Nesse sentido, uma alternativa para tentar conciliar os interesses envolvidos e para facilitar o registro de disposições nesse sentido, seria a previsão de instrumentos regulatórios que estimulassem a divulgação de informações a respeito das possibilidades que o usuário possui em relação à conta após a sua morte e a criação de ferramentas no âmbito dos próprios provedores para direcionar o gerenciamento das contas de acordo com o desejo do titular, mediante a utilização de mecanismos para se garantir a autenticidade e a atualidade da disposição feita pelo usuário.

Ademais, é imprescindível que os provedores sinalizem de forma clara que aquele perfil é de uma pessoa falecida, a fim de preservar a conta, evitando interações e uso indevido relativo à página.

---

73. INSTAGRAM. *O que acontece quando a conta do Instagram de uma pessoa falecida é transformada em memorial?* Disponível em: https://pt-br.facebook.com/help/instagram/231764660354188. Acesso em: 26 dez. 2022.
74. "Neste sentido, as plataformas deveriam facilitar e incentivar por meio de mecanismos seguros e transparentes a manifestação de vontade do titular a respeito da manutenção da privacidade do conteúdo ou quem poderia ter acesso após a sua morte. No entanto, ao contrário, as políticas de governança de diversas plataformas digitais ainda são um empecilho ao respeito da vontade do titular". BARBOZA, Heloisa Helena; ALMEIDA, Vitor. Tecnologia, morte e direito: em busca de uma compreensão sistemática da "herança digital". In: TEIXEIRA, Ana Carolina Brochado; LEAL, Livia Teixeira. *Herança digital*: controvérsias e alternativas. 2. ed. Indaiatuba/SP: Foco, 2022. t. 1, p. 18.

3.2.2 A autonomia do titular do perfil diante dos interesses dos familiares

A disposição de vontade deixada pelo titular do perfil pode conflitar, ainda, com interesses dos familiares.

Cumpre observar, inicialmente, que o confronto entre o interesse relacionado à pessoa falecida manifestado por meio de disposição de vontade e aquele vinculado aos familiares trata-se de debate especialmente relevante no que tange à regulação da doação de órgãos, controvérsia esta que se assemelha em alguns aspectos àquela aqui abordada.

Quanto à questão, apesar de o art. 14 do Código Civil reconhecer como válida a disposição gratuita do próprio corpo, no todo ou em parte, para depois da morte, o art. 4º da Lei nº 9.434/97 exige, para o transplante de órgãos de pessoa falecida, a autorização do cônjuge ou parente, obedecida a linha sucessória, reta ou colateral, até o 2º grau inclusive, o que pode acarretar possíveis divergências entre a vontade do doador e a de seus familiares, hipótese que evidencia a dificuldade prática de se preservar o desejo manifestado pelo sujeito em vida em alguns casos.[75]

Rose Meireles, ao tratar da mencionada disposição, destaca que, com essa redação, a lei "desconsidera que o falecido possa ter autorizado ou desautorizado a retirada de tecidos, órgãos ou partes do corpo", vontade esta que não poderia ser desrespeitada. Desse modo, a autorização do parente deve ser supletiva da vontade daquele que faleceu, sob pena de se violar a garantia à autonomia existencial.[76]

Ana Carolina Brochado e Carlos Nelson Konder, também no que se refere à disposição de órgãos para depois da morte, observam a existência, nesse campo, de um conflito entre a liberdade do doador e o interesse da família, destacando que não se pode indiscriminadamente sacrificar o desejo individual do falecido

---

75. Dispõe o *caput* do art. 4º da Lei nº 9.434/97, com as alterações promovidas pela Lei nº 10.211/01: "A retirada de tecidos, órgãos e partes do corpo de pessoas falecidas para transplantes ou outra finalidade terapêutica, dependerá da autorização do cônjuge ou parente, maior de idade, obedecida a linha sucessória, reta ou colateral, até o segundo grau inclusive, firmada em documento subscrito por duas testemunhas presentes à verificação da morte". Ressalta-se que, pela redação anterior do referido dispositivo, se presumia a doação diante da ausência de manifestação de vontade em sentido contrário, não havendo previsão expressa da necessidade de autorização dos familiares: "Art. 4º Salvo manifestação de vontade em contrário, nos termos desta Lei, presume-se autorizada a doação de tecidos, órgãos ou partes do corpo humano, para finalidade de transplantes ou terapêutica *post mortem*". Tramita no Congresso Nacional o Projeto de Lei nº 3176, de 2019, que pretende alterar a Lei nº 9.434/97 e a Lei nº 8.072/90, para tornar presumida a doação de tecidos, órgãos e partes do corpo humano, tornar hediondos os crimes que específica, e permitir campanhas para arrecadação de fundos para financiamento de transplante ou enxerto.
76. MEIRELES, Rose Melo Vencelau. *Autonomia privada e dignidade humana*. Rio de Janeiro: Renovar, 2009. p. 142.

juridicamente tutelável em nome do desejo dos familiares ainda vivos. Na visão dos mesmos autores, a família deve ser sempre suporte, e nunca obstáculo, ao desenvolvimento da personalidade de seus membros, ressaltando que a "legitimação conferida pela lei aos familiares não pode ser entendida como uma prerrogativa para substituir a expressa vontade do *de cujus* pela sua".[77]

No âmbito das relações estabelecidas na Internet, os interesses dos familiares podem conflitar com a vontade deixada pelo titular do perfil, devendo-se aqui também ser considerado que a atuação dos familiares deveria ser supletiva em relação ao desejo manifestado pelo *de cujus*, incumbindo àqueles, ainda, quando respaldados pelos parágrafos únicos dos arts. 12 e 20 do Código Civil, atuar em conformidade com o propósito de proteção da memória da pessoa falecida.

Nessa esteira, caso o usuário venha, por exemplo, a escolher um amigo como contato herdeiro no Facebook ou caso ele determine expressamente por testamento ou codicilo que o seu perfil do Instagram deve permanecer ativo mesmo após a sua morte, não poderia, em regra, o familiar pretender gerenciar a primeira conta, em detrimento da pessoa previamente eleita pelo titular como a administradora da página após o seu falecimento, ou excluir o segundo perfil, em dissonância com a vontade do *de cujus* de manter ativa a página.

---

[77] "Portanto, a legitimação conferida pela lei aos familiares não pode ser entendida como uma prerrogativa para substituir a expressa vontade do de cujus pela sua. É inconcebível que aquilo que foi considerado uma expressão de liberdade e solidariedade do de cujus em vida seja, depois da sua morte, reputado uma afronta à sua dignidade, idônea a legitimar seus familiares a fazerem com que cesse. Mesmo porque sua liberdade de escolha pode ser ampla o suficiente para fazer designações existenciais, que coincidam com suas crenças e ideais, para após a sua morte. Isso significa que a autonomia privada tem dimensões espaciais que ultrapassam a existência da pessoa humana e do sujeito de direitos abstrato. Não parece compatível com nossa tábua principiológica permitir que a família considere o gesto livre e solidário do doador/testador uma lesão à sua própria dignidade. Assim, seja em questões afetas à doação de órgãos ou aos testamentos – dentro dos limites formais e materiais impostos pela lei – não há dúvidas de que deve prevalecer a vontade da própria pessoa, que em atos autônomos e responsáveis, traça diretrizes para seu corpo e seus bens para que tenham em um momento em que ela não tenha condições mais de decidir, seja por estar em situação de grave doença, ou por já ter falecido". TEIXEIRA, Ana Carolina Brochado; KONDER, Carlos Nelson. Autonomia e solidariedade na disposição de órgãos para depois da morte. *Revista da Faculdade de Direito da UERJ - RFD*, n. 18, 2010. Na visão de Adriano De Cupis, "[o] direito de os parentes proverem a respeito do destino do cadáver tem por pressuposto negativo que a vontade do defunto, a respeito de tal destino, não se tenha manifestado. Na verdade, aquele que manifesta a sua vontade, a respeito do seu corpo para depois da sua morte, cria um negócio jurídico que tem por objeto uma coisa futura. Do fato de se poder dispor do destino do próprio cadáver, deduz-se que este não é mais que a transformação do elemento corpóreo da própria pessoa. A vontade do defunto pode determinar o destino do cadáver mais amplamente do que a vontade dos parentes. Pode destiná-lo a um instituto científico ou à prática anatômica, enquanto que os parentes não podem senão determinar o modo e a forma do destino normal. De fato, a entrega, pelos parentes, do cadáver a um instituto científico, embora não ofenda a dignidade humana que perdura do morto, é contrária ao sentimento de piedade para com o defunto que é o fundamento do direito dos parentes". DE CUPIS, Adriano. *Os direitos da personalidade*. São Paulo: Quorum, 2008. p. 99-100.

Com efeito, o familiar apenas poderia afastar a manifestação de vontade do titular da conta se demonstrasse algum interesse jurídico que preponderasse na hipótese ou que a observância da disposição deixada pelo *de cujus* acarretaria, na prática, a violação ao que ele pretendia preservar.

Caso, por exemplo, a pessoa falecida tivesse divulgado ainda em vida em seu perfil uma foto capaz de lesar a honra de um familiar, ainda que ela tivesse manifestado a vontade de que a página permanecesse exatamente como ela estava antes de sua morte, poderia o ofendido pleitear a remoção da publicação, ainda que esta medida contrariasse a disposição deixada pelo usuário. Ou mesmo na já mencionada hipótese de o familiar necessitar obter alguma informação naquela conta essencial à algum interesse existencial seu.

Deve-se, contudo, nesses casos verificar se haveria a possibilidade de acesso ou exclusão específica e direcionada de determinado conteúdo ou existência de meio menos gravoso para obtenção da informação.

Ressalta-se, ainda, que os termos de uso do Facebook e do Instagram autorizam que familiares próximos requeiram a exclusão do perfil da pessoa falecida, mediante o envio de documentação relativa ao óbito e ao vínculo de parentesco.[78] Entretanto, também aqui, ainda que haja previsão nas regras do provedor nesse sentido, deve prevalecer a vontade do titular do perfil, de modo que, se o usuário tiver expressamente determinado a manutenção da conta, o familiar não poderia removê-la.

Desse modo, deve-se buscar compatibilizar os interesses dos familiares com a manifestação de vontade deixada pelo usuário, considerando-se não que haveria um direito sucessório ou uma legitimidade daqueles que preponderaria sobre a vontade do *de cujus*, e sim que os familiares atuam, quando respaldados pelos parágrafos únicos dos arts. 12 e 20 do Código Civil, em prol da memória da pessoa falecida e podem pleitear o afastamento da disposição deixada pelo falecido apenas em casos excepcionais.

3.2.3 Conflitos com interesses de terceiros

A vontade manifestada pelo usuário pode, ainda, representar a violação a interesse de terceiros, caso, por exemplo, o titular da conta autorizasse em sua disposição o acesso irrestrito pelos familiares ou por outra pessoa às suas conversas privadas registradas na rede social.

---

78. FACEBOOK. *Solicitar a remoção da conta de um familiar falecido do Facebook*. Disponível em: https://pt-br.facebook.com/help/1518259735093203. Acesso em: 27 dez. 2022. INSTAGRAM. Como faço para denunciar a conta de uma pessoa falecida no Instagram? Disponível em: https://pt-br.facebook.com/help/instagram/264154560391256. Acesso em: 27 dez. 2022.

Insta salientar, sob este aspecto, que o Facebook e o Instagram possuem, em suas plataformas, por meio do "Messenger"[79] e do "Direct",[80] funcionalidades que viabilizam a troca de mensagens privadas pelos usuários, as quais, portanto, se diferenciam das publicações realizadas no "feed" (linha do tempo), que são publicizadas ao público escolhido pelo titular da conta.

Em relação a essas funcionalidades, deve-se observar que dispõe o inciso XII do art. 5º da Constituição da República que "é inviolável o sigilo da correspondência e das comunicações telegráficas, de dados e das comunicações telefônicas". Com efeito, a finalidade de tal previsão é justamente a de resguardar o segredo constante na relação entre o emissor e o destinatário da mensagem,[81] o que também deve ser verificado no âmbito da Internet.

Nota-se que há, no que tange à troca de mensagens privadas, uma expectativa legítima de privacidade do interlocutor, referente à permanência do conteúdo ali compartilhado entre os integrantes da conversa, que deve ser considerada também após o falecimento de um deles.

Nessa esteira, a 3ª Turma do Superior Tribunal de Justiça, examinando caso em que um torcedor havia sido acusado de divulgar mensagens enviadas em um grupo do WhatsApp em suas redes sociais, entendeu que "não só as conversas realizadas via ligação telefônica, como também aquelas travadas através do WhatsApp são resguardadas pelo sigilo das comunicações", pontuando que "terceiros somente podem ter acesso às conversas de WhatsApp mediante consentimento dos participantes ou autorização judicial". O Colegiado também afirmou que o emissor, ao enviar mensagens a destinatários determinados no aplicativo, teria a expectativa de que ela não será lida por terceiros.[82]

Não deve prevalecer, portanto, a autorização do falecido para que os seus familiares ou outra pessoa tenha acesso irrestrito após a sua morte às suas

---

79. FACEBOOK. *Messenger*. https://www.messenger.com/. Disponível em: https://www.messenger.com/. Acesso em: 26 dez. 2022.
80. INSTAGRAM. *Instagram Direct Messenger*. Disponível em: https://about.instagram.com/pt-br/features/direct. Acesso em: 26 dez. 2022.
81. "O sigilo de correspondência advém da obrigação de se respeitar o segredo que se encontra implícito em toda a relação entre o emissor e o destinatário da mensagem escrita, quanto mais se o conteúdo da comunicação é de natureza confidencial". LISBOA, Roberto Senise. A inviolabilidade de correspondência na Internet. In: LUCCA, Newton de; SIMÃO FILHO, Adalberto (coord.). *Direito & Internet – aspectos jurídicos relevantes*. 2. ed. São Paulo: Quartier, 2005. p. 517.
82. Entenderam os Ministros que, "[a]ssim, ao levar a conhecimento público conversa privada, além da quebra da confidencialidade, estará configurada a violação à legítima expectativa, bem como à privacidade e à intimidade do emissor, sendo possível a responsabilização daquele que procedeu à divulgação se configurado o dano. A ilicitude da exposição pública de mensagens privadas poderá ser descaracterizada, todavia, quando a exposição das mensagens tiver o propósito de resguardar um direito próprio do receptor". STJ, 3ª Turma, REsp 1903273 / PR, Rel. Min. Nancy Andrighi, j. 24.08.2021, DJe 30.08.2021.

mensagens privadas que envolvem terceiros, na medida em que tal vontade acarretaria a violação à privacidade destes, a qual seria devassada pelo acesso de pessoas que não estavam envolvidas nas conversas.[83] A vedação ao acesso irrestrito às conversas privadas do usuário falecido encontra fundamento, assim, na tutela do direito ao segredo, que "deriva da necessidade de respeito a componentes confidenciais da personalidade, sob os prismas da reserva pessoal e negocial".[84]

Na Espanha, a Carta de Direitos Digitais, de caráter prescritivo, prevê o direito à herança digital em relação a todos os bens e direitos da pessoa falecida no ambiente digital, estabelecendo, contudo, que compete ao legislador determinar os bens e direitos de natureza patrimonial suscetíveis de transmissão por herança e aqueles decorrentes da personalidade que possam ser objeto de defesa, bem como os legitimados para a adoção das medidas de preservação da memória. Também consta previsão de que a legislação deve, resguardando interesses relativos à pessoa falecida e a terceiros, notadamente quanto à privacidade e o sigilo das comunicações, regular as hipóteses de extinção dos bens digitais ou da impossibilidade de acesso, na hipótese em que não haja disposição expressa sobre a sua destinação.[85]

Verifica-se, assim, que há inegável preocupação também com a tutela de interesses de terceiros, sobretudo no que tange às conversas privadas que o falecido possui registradas com os demais usuários, que não pode ser desconsiderada.

---

83. Na mesma esteira, salientam Francisco José Cahali e Silvia Felipe Marzagão que "[a] privacidade de terceiros também é uma questão de destaque. De fato, ainda que o planejador, de alguma maneira, abra mão da proteção de seus dados e mensagens quando da transferência de conteúdo híbrido, não se pode deixar de pontuar que é intransigível a tutela dos terceiros com quem eventualmente o morto tenha se comunicado em caráter privativo". CAHALI, Francisco José; MARZAGÃO, Silvia Felipe. Os limites à vontade do planejador para dispor sobre a transmissão ou destruição de bens digitais híbridos. In: TEIXEIRA, Ana Carolina Brochado; LEAL, Livia Teixeira. *Herança digital*: controvérsias e alternativas. Indaiatuba/SP: Foco, 2022. t. 2, p. 205.
84. BITTAR, Carlos Alberto. *Os direitos da personalidade*. 8. ed. Atualizado por Eduardo C. B. Bittar. São Paulo: Saraiva, 2015. p. 187.
85. "1. Conforme a la ley que rija la sucesión, se reconoce el derecho a la herencia digital de todos los bienes y derechos de los que, en el entorno digital, fuera titular la persona fallecida. 2. Corresponde al legislador determinar los bienes y derechos de carácter digital de naturaleza patrimonial transmisibles por herencia y los bienes de la personalidad que pueden ser objeto de defensa, preservación y memoria, así como las personas llamadas, en su caso, a tal función, en defecto de señalamiento por el fallecido. 3. Se promoverá que la legislación contemple los supuestos en los que, atendidos los derechos de la persona fallecida o de terceros y en particular la protección de su intimidad y del secreto de sus comunicaciones, proceda la extinción del patrimonio digital o su no accesibilidad fuera de las personas a quienes se distribuyeron o se permitió acceder, en los casos en que aquella no haya dejado manifestación expresa sobre su destino". ESPANHA. Carta de Derechos Digitales. Disponível em: https://www.lamoncloa.gob.es/presidente/actividades/Documents/2021/140721-Carta_Derechos_Digitales_RedEs.pdf. Acesso em: 26 dez. 2022.

3.3 INSTRUMENTOS DE TUTELA PÓSTUMA DOS PERFIS COM CARÁTER AUTOBIOGRÁFICO

Diante da ausência de disposição expressa, deve-se, inicialmente, buscar a vontade presumível do falecido, investigando-se qual seria o seu comportamento diante da mesma situação.[86]

Em março de 2019, a 3ª Turma do Superior Tribunal de Justiça – STJ analisou interessante caso a respeito da possibilidade de destinação do corpo humano morto para congelamento e eventual ressuscitação no futuro, por meio de criogenia ou criopreservação. Na situação concreta examinada pela Corte, as filhas do falecido divergiam a respeito da destinação do corpo do pai. Enquanto a filha que havia convivido com o genitor por mais de trinta anos buscava mantê-lo submetido ao procedimento de criogenia nos Estados Unidos, sustentando ser esse o desejo manifestado em vida pelo pai, as irmãs pretendiam promover o sepultamento na forma tradicional no Brasil.

O Colegiado, na inexistência de previsão legal a respeito da criogenia em seres humanos, recorreu à analogia, nos termos do art. 4º da LINDB, considerando que o ordenamento jurídico brasileiro, além de proteger as disposições de última vontade do indivíduo, prevê formas distintas de destinação do corpo humano após a morte, além do sepultamento, como a cremação (art. 77, § 2º, da Lei nº 6.015/73), a doação de órgãos (Lei nº 9.434/1997) e o direcionamento do corpo para fins científicos ou altruísticos (art. 14 do Código Civil). Pontuou, ainda, que não há formalidade específica para a manifestação de última vontade do indivíduo, revelando-se possível aferir essa vontade por outros meios de prova legalmente admitidos, e que, na falta de manifestação expressa do sujeito em vida, presume-se que sua vontade seja aquela manifestada por seus familiares mais próximos.

O STJ considerou, por fim, que, pela longa convivência com o pai, a irmã que pretendia a manutenção do procedimento de criogenia era a que melhor poderia traduzir a vontade do genitor em relação a seus restos mortais e que, diante do transcurso de sete anos do falecimento do pai e do fato de o corpo já se encontrar submetido à técnica por período considerável, a situação jurídica já teria se consolidado no tempo.[87]

---

86. NEVARES, Ana Luiza Maia. *A função promocional do testamento*: tendências do Direito Sucessório. Rio de Janeiro: Renovar, 2009. p. 254. Nessa perspectiva, ressalta-se o disposto no art. 35 da Lei nº 9.610/98, que determina que "quando o autor, em virtude de revisão, tiver dado à obra versão definitiva, não poderão seus sucessores reproduzir versões anteriores".
87. STJ, 3ª Turma, REsp 1.693.718/RJ, Rel. Min. Marco Aurélio Bellizze, j. 26.03.2019, DJe 04.04.2019.

O referido precedente demonstra que, diante da ausência de disposição expressa da pessoa falecida, deve-se buscar a medida que melhor possa consubstanciar o desejo do *de cujus*. No âmbito do Facebook e do Instagram, isso pode ser feito por meio da análise das publicações anteriores do titular do perfil, que podem traduzir o projeto existencial construído em vida por aquela pessoa e podem direcionar a destinação a ser conferida à página.

Além disso, na ausência do titular da conta e de manifestação de vontade deixada por este, a preservação do perfil, e, em última análise, da memória do usuário, deve ser efetivada em face dos provedores, dos familiares e de terceiros, aos quais incumbe a observância de determinados deveres, explicitados na sequência.

3.3.1 Deveres dos provedores de aplicações

Conforme demonstrado, o provedor de aplicações não passa a deter qualquer direito sobre a conta como consequência do falecimento do titular do perfil. Ao contrário, incumbe a ele adotar medidas de preservação da memória da pessoa falecida no que tange aos conteúdos inseridos em sua plataforma.

Nessa toada, além do mencionado dever de informação ínsito às relações de consumo e que deve ser considerado no que tange às possibilidades de manifestação de vontade do usuário por meio de instrumentos disponibilizados pela própria plataforma e da observância da disposição registrada pelo titular, ressalvadas as hipóteses anteriormente assinaladas, cumpre ao provedor de aplicações primar pela correta prestação do serviço de disponibilização do acesso e uso da plataforma, pela adoção de medidas de remoção de conteúdos lesivos à pessoa falecida, e pelo respeito aos preceitos estabelecidos pela Lei nº 13.709/18 – Lei Geral de Proteção de Dados (LGPD) também no que se refere a dados de pessoas falecidas.

Importa ressaltar que o provedor de aplicações responde objetivamente pelos danos causados aos usuários por defeitos relativos à prestação dos seus serviços, nos termos do art. 14 da Lei nº 8.078/90 – Código de Defesa do Consumidor.[88] Assim, cumpre ao provedor promover adequadamente o acesso e administração

---

88. Lei nº 8.078/90, art. 14. "O fornecedor de serviços responde, independentemente da existência de culpa, pela reparação dos danos causados aos consumidores por defeitos relativos à prestação dos serviços, bem como por informações insuficientes ou inadequadas sobre sua fruição e riscos. § 1º O serviço é defeituoso quando não fornece a segurança que o consumidor dele pode esperar, levando-se em consideração as circunstâncias relevantes, entre as quais: I – o modo de seu fornecimento; II – o resultado e os riscos que razoavelmente dele se esperam; III – a época em que foi fornecido. § 2º O serviço não é considerado defeituoso pela adoção de novas técnicas. § 3º O fornecedor de serviços só não será responsabilizado quando provar: I – que, tendo prestado o serviço, o defeito inexiste; II – a culpa exclusiva do consumidor ou de terceiro".

do perfil pelo usuário e, após a sua morte, resguardar a vontade manifestada pelo titular em vida e proteger a conta do acesso e alteração indevidos por terceiros, o que, insta salientar, não afasta a legitimidade conferida a princípio aos familiares pelo legislador no que tange à adoção de medidas de proteção.

Justamente nessa esteira, decidiu a 10ª Câmara de Direito Privado do Tribunal de Justiça do Estado de São Paulo que o provedor tem o dever de restaurar o perfil de pessoa falecida que havia sido invadido e modificado e de fornecer aos familiares os dados dos invasores.[89]

Quando se tratar de ato de terceiro, a exemplo de uma publicação realizada por outro usuário e que seja lesiva à memória da pessoa falecida, deve ser observado o disposto no art. 19 da Lei nº 12.965/14 – Marco Civil da Internet, o qual prevê que o provedor de aplicações só será responsabilizado civilmente por danos decorrentes de conteúdos gerados por terceiros se deixar de remover o conteúdo lesivo após ordem judicial específica, que o reconheça como infringente.[90] Desse modo, no que se refere a danos decorrentes de conteúdo gerado por terceiro em sua plataforma, deve o provedor excluir o conteúdo lesivo, sob pena de ser responsabilizado na hipótese de haver decisão judicial que lhe imponha a remoção daquele conteúdo.[91]

---

89. TJSP, 10ª Câmara de Direito Privado, Apelação Cível nº 1074848-34.2020.8.26.0100, Rel. Des. Ronnie Herbert Barros Soares, j. 31.08.2021.
90. Lei nº 12.965/14, art. 19. "Com o intuito de assegurar a liberdade de expressão e impedir a censura, o provedor de aplicações de internet somente poderá ser responsabilizado civilmente por danos decorrentes de conteúdo gerado por terceiros se, após ordem judicial específica, não tomar as providências para, no âmbito e nos limites técnicos do seu serviço e dentro do prazo assinalado, tornar indisponível o conteúdo apontado como infringente, ressalvadas as disposições legais em contrário. § 1º A ordem judicial de que trata o caput deverá conter, sob pena de nulidade, identificação clara e específica do conteúdo apontado como infringente, que permita a localização inequívoca do material. § 2º A aplicação do disposto neste artigo para infrações a direitos de autor ou a direitos conexos depende de previsão legal específica, que deverá respeitar a liberdade de expressão e demais garantias previstas no art. 5º da Constituição Federal. § 3º As causas que versem sobre ressarcimento por danos decorrentes de conteúdos disponibilizados na internet relacionados à honra, à reputação ou a direitos de personalidade, bem como sobre a indisponibilização desses conteúdos por provedores de aplicações de internet, poderão ser apresentadas perante os juizados especiais. § 4º O juiz, inclusive no procedimento previsto no § 3º, poderá antecipar, total ou parcialmente, os efeitos da tutela pretendida no pedido inicial, existindo prova inequívoca do fato e considerado o interesse da coletividade na disponibilização do conteúdo na internet, desde que presentes os requisitos de verossimilhança da alegação do autor e de fundado receio de dano irreparável ou de difícil reparação".
91. Escalarecem Chiara Spadaccini de Teffé e Maria Celina Bodin de Moraes que a responsabilidade do provedor, nesse caso, é subjetiva por omissão: "Pode-se afirmar, portanto, que: i) restou clara a responsabilidade subjetiva por omissão do provedor que não retira o conteúdo ofensivo, após a devida notificação judicial; ii) a mera notificação extrajudicial, em regra, não ensejará o dever jurídico de retirada do material; iii) esta opção de responsabilidade parece buscar o objetivo de assegurar a liberdade e evitar a censura privada; iv) o Judiciário foi considerado a instância legítima para definir a eventual ilicitude do conteúdo em questão; e v) a remoção de conteúdo não dependerá exclusivamente de ordem judicial, de forma que o provedor poderá a qualquer momento optar por retirar o conteúdo,

Importa salientar que, não obstante o art. 19 do Marco Civil da Internet seja objeto de diversas críticas,[92] não restou, ao menos ainda, pronunciada a sua inconstitucionalidade,[93] razão pela qual seu regramento vigora, exigindo-se, ainda, a indicação inequívoca do conteúdo infringente a ser removido, por meio da indicação da URL – *Universal Resource Locator*, para que o provedor possa ser responsabilizado por conteúdo gerado por terceiro, caso não adote medidas para sua remoção após notificação judicial.[94]

Cita-se como exemplo o caso de um cantor que faleceu em um acidente de carro e que teve suas imagens relacionadas ao acidente, à preparação do corpo e à autópsia veiculadas na Internet. Na hipótese, a família ajuizou ação em face do Facebook e do Google, buscando a suspensão da veiculação de tais arquivos, tendo o magistrado considerado os provedores solidariamente responsáveis pela divulgação indevida das imagens e vídeos, entendendo que seria dever dos provedores adotar medidas para impedir ações que provocassem "revolta e repulsa, e que se revelam agressivas ao sentimento de luto suportado pelos familiares das vítimas".[95]

---

e quando responderá por conduta própria". TEFFÉ, Chiara Spadaccini de; BODIN DE MORAES, Maria Celina. Redes sociais virtuais: privacidade e responsabilidade civil: Análise a partir do Marco Civil da Internet, *Pensar*, Fortaleza, v. 22, n. 1, p. 108-146, jan./abr. 2017. p. 131-132.

92. A respeito da questão, ver: SCHREIBER, Anderson. Marco Civil da Internet: Avanço ou Retrocesso? A responsabilidade civil por danos derivado do conteúdo gerado por terceiro. In: LUCCA, Newton de; SIMÃO FILHO, Adalberto; LIMA, Cíntia Rosa Pereira. *Direito e Internet III*: Marco Civil da Internet, Lei n° 12.965/2014. São Paulo: Quartier Latin, 2015. t. 2.

93. A questão se encontra pendente de julgamento pelo Supremo Tribunal Federal: "Direito Constitucional. Proteção aos direitos da personalidade. Liberdade de expressão e de manifestação. Violação dos arts. 5°, incisos IV, IX, XIV; e 220, caput, §§ 1° e 2°, da Constituição Federal. Prática de ato ilícito por terceiro. Dever de fiscalização e de exclusão de conteúdo pelo prestador de serviços. Reserva de jurisdição. Responsabilidade civil de provedor de internet, websites e gestores de aplicativos de redes sociais. Constitucionalidade ou não do art. 19 do Marco Civil da Internet (Lei n° 12.965/14) e possibilidade de se condicionar a retirada de perfil falso ou tornar indisponível o conteúdo apontado como infringente somente após ordem judicial específica. Repercussão geral reconhecida". STF, Repercussão Geral no Recurso Extraordinário 1.037.396 / SP, Rel. Min. Dias Toffoli.

94. "Agravo interno no agravo interno no agravo em recurso especial. Obrigação de fazer. Tutela antecipada. Provedor de aplicações de internet. Rede social "Facebook". Conteúdo ofensivo veiculado por terceiros. Remoção. Notificação judicial. Necessidade. Art. 19, § 1°, da Lei N° 12.965/2014 (Marco Civil da Internet). indicação da URL. Imprescindibilidade. precedentes. 1. A jurisprudência do STJ, em harmonia com o art. 19, § 1°, da Lei n° 12.965/2014 (Marco Civil da Internet), entende ser necessária a notificação judicial ao provedor de conteúdo ou de hospedagem para retirada de material ali publicado por terceiros usuários e apontado como infringente à honra ou à imagem dos eventuais interessados, sendo imprescindível a indicação clara e específica da URL – Universal Resource Locator – correspondente ao material que se pretenda remover. 2. Agravo interno não provido". STJ, 3ª Turma, AgInt no AgInt no AREsp 956396 / MG, Rel. Min. Ricardo Villas Bôas Cueva, j. 17.10.2017, DJe 27.10.2017.

95. TJGO, 3ª Vara de Família e Sucessões. Processo n° 230331-74.2015.8.09.0051, Juiz de Direito William Fabian de Oliveira Ramos, j. 25.06.2015.

O Google interpôs, então, agravo de instrumento em face da decisão, tendo a 4ª Câmara Cível do Tribunal de Justiça do Estado de Goiás dado parcial provimento ao recurso, reconhecendo a "inexequibilidade da ordem liminar", já que não teria havido a correta delimitação da responsabilidade do réu e a necessária localização inequívoca do conteúdo a ser excluído. Considerou-se que a "ordem judicial determinando a indisponibilidade de conteúdo apontado como infringente deverá conter, sob pena de nulidade, identificação clara e específica deste conteúdo, permitindo a localização inequívoca do material", devendo haver a indicação do link ou URL da página em que estiver inserido o conteúdo.[96]

Na mesma esteira, menciona-se o caso de uma vereadora morta a tiros no Rio de Janeiro em 2018, que teve imagens suas vinculadas a informações falsas no Facebook. O magistrado, em 1ª instância, concedeu liminar em ação promovida pela irmã e pela companheira da vereadora, determinando a exclusão de todas as publicações ofensivas, além da utilização de todas as ferramentas disponíveis com o fito de impedir novas publicações danosas. Contudo, a decisão foi parcialmente reformada pela 25ª Câmara Cível do Tribunal de Justiça do Rio de Janeiro, para restringir o dever de remoção aos links expressamente indicados pelas autoras.[97]

No que tange aos dados pessoais, deve-se observar que, a LGPD não apresenta qualquer disposição a respeito de dados de pessoas falecidas, divergindo a doutrina quanto à sua incidência nestas hipóteses.

Na Europa, a Diretiva 95/46/CE, que constituía o Regulamento Geral sobre a Proteção de Dados, foi revogada, passando a vigorar o Regulamento 2016/679 do Parlamento Europeu e do Conselho, de 27 de abril de 2016, relativo ao tratamento e à livre circulação de dados pessoais. Em seu item n. 27, o referido diploma prevê que: "O presente regulamento não se aplica aos dados pessoais de pessoas falecidas. Os Estados-Membros poderão estabelecer regras para o tratamento dos dados pessoais de pessoas falecidas".[98] Ou seja, a proteção dos dados pessoais, objeto do Regulamento europeu não é aplicável após a morte do sujeito, cabendo aos Estados-membro, de forma individual, preverem em suas legislações algum tipo de proteção *post mortem* aos dados dos usuários.

Edina Harbinja aponta que a concepção jurídica da privacidade como direito humano, constante no art. 8º da Convenção Europeia sobre os Direitos Huma-

---

96. TJGO, 4ª CC, Agravo de Instrumento nº 249066-17.2015.8.09.0000, Rel. Des. Maurício Porfírio Rosa, j. 29.10.2015.
97. TJRJ, 25ª CC, Agravo de Instrumento nº 0019333-06.2018.8.19.0000, Rel. Des. Luiz Fernando de Andrade Pinto, j. 15.08.2018.
98. UNIÃO EUROPEIA. Regulamento (UE) 2016/679 do Parlamento Europeu e do Conselho, de 27 de abril de 2016. Disponível em: http://eur-lex.europa.eu/legal-content/PT/TXT/?uri=celex%3A32016R0679. Acesso em: 26 dez. 2022.

nos concede proteção apenas em vida, e que, em alguns casos, o Tribunal já se recusou a reconhecer este direito ao falecido. Além disso, destaca que a Diretiva 95/46/CE não mencionava os dados da pessoa falecida em nenhum momento.[99]

A mesma autora observa que já podem ser observadas algumas iniciativas nesse sentido, citando a Lei de proteção de dados pessoais da Bulgária, que, em seu art. 28, reconhece que, em caso de morte da pessoa, os direitos serão exercidos pelos seus herdeiros,[100] e, na Estônia, o § 13 da Lei de proteção de dados pessoais, o qual prevê que, após a morte, o processamento de dados pessoais relativos à pessoa é permitido apenas com o consentimento por escrito de seu sucessor, cônjuge, descendente ou ascendente, irmão ou irmã, exceto se o consentimento não for exigido para o processamento dos dados pessoais ou se já tiverem se passado trinta anos da morte.[101]

---

99. HARBINJA, Edina. Does the EU data protection regime protect post-mortem privacy and what could be the potential alternatives? *SCRIPTed*, v. 10, Issue 1, p. 25. April 2013.
100. "Art. 28 (amend., SG – 103/05) – (1) When exercising his or her right of access, an individual shall be entitled to request, at any time, from the personal data controller: 1. a confirmation as to whether or not data relating to him/her are being processed, information as to the purposes of such processing, the categories of data concerned, and the recipients or categories of recipients to whom the data are disclosed; 2. a notification to him/her, in an intelligible form, containing his or her personal data which are being processed, and any available information about their source; 3. information concerning the logic involved in any automatic data processing concerning him/her, at least in case of automated decisions referred to in Art. 34b. (2) (Amend., SG 94/2010) The personal data controller submits the information referred to in para. (1) free of charge. (3) In case the individual dies, his or her rights referred to in para. (1) and para. (2) shall be exercised by his or her heirs". Em tradução livre: Art. 28 (alteração, SG – 103/05) – (1) Ao exercer o seu direito de acesso, um particular tem o direito de solicitar, a qualquer momento, ao responsável pelo tratamento de dados pessoais: 1. uma confirmação sobre se estão a ser processados dados relativos a ele, informações sobre os fins desse processamento, as categorias de dados em causa e os destinatários ou categorias de destinatários a quem os dados são divulgados; 2. Uma notificação a ele / ela, de forma inteligível, contendo os dados pessoais que estão sendo processados e qualquer informação disponível sobre sua fonte; 3. Informações relativas à lógica envolvida em qualquer processamento automático de dados que lhe diga respeito, pelo menos em caso de decisões automatizadas a que se refere o art. 34b. (2) (Alterar. – SG 94/2010) O responsável pelo tratamento de dados pessoais apresenta as informações a que se refere o no. (1) de forma gratuita. (3) Caso o indivíduo morra, os seus direitos referidos no parágrafo. (1) e o parágrafo. (2) devem ser exercidos pelos seus herdeiros. BULGARIA. Bulgarian Personal Data Protection Act. Disponível em: https://www.refworld.org/pdfid/4c2dc37c2.pdf. Acesso em: 26 dez. 2022.
101. "§ 13. Processing of personal data after death of data subject (1) After the death of a data subject, processing of personal data relating to the data subject is permitted only with the written consent of the successor, spouse, descendant or ascendant, brother or sister of the data subject, except if consent is not required for processing of the personal data or if thirty years have passed from the death of the data subject. If there are more than one successor or other persons specified in this subsection, processing of the data subject's personal data is permitted with the consent of any of them but each of the successors has the right to withdraw the consent. (2) The consent specified in subsection (1) of this section is not required if the personal data to be processed only contains the data subject's name, sex, date of birth and death and the fact of death". Em tradução livre: § 13. Processamento de dados pessoais após a morte da pessoa (1) Após a morte de uma pessoa, o processamento de seus dados pessoais é permitido somente com o consentimento por escrito do sucessor, cônjuge, descendente ou ascendente, irmão ou irmã da pessoa em causa, exceto se o consentimento não for exigido para

Na visão de Edina Harbinja, o mecanismo de se considerar os dados pessoais como propriedade transmissível[102] poderia ser apontada como uma alternativa de conferir maior proteção desses dados após a morte do titular. Contudo, tal solução apresentaria inúmeros problemas no contexto europeu, já que poderia resultar em menos controle, pois permitiria o comércio de dados pessoais, e seria contrário à lógica dos direitos humanos e à prática jurídica na União Europeia, que afasta a mercantilização.[103] Uma abordagem que partisse da ampliação da concepção relativa aos direitos humanos mostrar-se-ia mais compatível, pois buscaria equilibrar o direito à privacidade e outros direitos humanos, como a liberdade de expressão, e conferir o controle de dados pessoais principalmente aos indivíduos.

No Brasil, os que sustentam a inaplicabilidade da LGPD a dados de pessoas falecidas entendem que apenas indivíduos vivos poderiam exercer os direitos tutelados pelo diploma, o qual possui como objetivo "proteger os direitos fundamentais de liberdade e de privacidade e o livre desenvolvimento da personalidade da pessoa natural" (art. 1º da LGPD),[104] de modo que a normativa não se dire-

---

o processamento dos dados pessoais ou se tiverem decorrido 30 anos da morte. Se houver mais de um sucessor ou outras pessoas especificadas nesta subseção, o processamento dos dados pessoais do sujeito de dados é permitido com o consentimento de qualquer um deles, mas cada um dos sucessores tem o direito de retirar o consentimento. (2) O consentimento especificado na subseção (1) desta seção não é exigido se os dados pessoais a serem processados apenas contiverem o nome do sujeito da pessoa física, sexo, data de nascimento e morte e o fato da morte. ESTÔNIA. Personal Data Protection Act. Disponível em: https://www.riigiteataja.ee/en/eli/ee/529012015008/consolide/current. Acesso em: 26 dez. 2022.

102. "The property rights model is based on a presumption that personal data in practice already are, or should be considered, as an asset or commodity". Em tradução livre: O modelo referente à ideia de propriedade baseia-se na presunção de que os dados pessoais na prática já são, ou devem ser considerados, como um bem ou mercadoria. HARBINJA, Edina. Does the EU data protection regime protect post-mortem privacy and what could be the potentialalternatives? *SCRIPTed*, v. 10, Issue 1, p. 29. April 2013.

103. "European judiciary and academics mainly refuse to perceive personal data as a commodity, arguing that human rights maintain and reflect personal integrity and liberty, and, therefore, there is no room for a property approach". Em tradução livre: A doutrina e a jurisprudência europeias refutam a concepção dos dados pessoais como mercadoria, na medida em que os direitos humanos mantêm e refletem a integridade e a liberdade pessoais e, portanto, não há espaço para uma abordagem baseada na propriedade. HARBINJA, Edina. Does the EU data protection regime protect post-mortem privacy and what could be the potentialalternatives? *SCRIPTed*, v. 10, Issue 1, p. 31. April 2013.

104. "Porém, embora a norma não disponha expressamente sobre sua não aplicabilidade aos dados pessoais de pessoas falecidas, parece claro que ao indicar, já em seu artigo inaugural, ter por objetivo 'proteger os direitos fundamentais de liberdade e de privacidade e o livre desenvolvimento da personalidade da pessoa natural', que sua abrangência atinge apenas os dados pessoais de indivíduos vivos e, portanto, aqueles aptos a exercer os direitos constitucionais tutelados pela norma". CHIZZOTTI, Camila; KRAMEL, Karim. A proteção dos dados pessoais das pessoas falecidas. *Conjur*. Disponível em: https://www.conjur.com.br/2020-jul-27/chizzotti-kramel-protecao-dados-pessoas-falecidas. Acesso em: 27 dez. 2022.

cionaria a pessoas falecidas, pois estas não correriam os riscos que o legislador pretendeu evitar.[105]

Contudo, conforme pontuado anteriormente, os aspectos relacionados à personalidade do indivíduo permanecem objeto de tutela jurídica mesmo após a sua morte, o que se aplica também no que tange à proteção dos dados pessoais, como reflexo da tutela da privacidade da pessoa humana.[106]

Assim, deve-se considerar a possibilidade de aplicação da normativa a dados de pessoas falecidas, sobretudo com o fito de impedir a sua utilização indevida por terceiros e de prever restrições à atuação dos provedores quanto ao tratamento dos dados pessoais dos usuários.[107] Além disso, a LGPD, embora não preveja expressamente a tutela de dais dados, também não os exclui de seu âmbito de

---

105. "No que diz respeito à proteção de dados pessoais, entende-se que ela não abrange os dados de pessoa falecida. Embora a Lei Geral de Proteção de Dados (Lei nº 13.709/2018) não tenha regulado o tema de forma explícita, como fez o Regulamento Europeu de Proteção de Dados (GPDR), é possível se inferir que o tratamento de dados pessoais de pessoas falecidas não está abrangido pela lei brasileira, seja por seus fundamentos, seja por seus objetivos. Nos termos do art. 1º, a Lei nº 13.709/2018 'dispõe sobre o tratamento de dados pessoais [...] com o objetivo de proteger os direitos fundamentais de liberdade e de privacidade e o livre desenvolvimento da personalidade da pessoa natural'. Assim o é, porque o marco normativo de proteção de dados parte do princípio de que o tratamento de dados pode acarretar um risco às liberdades fundamentais da pessoa e prejudicar seu livre desenvolvimento, em razão de uma representação não consentida pela pessoa, equivocada ou mesmo discriminatória. A pessoa falecida não corre esse risco de discriminação, nem tampouco de ter o seu livre desenvolvimento prejudicado e, portanto, não faria sentido submeter seus dados ao mesmo sistema de proteção forte e preventivo estabelecido pela LGPD para as pessoas vivas". MENDES, Laura Schertel Ferreira; FRITZ, Karina Nunes. Case Report: Corte Alemã Reconhece a Transmissibilidade da Herança Digital. *RDU*. Porto Alegre, v. 15, n. 85, p. 208. 2019.

106. "Essa, no entanto, não parece ser a melhor interpretação da LGPD, na medida em que a personalidade do indivíduo se projeta para além da morte, sendo clara a posição do Código Civil quanto à sua defesa mesmo após o falecimento da pessoa natural, como pode ser verificado no disposto no parágrafo único do art. 12 do aludido diploma codificado. Assim, os princípios do respeito à privacidade, a inviolabilidade da intimidade, da honra e da imagem e todos os demais assinalados no art. 2º da Lei 13.709/18 devem informar a proteção dos dados digitais de pessoas falecidas". NEVARES, Ana Luiza Maia. Testamento virtual: ponderações sobre a herança digital e o futuro do testamento. In: TEIXEIRA, Ana Carolina Brochado; LEAL, Livia Teixeira. *Herança digital*: controvérsias e alternativas. 2. ed. Indaiatuba/SP: Foco, 2022. t. 1, p. 197. Patrícia Corrêa Sanches destaca, ademais, que, "[e]mbora a LGPD não disponha expressamente sobre proteger os dados de pessoas falecidas, é indiscutível que também deva proteção pois, caso contrário, acarretaria na limitação de sua função normativa, já muitos dados daquele que faleceu dizem sobre seus familiares". SANCHES, Patrícia Corrêa. Herança digital nos tribunais – uma análise do direito à privacidade e da preservação da imagem. In: TEIXEIRA, Ana Carolina Brochado; LEAL, Livia Teixeira. *Herança digital*: controvérsias e alternativas. Indaiatuba/SP: Foco, 2022. t. 2, p. 226-227.

107. "Com efeito, a previsão normativa de restrições à atuação dos provedores de aplicações no tratamento de dados pessoais de pessoas falecidas pode resguardar interesses juridicamente relevantes relacionados às contas do *de cujus* quando algum aspecto existencial da pessoa falecida inviabilizar o acesso dos herdeiros à conta". HONORATO, Gabriel; LEAL, Livia Teixeira. Propostas para a regulação da herança digital no direito brasileiro. In: EHRHARDT JÚNIOR, Marcos; CATALAN, Marcos; MALHEIROS, Pablo (coord.). *Direito Civil e tecnologia*. 2. ed. Belo Horizonte: Fórum, 2021. p. 404.

aplicação, observando Sergio Marcos Carvalho de Ávila Negri e Maria Regina Detoni Cavalcanti Rigolon Korkmaz que a estrutura normativa de proteção de dados pessoais da União Europeia é diversa da brasileira, já que "no contexto europeu a regulação se dá em nível supranacional e nacional, inclusive no que se refere às autoridades de proteção de dados pessoais".[108]

Nessa toada, o Regulamento Geral sobre a Proteção de Dados Europeu delega aos Estados-Membros, considerando-se as suas próprias contingências culturais, a proteção aos dados pessoais de pessoas falecidas, o que não se compatibilizaria com o modelo brasileiro, no qual a "regulação em caráter geral de proteção de dados pessoais tem a centralidade na Lei Geral de Proteção de Dados Pessoais (acrônimo LGPD) – Lei 13.709 de 2018 que, no plano nacional, dialoga com disciplinas especiais na matéria".[109]

Cumpre observar, outrossim, que a morte do titular dos dados não se encontra elencada como uma hipótese para o término do tratamento de dados nos arts. 15[110] e 16[111] da LGDP, questionando-se qual seria o efeito da morte sobre o consentimento conferido pelo usuário, sobretudo nas hipóteses em que este não tenha deixado disposições por escrito.

Alguns Projetos de Lei em tramitação no Congresso Nacional, embora não direcionados à alteração da LGPD e sim do Marco Civil da Internet, pretendem estabelecer o dever de exclusão dos dados pessoais pelo provedor após a morte, ressalvando-se as hipóteses legais de guarda obrigatória.[112] Com efeito, com a

---

108. NEGRI, Sergio Marcos Carvalho de Ávila; KORKMAZ, Maria Regina Detoni Cavalcanti Rigolon. inteligência artificial e a tutela póstuma de dados pessoais: notas sobre as decisões automatizadas. In: TEIXEIRA, Ana Carolina Brochado; LEAL, Livia Teixeira. *Herança digital*: controvérsias e alternativas. 2. ed. Indaiatuba/SP: Foco, 2022. t. 1, p. 232.
109. *Ibidem*.
110. Lei nº 13.709/18, art. 15. "O término do tratamento de dados pessoais ocorrerá nas seguintes hipóteses: I – verificação de que a finalidade foi alcançada ou de que os dados deixaram de ser necessários ou pertinentes ao alcance da finalidade específica almejada; II – fim do período de tratamento; III – comunicação do titular, inclusive no exercício de seu direito de revogação do consentimento conforme disposto no § 5º do art. 8º desta Lei, resguardado o interesse público; ou IV – determinação da autoridade nacional, quando houver violação ao disposto nesta Lei".
111. Lei nº 13.709/18, art. 16. "Os dados pessoais serão eliminados após o término de seu tratamento, no âmbito e nos limites técnicos das atividades, autorizada a conservação para as seguintes finalidades: I – cumprimento de obrigação legal ou regulatória pelo controlador; II – estudo por órgão de pesquisa, garantida, sempre que possível, a anonimização dos dados pessoais; III – transferência a terceiro, desde que respeitados os requisitos de tratamento de dados dispostos nesta Lei; ou IV – uso exclusivo do controlador, vedado seu acesso por terceiro, e desde que anonimizados os dados".
112. O Projeto de Lei nº 1.331, de 2015, por exemplo, propõe a alteração do inciso X do art. 7º do Marco Civil da Internet, para prever como direito do usuário a "exclusão definitiva dos dados pessoais que tiver fornecido a determinada aplicação de internet, a seu requerimento, ou, em se tratando de morto ou de ausente, a requerimento do cônjuge, dos ascendentes ou dos descendentes, até o terceiro grau, ao término da relação entre as partes, ressalvadas as hipóteses de guarda obrigatória de registros previstas nesta Lei". BRASIL. Câmara dos Deputados. Projeto de Lei nº 1.331, de 2015. Altera a Lei nº

morte, na ausência de manifestação de vontade do titular dos dados no sentido da manutenção do tratamento de dados, caberia ao provedor a exclusão destes e, em suma, da conta?[113]

Trata-se de interessante questão que demanda amadurecimento e debate público, na medida em que acaba por estabelecer uma espécie de finitude aos dados que são inseridos na rede e que permaneceriam indefinidamente caso não haja um dever dos provedores nesse sentido.

Além disso, caso um provedor de aplicações encerre suas atividades, deveria haver aviso prévio para viabilizar o armazenamento de dados pelos usuários? Haveria interesse tutelável na manutenção *post mortem* de dados inseridos na rede pelo próprio usuário em vida? Sob este aspecto, não se pode ignorar que a Internet constitui um banco de dados que pode ser bastante útil. Desse modo, teria o provedor de aplicações a possibilidade de encerrar as suas atividades, deletando sem qualquer comunicação os dados inseridos pelo usuário em sua plataforma?

Observa-se, nesse sentido, que a exclusão indevida de dados também pode constituir uma forma de violação aos direitos do usuário. O encerramento das atividades do provedor de aplicações *Orkut*, por exemplo, foi permeado por avisos prévios aos usuários que ainda mantinham suas contas ativas naquela rede social, para que estes pudessem resgatar suas fotos e demais arquivos e textos.[114] Alguns provedores enviam comunicados aos usuários quando estes permanecem inativos por determinado período, alertando para a remoção dos dados após o

---

12.965, de 23 de abril de 2014 – Marco Civil da Internet, dispondo sobre o armazenamento de dados de usuários inativos na rede mundial de computadores. Disponível em: http://www.camara.gov.br/proposicoesWeb/fichadetramitacao?idProposicao=1227967. Acesso em: 18 dez. 2022. O Projeto de Lei nº 7.742, de 2017, por sua vez, sugere a inclusão do art. 10-A no mesmo diploma, que determinaria que "[o]s provedores de aplicações de internet devem excluir as respectivas contas de usuários brasileiros mortos imediatamente após a comprovação do óbito", podendo tais contas serem mantidas "sempre que essa opção for possibilitada pelo respectivo provedor e caso o cônjuge, companheiro ou parente do morto indicados no caput deste artigo formule requerimento nesse sentido, no prazo de um ano a partir do óbito, devendo ser bloqueado o seu gerenciamento por qualquer pessoa, exceto se o usuário morto tiver deixado autorização expressa indicando quem deva gerenciá-la". BRASIL. Câmara dos Deputados. Projeto de Lei nº 7.742, de 2017. Acrescenta o art. 10-A à Lei nº 12.965, de 23 de abril de 2014 (Marco Civil da Internet), a fim de dispor sobre a destinação das contas de aplicações de internet após a morte de seu titular. Disponível em: http://www.camara.gov.br/proposicoesWeb/fichadetramitacao?idProposicao=2139508. Acesso em: 18 dez. 2022.

113. Na visão de Joyceane Bezerra de Menezes e Patrícia K. de Deus Ciríaco, "[n]a eventualidade de o titular vir a falecer sem deixar manifestação quanto à transferência desses bens digitais existenciais, há que se garantir a 'morte do corpo virtual'". MENEZES, Joyceane Bezerra de; CIRÍACO, Patrícia K. de Deus. Direito à morte do corpo virtual: (im)possibilidade de um direito à sucessão de bens virtuais existenciais. In: TEIXEIRA, Daniele Chaves. *Arquitetura do planejamento sucessório*. Belo Horizonte: Fórum, 2022. t. III, p. 107.

114. G1. *Rede social Orkut será encerrada em 30 de setembro*. Disponível em: http://g1.globo.com/tecnologia/noticia/2014/06/rede-social-orkut-sera-encerrada-em-30-de-setembro.html. Acesso em: 16 dez. 2022.

decurso do tempo estabelecido e viabilizando que o titular impeça tal exclusão, caso utilize os serviços antes da data indicada.[115]

Muitos usuários utilizam a rede social como uma forma de armazenar e organizar suas fotos, vídeos e textos, e há uma expectativa de continuidade do serviço prestado pelo provedor. A exclusão de todos os arquivos do usuário de forma unilateral pelo provedor pode acarretar prejuízos aos usuários, que devem ser considerados. Ademais, a transparência em relação à coleta, ao tratamento e à exclusão dos dados pessoais viabiliza que o usuário possa se manifestar de forma efetiva sobre a destinação desses dados após a sua morte, de modo que o provedor possui o dever de publicizar tais informações.

Indaga-se, ainda, se os direitos direcionados ao titular dos dados, previstos pelos arts. 17 a 22 da LGPD, poderiam ser exercidos pelos familiares depois do falecimento daquele. No ponto, considerada a legitimidade conferida pelo disposto pelos parágrafos únicos dos arts. 12 e 20 do Código Civil, cumprindo aos familiares a adoção de medidas para tutela póstuma de interesses existenciais afetos ao *de cujus*, a mesma lógica deveria ser considerada neste caso, de modo a se viabilizar determinados direitos, como os de acesso, correção e exclusão,[116] em conformidade com as restrições aqui expostas e no que coubesse.[117]

Na Itália, o Decreto Legislativo nº 196/03 (*Codice in materia di protezione dei dati personali*), com as alterações promovidas pelo Decreto Legislativo nº 101/18, prevê que, no caso de falecimento do titular dos dados, o exercício dos direitos

---

115. "II. Uso da Conta. Você deve usar sua conta da Microsoft para mantê-la ativa. Isso significa que você deve entrar pelo menos uma vez em um período de dois anos para manter sua conta da Microsoft e os Serviços associados ativos, a menos que um período mais longo seja fornecido na política de atividade da conta da Microsoft em https://go.microsoft.com/fwlink/p/?linkid=2086738 ou em uma oferta de uma parte paga dos Serviços. Se você não entrar durante este período, nós assumiremos que sua conta da Microsoft está inativa e nós a fecharemos". MICROSOFT. *Contrato de Serviços Microsoft*. Disponível em: https://www.microsoft.com/pt-br/servicesagreement/. Acesso em: 16 dez. 2022.
116. Nesse sentido: "No que diz respeito aos dados pessoais, a Lei Geral de Proteção de Dados Brasileira (LGPD) foi silente sobre a proteção póstuma. Entretanto, tendo em vista a tutela da personalidade *post mortem*, os herdeiros também devem poder exercer os direitos relativos ao tratamento dos dados pessoais previstos na lei, como o acesso, a retificação e a exclusão". TERRA, Aline de Miranda Valverde; OLIVA, Milena Donato; MEDON, Filipe. Acervo digital: controvérsias quanto à sucessão causa mortis. In: TEIXEIRA, Ana Carolina Brochado; LEAL, Livia Teixeira. *Herança digital*: controvérsias e alternativas. 2. ed. Indaiatuba/SP: Foco, 2022. t. 1, p. 82.
117. Na mesma esteira, observam Sergio Marcos Carvalho de Ávila Negri e Maria Regina Detoni Cavalcanti Rigolon Korkmaz que, "[e]mbora tratando-se estruturalmente das mesmas prerrogativas conferidas aos titulares de dados pessoais, em especial quando se atenta para a noção de corpo eletrônico, parece perigosa a delegação integral dessas faculdades sem que as diferenças e as implicações do seu exercício sejam assinaladas". NEGRI, Sergio Marcos Carvalho de Ávila; KORKMAZ, Maria Regina Detoni Cavalcanti Rigolon. inteligência artificial e a tutela póstuma de dados pessoais: notas sobre as decisões automatizadas. In: TEIXEIRA, Ana Carolina Brochado; LEAL, Livia Teixeira. *Herança digital*: controvérsias e alternativas. 2. ed. Indaiatuba/SP: Foco, 2022. t. 1, p. 244.

previstos pela GDPR pode ser realizado por quem tenha interesse próprio ou atue para a proteção do interessado na qualidade de seu mandatário ou por motivos familiares merecedores de tutela, restringindo, contudo, tal exercício nos casos previstos em lei ou quando o titular dos dados o tenha vedado expressamente.[118]

Na França, a Lei nº 78-17, Lei de Proteção de Dados francesa, regula, em seu art. 85, a os dados pessoais de pessoas falecidas, prevendo a possibilidade de o indivíduo definir diretivas relativas ao armazenamento, apagamento e comunicação de seus dados pessoais após sua morte, podendo designar uma pessoa responsável pela execução das orientações deixadas. Estabelece, ademais, que, na ausência de diretivas ou de disposição em sentido contrário, os herdeiros poderão exercer os direitos direcionados ao titular dos dados, no que for necessário, e que o provedor deve informar ao usuário o destino desses dados e permitir que ele escolha se deve ou não transferir seus dados a determinada pessoa.[119]

---

118. "Art. 2-terdecies (Diritti riguardanti le persone decedute). 1. I diritti di cui agli articoli da 15 a 22 del Regolamento riferiti ai dati personali concernenti persone decedute possono essere esercitati da chi ha un interesse proprio, o agisce a tutela dell'interessato, in qualita' di suo mandatario, o per ragioni familiari meritevoli di protezione. 2. L'esercizio dei diritti di cui al comma 1 non e' ammesso nei casi previsti dalla legge o quando, limitatamente all'offerta diretta di servizi della societa' dell'informazione, l'interessato lo ha espressamente vietato con dichiarazione scritta presentata al titolare del trattamento o a quest'ultimo comunicata. 3. La volonta' dell'interessato di vietare l'esercizio dei diritti di cui al comma 1 deve risultare in modo non equivoco e deve essere specifica, libera e informata; il divieto puo' riguardare l'esercizio soltanto di alcuni dei diritti di cui al predetto comma. 4. L'interessato ha in ogni momento il diritto di revocare o modificare il divieto di cui ai commi 2 e 3. 5. In ogni caso, il divieto non puo' produrre effetti pregiudizievoli per l'esercizio della parte dei terzi dei diritti patrimoniali che derivano dalla morte dell'interessato nonche' del diritto di difendere in giudizio i propri interessi". Em tradução livre: "Art. 2º-L (Direitos relativos a pessoas falecidas). 1. Os direitos referidos nos artigos 15º a 22º do Regulamento relativos a dados pessoais relativos a pessoas falecidas podem ser exercidos por quem tenha interesse próprio, ou aja para proteger o titular dos dados, na qualidade de seu mandatário, ou por motivos familiares merecedores de tutela. 2. O exercício dos direitos referidos no nº 1 não é permitido nos casos previstos na lei ou quando, limitando-se à oferta direta de serviços da sociedade da informação, o interessado a tenha expressamente proibido mediante declaração escrita apresentada aos dados controlador ou comunicado a este último. 3. A vontade do interessado de proibir o exercício dos direitos referidos no nº 1 deve ser inequívoca e expressa, livre e informada; a proibição pode dizer respeito ao exercício de apenas alguns dos direitos referidos no número anterior. 4. O interessado tem o direito de revogar ou modificar a qualquer momento a proibição referida nos nºs 2 e 3. 5. Em qualquer caso, a proibição não pode produzir efeitos prejudiciais ao exercício por terceiros dos direitos patrimoniais decorrentes da morte do interessado, bem como ao direito de defesa dos seus interesses em juízo". ITÁLIA. Decreto legislativo 30 giugno 2003, n. 196. Codici in materia di protezione dei dati personali. Disponível em: https://www.garanteprivacy.it/documents/10160/0/Codice+in+materia+di+protezione+dei+dati+personali+%28Testo+coordinato%29.pdf/b1787d6b--6bce-07da-a38f-3742e3888c1d?version=1.8. Acesso em: 28 dez. 2022.

119. "Article 85. I.-Toute personne peut définir des directives relatives à la conservation, à l'effacement et à la communication de ses données à caractère personnel après son décès. Ces directives sont générales ou particulières. (...) Lorsque les directives prévoient la communication de données qui comportent également des données à caractère personnel relatives à des tiers, cette communication s'effectue dans le respect de la présente loi. La personne peut modifier ou révoquer ses directives à tout moment. Les directives mentionnées au premier alinéa du présent I peuvent désigner une personne chargée de leur

Discute-se, também, se haveria um direito póstumo à portabilidade de dados pessoais, considerando que estes compõem significativo aspecto da identidade da pessoa humana, desempenhando papel essencial para a preservação da memória da pessoa falecida.[120]

---

exécution. II.- En l'absence de directives ou de mention contraire dans ces directives, les héritiers de la personne concernée peuvent exercer, après son décès, les droits mentionnés au chapitre II du présent titre II dans la mesure nécessaire: 1º (...) A ce titre, les héritiers peuvent accéder aux traitements de données à caractère personnel qui le concernent afin d'identifier et d'obtenir communication des informations utiles à la liquidation et au partage de la succession. Ils peuvent aussi recevoir communication des biens numériques ou des données s'apparentant à des souvenirs de famille, transmissibles aux héritiers; 2º (...) A ce titre, les héritiers peuvent faire procéder à la clôture des comptes utilisateurs du défunt, s'opposer à la poursuite des traitements de données à caractère personnel le concernant ou faire procéder à leur mise à jour. (...) III.- Tout prestataire d'un service de communication au public en ligne informe l'utilisateur du sort des données qui le concernent à son décès et lui permet de choisir de communiquer ou non ses données à un tiers qu'il désigne". Em tradução livre: "Artigo 85. I.- Qualquer pessoa pode definir diretivas relativas ao armazenamento, apagamento e comunicação de seus dados pessoais após sua morte. Essas diretrizes podem ser gerais ou específicas. (...) Quando as diretivas prevejam a comunicação de dados que incluam também dados pessoais relativos a terceiros, esta comunicação deve ser realizada em conformidade com esta lei. A pessoa pode modificar ou revogar suas instruções a qualquer momento. As diretivas mencionadas no parágrafo primeiro deste podem designar uma pessoa encarregada de sua execução. (...) II.- Na falta de diretivas ou de menção em contrário, os herdeiros do interessado poderão exercer, após sua morte, os direitos mencionados no Capítulo II deste Título II na medida do necessário: 1º (...) Os herdeiros podem aceder ao tratamento dos dados pessoais que lhes digam respeito, de modo a identificar e obter comunicação de informações úteis à liquidação e distribuição da herança. Podem também receber comunicação de bens digitais ou dados semelhantes às memórias familiares, transmissíveis aos herdeiros; 2º (...) Assim, os herdeiros podem requerer o encerramento das contas do falecido, opor-se à continuação do tratamento dos dados pessoais que lhe digam respeito ou mandar atualizá-los. (...) III.- O provedor de serviço de comunicação pública online deve informar ao usuário o destino dos dados que lhe dizem respeito após sua morte e permitir que ele escolha se deseja ou não comunicar seus dados a um terceiro que ele designar". FRANÇA. Loi nº 78-17 du 6 janvier 1978 relative à l'informatique, aux fichiers et aux libertés. Disponível em: https://www.legifrance.gouv.fr/loda/id/JORFTEXT000000886460. Acesso em: 28 dez. 2022.

120. "Sob esse viés, o direito à portabilidade, no caso, tendo como objeto dados pessoais, voltam-se para as questões existenciais, acabando por garantir que os fatos da vida da pessoa natural, armazenados sob forma de textos, imagens e sons, por um provedor originário/emissor, possam ser transferidos a um novo provedor como meio de preservar os próprios traços binários da personalidade da pessoa natural. O sujeito possui, portanto, um direito sobre a informação pessoal. Ora, se uma rede social está por acabar e, antes de finalizar a sua operação, não permitir a portabilidade dos dados de seus membros, estará apagando, em parte, a identidade de seus comunitários, pois anulará seus sentimentos, seus gostos, suas marcações cronológicas e georreferenciais naquele ambiente digital. A portabilidade, nesse contexto, significa promover um transplante dos dados pessoais, primando pela sua compatibilidade, no sentido de preservar a identidade digital dos titulares de dados, salvando-a e resgatando-a de uma plataforma em extinção para outra. A portabilidade também é um elemento de confiança nos serviços digitais, sobretudo em nuvem: os sujeitos, com essa possibilidade, podem confiar que poderão realizar a transferência de dados de um para outro serviço. Dessa forma, a vocação da Lei Geral de Proteção de Dados, e, especialmente, o direito à portabilidade é mormente existencial, sendo que direitos reais, de propriedade, bem como autorais, em regra, voltam-se a dados não pessoais ou que tenham também desdobramento econômico". COLOMBO, Cristiano; GOULART, Guilherme Damasio. Direito póstumo à portabilidade de dados pessoais no ciberespaço à luz do direito brasileiro. In: POLIDO,

Cristiano Colombo e Guilherme Goulart entendem que os "dados pessoais patrimoniais que se configuram em herança digital (direitos autorais patrimoniais, por exemplo, sobre textos, imagens, de forma geral, trabalhos artísticos, que tenham conteúdo econômico), obedecem à vocação hereditária", enquanto, no caso dos dados pessoais sem fundo patrimonial, a portabilidade dos dados póstumos sofre limites.

Neste último caso, na ausência de disposição do titular quanto à destinação dos dados, devem ser observados os princípios previstos na LGPD, notadamente o princípio da finalidade[121] e da necessidade,[122] bem como a já pontuada vontade presumida do falecido, quando isso for possível.[123]

Não se pode ignorar, ainda, que, não obstante a previsão ampla do art. 3º da LGPD quanto ao âmbito de incidência da LGPD,[124] a Internet envolve conflitos

---

Fabrício Bertini Pasquot; ANJOS, Lucas Costa dos; BRANDÃO, Luiza Couto Chaves (org.). *Políticas, Internet e Sociedade*. Belo Horizonte, IRIS, 2019. p. 59-60.

121. "Pelo princípio da finalidade, os dados devem ser tratados para determinados propósitos, que devem ser informados ao titular de dados previamente, de maneira explícita e sem que seja possível a sua utilização posterior para outra aplicação". MULHOLLAND, Caitlin Sampaio. Dados pessoais sensíveis e a tutela de direitos fundamentais: uma análise à luz da Lei Geral de Proteção de Dados (Lei 13.709/18). *R. Dir. Gar. Fund.*, Vitória, v. 19, n. 3, p. 159-180, set./dez. 2018. p. 164.

122. Lei nº 13.709/18, art. 6º "As atividades de tratamento de dados pessoais deverão observar a boa-fé e os seguintes princípios: I – finalidade: realização do tratamento para propósitos legítimos, específicos, explícitos e informados ao titular, sem possibilidade de tratamento posterior de forma incompatível com essas finalidades; (...) III – necessidade: limitação do tratamento ao mínimo necessário para a realização de suas finalidades, com abrangência dos dados pertinentes, proporcionais e não excessivos em relação às finalidades do tratamento de dados. (...)".

123. "No silêncio quanto à destinação dos dados, inclusive sendo, ou não, portáteis, devem ser aplicados os princípios de proteção de dados. Nesse sentido, o parente deve justificar o pedido dos dados, apontando a finalidade, como por exemplo, guardar a memória de seu ente querido, quando em viagem que conjuntamente o morto e o peticionário realizaram, com o apontamento específico do que está a buscar. Nessa linha, os dados pessoais serão alcançados de acordo com a necessidade, ou seja, não se entregará todo o conteúdo armazenado, mas, por exemplo, aqueles em que está a estrutura facial do parente peticionário. Outro exemplo, seria o caso de um parente buscar a portabilidade póstuma de dados pessoais sensíveis do falecido. Aqui, mais uma vez, deverá ser analisada a finalidade, que não pode ser a curiosidade pura e simples, mas quem sabe venha o pedido fundado em quadro clínico que ajudará o parente em doença genética desenvolvida na família. Registre-se, outrossim, que a privacidade do falecido deve ser preservada, observando também o comportamento do falecido em vida, quando tratava de determinado assunto, que pode ser público, privado ou íntimo". COLOMBO, Cristiano; GOULART, Guilherme Damasio. Direito póstumo à portabilidade de dados pessoais no ciberespaço à luz do direito brasileiro. In: POLIDO, Fabrício Bertini Pasquot; ANJOS, Lucas Costa dos; BRANDÃO, Luiza Couto Chaves (org.). *Políticas, Internet e Sociedade*. Belo Horizonte, IRIS, 2019. p. 64.

124. Lei nº 13.709/18, art. 3º. "Esta Lei aplica-se a qualquer operação de tratamento realizada por pessoa natural ou por pessoa jurídica de direito público ou privado, independentemente do meio, do país de sua sede ou do país onde estejam localizados os dados, desde que: I – a operação de tratamento seja realizada no território nacional; II – a atividade de tratamento tenha por objetivo a oferta ou o fornecimento de bens ou serviços ou o tratamento de dados de indivíduos localizados no território nacional; III – os dados pessoais objeto do tratamento tenham sido coletados no território nacional.

atinentes à jurisdição em face do caráter global da rede, sendo cada vez mais importante o estabelecimento de diretrizes internacionais nesta seara,[125] com o adequado equilíbrio entre o estímulo ao desenvolvimento de novas utilidades através da livre iniciativa e a proteção da privacidade e dos dados pessoais dos usuários.

3.3.2 Deveres dos familiares

Na linha do exposto, o legislador atribui aos familiares a legitimidade para adotar as medidas de proteção com o fito de tutela póstuma de interesses existenciais relacionados à pessoa falecida, na forma dos parágrafos únicos dos arts. 12 e 20 do Código Civil, devendo a atuação do familiar ocorrer, nesses casos, na esteira da tutela da memória da pessoa falecida.

Nesse cenário, os familiares devem observar a privacidade e intimidade do *de cujus*, interesses que são objeto de tutela mesmo após a morte como visto, não podendo, no que tange à identidade, utilizar o perfil da pessoa falecida para realizar publicações não respaldadas pela vontade desta. Assim, um familiar que acessasse a conta de um usuário falecido e passasse a postar mensagens em nome deste poderia ensejar a violação à identidade daquele que morreu, podendo um outro familiar ou mesmo um terceiro adotar medidas judiciais para impedir o referido acesso.

Sergio Marcos Carvalho de Ávila Negri e Maria Regina Detoni Cavalcanti Rigolon Korkmaz ressaltam, na mesma perspectiva, que o exercício indiscriminado das prerrogativas conferidas aos familiares "pode representar, em concreto, uma ruptura com a identidade da pessoa falecida e, em um caso extremo, como no irrestrito exercício do direito ao apagamento de dados pessoais, uma anulação da sua identidade digital", caso não seja observado o fundamento que respalda esta atuação.[126]

---

§ 1º Consideram-se coletados no território nacional os dados pessoais cujo titular nele se encontre no momento da coleta. § 2º Excetua-se do disposto no inciso I deste artigo o tratamento de dados previsto no inciso IV do *caput* do art. 4º desta Lei".

125. Sobre o tema, ver: RODOTÀ, Stefano. Por que é necessária uma Carta de Direitos da Internet?. Trad. Bernardo Diniz Accioli de Vasconcellos e Chiara Spadaccini de Teffé. *Civilistica.com*. Rio de Janeiro, a. 4, n. 2, jul./dez. 2015. Disponível em: http://civilistica.com/por-que-e-necessaria-uma-carta-de--direitos-da-internet/. Acesso em: 28 dez. 2022.

126. "A possibilidade de conflitos de interesses entre a proteção do falecido e a gama de legitimados para a promoção dessa tutela é concreta. Não são raros os casos em que familiares, contrariando a própria vontade do falecido, conferem uma destinação post mortem das informações pessoais diversa dos interesses manifestados em vida. Nessa direção, ao sustentar a insuficiência da adoção ampliada do paradigma da herança digital que, em última análise, repercutiria na aplicação de uma lógica patrimonial de maneira irrestrita inclusive a aspectos existenciais, Livia Teixeira Leal enfatiza que não é incomum que a tutela póstuma dos direitos da personalidade se opere em face dos próprios

Assim, mesmo quando venham a possuir acesso ao perfil diante de algum interesse existencial que prepondere ou diante de disposição deixada pelo titular da conta, devem os familiares observar a vontade da pessoa falecida, não podendo, ademais, alterar as configurações da conta, como as opções de privacidade e o círculo de amigos daquele usuário.[127]

Nesse sentido e na esteira do exposto ao longo desse estudo, aos familiares compete também o respeito aos aspectos existenciais relacionados à pessoa falecida, na medida em que eles não passam a ser titulares do perfil desta com o seu falecimento.

3.3.3 Deveres de terceiros

Importa destacar, por fim, que a tutela da memória da pessoa falecida também se opera em face dos terceiros. Esse ponto é especialmente relevante porque, consoante demonstrado, as redes sociais envolvem uma interação constante entre os usuários, podendo a página de uma determinada pessoa conter publicações realizadas por outras, o que permanece mesmo após a morte.

Nesse sentido, e por força da proteção do centro de interesses objeto de tutela que se opera mesmo após a morte do usuário, não podem os terceiros – no caso, outros usuários – realizar publicações ofensivas,[128] ou seja, que violem a honra, a imagem, a privacidade, a identidade, na plataforma ou na página da pessoa falecida, sob pena de terem conteúdo removido e serem responsabilizados civilmente.

---

familiares. O exercício indiscriminado dessas prerrogativas pode representar, em concreto, uma ruptura com a identidade da pessoa falecida e, em um caso extremo, como no irrestrito exercício do direito ao apagamento de dados pessoais, uma anulação da sua identidade digital. A importância que os arquivos e os espaços digitais assumem no mundo contemporâneo são inegáveis, bem como o são para a construção da memória coletiva". NEGRI, Sergio Marcos Carvalho de Ávila; KORKMAZ, Maria Regina Detoni Cavalcanti Rigolon. inteligência artificial e a tutela póstuma de dados pessoais: notas sobre as decisões automatizadas. In: TEIXEIRA, Ana Carolina Brochado; LEAL, Livia Teixeira. *Herança digital*: controvérsias e alternativas. 2. ed. Indaiatuba/SP: Foco, 2022. t. 1, p. 244.

127. "Em primeiro lugar, deve-se averiguar (i) se houve determinação em vida acerca do destino a ser dado à conta e de sua utilização; caso o de cujus tenha sido silente, (ii) os herdeiros não devem alterar o tipo de perfil: se em vida a conta era privada, restrita a apenas alguns amigos, não poderiam os herdeiros torná-la pública (e isso independe de o de cujus ser famoso), abrindo as postagens antigas do falecido para pessoas com as quais ele não tenha consentido divulgar suas informações. Igualmente, (iii) não devem poder adicionar novos amigos ou excluir antigos amigos. A ideia aqui é tentar preservar ao máximo a conta como era em vida no que diz respeito a quem acessa o conteúdo publicado pelo perfil, bem como as suas configurações de privacidade". TERRA, Aline de Miranda Valverde; OLIVA, Milena Donato; MEDON, Filipe. Acervo digital: controvérsias quanto à sucessão causa mortis. In: TEIXEIRA, Ana Carolina Brochado; LEAL, Livia Teixeira. *Herança digital*: controvérsias e alternativas. 2. ed. Indaiatuba/SP: Foco, 2022. t. 1, p. 79.

128. As discussões em torno dos conflitos entre liberdade de expressão e de informação e direitos da personalidade demandam um estudo próprio, de modo que não serão abordadas neste trabalho.

Também comete ato ilícito o terceiro acesse indevidamente a conta ou faça qualquer alteração não autorizada previamente pelo titular do perfil, e, nas hipóteses em que tiver acesso, também não pode o terceiro exacerbar a finalidade para o qual o acesso foi concedido. Ademais, não podem os terceiros, ressalvados os casos em que estejam respaldados pela manifestação de vontade da própria pessoa, utilizar dados pessoais do falecido para criar outros perfis na rede social em seu nome, sob pena de violação da identidade do *de cujus*.

Relembra-se, no ponto, que os herdeiros da pessoa falecida podem pleitear a adoção de medidas como a remoção da postagem ou a restauração das condições originais da conta, bem como ajuizar ação indenizatória mesmo após a morte do lesado, por força da Súmula nº 642 do Superior Tribunal de Justiça.

O caráter da responsabilidade civil deve seguir as regras gerais desta seara, previstas nos arts. 927 a 954 do Código Civil. Assim, de forma geral, caso um usuário publique conteúdo lesivo a uma pessoa falecida no Facebook ou Instagram, será responsabilizado, a princípio, na forma dos arts. 186[129] e 927[130] do Código Civil, importando, todavia, reconhecer as peculiaridades que podem ser verificadas diante de cada caso concreto.

A título de exemplo, a 5ª Câmara Cível do Tribunal de Justiça do Estado de Minas Gerais examinou caso em que uma pessoa falecida teve seu corpo fotografado dentro de pronto socorro municipal e sua imagem amplamente divulgada em rede social, mantendo a sentença que condenou ente público municipal ao pagamento de indenização por danos morais aos filhos do *de cujus*, observando o disposto no art. 37, §6º, da Constituição da República.[131]

---

129. Código Civil, art. 186. "Aquele que, por ação ou omissão voluntária, negligência ou imprudência, violar direito e causar dano a outrem, ainda que exclusivamente moral, comete ato ilícito".
130. Código Civil, art. 927. "Aquele que, por ato ilícito (arts. 186 e 187), causar dano a outrem, fica obrigado a repará-lo. Parágrafo único. Haverá obrigação de reparar o dano, independentemente de culpa, nos casos especificados em lei, ou quando a atividade normalmente desenvolvida pelo autor do dano implicar, por sua natureza, risco para os direitos de outrem".
131. "Apelação cível – Ação DE indenização por danos morais – Divulgação de imagem de pessoa falecida – Fotografias tiradas em pronto socorro municipal – Responsabilidade objetiva do município – Nexo causal – Demonstrado – Dano moral aos familiares – Configurado – *Quantum* indenizatório – Redução devida – Juros de mora – Súmula 54 do STJ – Sentença parcialmente reformada. – Em que pese a teoria da responsabilidade objetiva adotada pelo artigo 37, § 6º, da Constituição da República, para as pessoas jurídicas de direito público e as de direito privado prestadoras de serviços públicos, pelos danos que seus agentes, nessa qualidade, causarem a terceiros, a elas também se aplica a teoria da responsabilidade subjetiva, quando se tratar de um ato omissivo. – Deve ser mantida a sentença que condena o ente público ao pagamento de indenização por danos morais aos filhos de pessoa falecida de maneira trágica (suicídio), que teve seu corpo fotografado dentro de pronto socorro municipal e sua imagem amplamente divulgada em rede social. – Os danos morais devem ser arbitrados à luz do cânone da proporcionalidade, em que há relação de causalidade entre meio e fim, entre a ofensa e os objetivos da exemplaridade, e não, da razoabilidade, aplicável quando há conflito entre a norma geral e a norma individual concreta, entre o critério e a medida. – Nos termos da Súmula 54 do STJ,

Além da responsabilidade civil, a violação à memória da pessoa falecida pode ensejar a responsabilidade administrativa e penal do ofensor, o qual pode incorrer, a depender de sua conduta, em crimes contra a honra,[132] previstos pelos arts. 138 a 145, de invasão de dispositivo informático, nos termos do art. 154-A, de falsa identidade, conforme art. 307, todos do Código Penal, dentre outros.

---

os juros moratórios fluem a partir do evento danoso, em caso de responsabilidade extracontratual". TJMG, 5ª Câmara Cível, Apelação Cível 0004626-62.2016.8.13.0261, Rel. Des. Luís Carlos Gambogi, j. 19.12.2019, Publ. 22.01.2020.

132. A Corte Especial já recebeu parcialmente queixa crime promovida em face de Desembargadora pela divulgação de publicação em rede social que imputava a pessoa falecida a prática de crime: "A conduta da Querelada de divulgar mensagem em rede social, imputando à vítima falecida o crime do art. 2º da Lei nº 12.850/2013 ("Promover, constituir, financiar ou integrar, pessoalmente ou por interposta pessoa, organização criminosa"), configura, em tese, o crime de calúnia". STJ, Corte Especial, Ação Penal 912 / RJ, Rel. Min. Laurita Vaz, j. 07.08.2019, DJe 22.08.2019.

CONCLUSÃO

A busca do homem pela imortalidade encontra na Internet novas nuances, na medida em que a rede, ao viabilizar a permanência dos conteúdos relacionados ao indivíduo mesmo após a sua morte, acarreta uma ressignificação temporal que pode repercutir também sobre a noção de finitude. Apesar das diversas tentativas de adiar a morte, o homem encontra na morte física a limitação de sua existência no mundo, o que, contudo, vem sendo transformado pelas novas tecnologias, as quais propiciam uma espécie de permanência *post mortem*.

Essa espécie de prolongamento da existência na rede se torna especialmente notável nos perfis individuais em rede sociais, nas quais se verifica não apenas o compartilhamento de conteúdos diversos, mas uma efetiva interação entre os usuários, que se reconhecem mutuamente por meio dos caracteres inseridos no perfil.

Com efeito, a construção desse "eu" digital perpassa pela inserção de nome, idade, imagens e vídeos, pela realização de publicações a respeito de assuntos diversos e pela relação que estabelece com os outros usuários, elementos que também irão integrar o eixo de relações da pessoa humana e que não se encontram desatreladas da personalidade do sujeito, e sim passam a agregar os atributos relacionados a ela.

Nesse sentido, revela-se necessário reconhecer, além da proteção da privacidade e dos dados pessoais, a relevância da tutela da identidade no que se referente às contas que contenham esses elementos individualizadores da pessoa humana, de modo a se preservar não apenas a autodeterminação informativa, mas também o projeto existencial construído pelo indivíduo e que se encontra refletido nessas páginas.

Essa tutela se projeta também para após a morte do titular, considerando-se que o perfil permanece, a princípio, ativo mesmo depois seu óbito, podendo os demais usuários visualizar e publicar mensagens na página. Discute-se, nesse contexto, se os familiares poderiam administrar o perfil do *de cujus*, tendo em vista o direito de herança e a legitimidade conferida pelo legislador pelos parágrafos únicos dos arts. 12 e 20 do Código Civil.

A questão se insere no debate referente à herança digital, objeto de discussões doutrinárias recentes e de decisões ainda pontuais na jurisprudência pátria, constituindo o tratamento jurídico dos bens jurídicos existenciais o ponto de maior controvérsia quanto aos entendimentos que vem se estabelecendo em relação ao tema.

Impõe-se, diante do cenário delineado, o reconhecimento dos perfis examinados no presente estudo como bens digitais existenciais, por desempenharem função intrinsecamente relacionada à pessoa do titular, devendo seu tratamento jurídico ter como base a proteção da memória individual da pessoa falecida e de seus interesses existenciais merecedores de tutela.

Desse modo, para a tutela póstuma de perfis de pessoas físicas do Facebook e do Instagram que tenham caráter autobiográfico e que não sejam explorados economicamente, devem ser considerados os seguintes parâmetros centrais:

(i) essas contas possuem caráter personalíssimo, por envolverem atributos intrinsecamente conectados à pessoa do titular, e não podem, portanto, ser objeto de transmissão sucessória;

(ii) a tutela desses perfis possui como fundamento a proteção da memória individual, a qual reflete o projeto existencial construído pelo sujeito ao longo da sua vida e que se encontra projetado no perfil;

(iii) os parágrafos únicos dos arts. 12 e 20 do Código Civil conferem aos familiares, em razão do princípio da solidariedade familiar, legitimidade para adotarem as medidas de proteção de interesses relacionados à pessoa falecida, devendo os parentes atuar, contudo, nesse contexto, em consonância com esse fundamento;

(iv) a legitimidade conferida aos familiares pelo legislador não exclui a possibilidade de que terceiros pleiteiem a proteção da memória da pessoa falecida, considerada a proteção máxima conferida pelo ordenamento jurídico pátrio à pessoa humana, que se opera também após a morte;

(v) pode ser reconhecido o direito de acesso à conta aos familiares em situações excepcionais, desde que tal medida represente, na prática, a alternativa que melhor contemple a proteção da memória da pessoa falecida ou diante de algum interesse existencial merecedor de tutela relativo ao requerente que prepondere no caso concreto, o que, contudo, não implicará na sucessão da conta;

(vi) impõe-se considerar inicialmente a manifestação de vontade deixada pelo usuário em vida, no que ela não conflitar com outros valores resguardados pelo ordenamento jurídico, como forma de garantia de sua autodeterminação informativa e de proteção do projeto existencial construído pelo usuário em vida;

(vii) importa, mesmo na ausência de disposição deixada pelo titular do perfil, a preservação da memória da pessoa falecida, estabelecendo-se restrições aos provedores, familiares e terceiros em relação à página do *de cujus*;

(viii) aos provedores incumbe a adequada prestação do serviço de disponibilização do acesso e uso da plataforma, a adoção de medidas para a remoção de conteúdos lesivos à pessoa falecida e o respeito aos preceitos estabelecidos pela Lei nº 13.709/18 – Lei Geral de Proteção de Dados (LGPD) também no que se refere a dados de pessoas falecidas;

(ix) aos familiares compete também a observância aos aspectos existenciais relacionados à pessoa falecida, na medida em que eles não passam a ser titulares do perfil desta com o seu falecimento;

(x) cumpre reconhecer, por fim, que a tutela da memória da pessoa falecida também impõe restrições aos terceiros, o que se revela notadamente importante considerada a continuidade da página e da possibilidade de publicações de mensagens após a morte pelos outros usuários.

Conclui-se, assim, que os perfis examinados no presente estudo possuem caráter personalíssimo, diante de seu conteúdo existencial, e, por isso, a sua tutela não se opera por meio da transmissão sucessória, e sim parte da proteção da memória individual, a qual figura como fundamento central da tutela *post mortem* de interesses existenciais do titular da conta e que se reflete em face de interesses dos familiares e de terceiros, gerando deveres também ao provedor de aplicações que gerencia a plataforma na qual inserido o perfil.

REFERÊNCIAS

ALBUQUERQUE, Afonso de. Viver e morrer no Orkut: os paradoxos da rematerialização do ciberespaço, *Intexto*, Porto Alegre: UFRGS, v. 2, n. 17, p. 1-17, jul./dez. 2007.

ALEMANHA. Bundesgerichtshof. v. 12.07.2018, III ZR 183/17. Disponível em: https://datenbank.nwb.de/Dokument/Anzeigen/741207/. Acesso em: 18 dez. 2022.

AMARAL, Francisco. *Direito civil*: introdução. 6. ed. Rio de Janeiro: Renovar, 2006.

APPLE. *Como adicionar um Contato de Legado ao ID Apple*. Disponível em: https://support.apple.com/pt-br/HT212360. Acesso em: 21 out. 2022.

ARFUCH, Leonor. *O espaço biográfico*: dilemas da subjetividade contemporânea. Rio de Janeiro: EdUERJ, 2010.

ARGENTINA. Ley nº 26.994/2014. Código Civil y Comercial de la Nación. Disponível em: https://siteal.iiep.unesco.org/sites/default/files/sit_accion_files/siteal_argentina_0837.pdf. Acesso em: 30 out. 2022.

ARIÈS, Philippe. *História da morte no Ocidente*: da Idade Média aos nossos dias. Trad. Priscila Viana de Siqueira. Rio de Janeiro: Nova Fronteira, 2017.

ARIÈS, Philippe. *O homem diante da morte*. São Paulo: Editora Unesp, 2014.

ARIÈS, Philippe; DUBY, Georges. *História da vida privada*. São Paulo: Companhia das Letras, 2009. v. 1: Do Império Romano ao ano mil.

ARIÈS, Philippe; DUBY, Georges. *História da vida privada*. São Paulo: Companhia das Letras, 2009. v. 2: Da Europa Feudal à Renascença.

ARISTÓTELES. *Da memória e reminiscências*. Trad. Marcos A. Thomazin. E-book.

ARTIÈRES, Philippe. *Arquivar a Própria Vida*. Centro de pesquisa e documentação de história contemporânea do Brasil da Fundação Getúlio Vargas. Rio de Janeiro, 1998.

ASCENSÃO, José de Oliveira. Os direitos de personalidade no Código Civil brasileiro. *Revista Forense*, v. 342, a. 94, abr./jun. 1998.

BARBOSA, Fernanda Nunes. *Biografias e liberdade de expressão*: critérios para a publicação de histórias de vida. Porto Alegre: Arquipélago Editorial, 2016.

BARBOZA, Heloisa Helena. A pessoa na era da biopolítica: autonomia, corpo e subjetividade. *Cadernos IHU ideias*, a. 11, n. 194, 2013.

BARBOZA, Heloisa Helena. Disposição do próprio corpo em face da bioética: o caso dos transexuais. In: Débora Gozzo; Wilson Ricardo Ligiera. (Org.). *Bioética e Direitos Fundamentais*. São Paulo: Saraiva, 2012.

BARROSO, Luís Roberto. *A dignidade humana no direito constitucional contemporâneo*: a construção de um conceito jurídico à luz da jurisprudência mundial. Belo Horizonte: Fórum, 2013.

BARROSO, Luís Roberto. Colisão entre liberdade de expressão e direitos da personalidade. critérios de ponderação. Interpretação constitucionalmente adequada do Código Civil e da Lei de Imprensa. *Revista de Direito Administrativo*, Rio de Janeiro, 235, p. 1-36, jan./mar. 2004.

BAUMAN, Zygmunt. *Identidade*: entrevista a Benedetto Vecchi. Trad. Carlos Alberto Medeiros. Rio de Janeiro: Zahar, 2005.

BAUMAN, Zygmunt. *Modernidade líquida*. Trad. Plínio Dentzien. Rio de Janeiro: Zahar, 2001.

BELTRÃO, Silvio Romero. Tutela jurídica da personalidade humana após a morte: conflitos em face da legitimidade ativa. *Revista de Processo*, v. 247, set. 2015.

BEVILÁQUA, Clóvis. *Teoria geral do direito civil*. Campinas: Red Livros, 2001.

BIONI, Bruno Ricardo. *Proteção de dados pessoais*: a função e os limites do consentimento. 3. ed. Rio de Janeiro: Forense, 2021.

BITTAR, Carlos Alberto. *Os direitos da personalidade*. 8. ed. Atualizada por Eduardo C. B. Bittar. São Paulo: Saraiva, 2015.

BODIN DE MORAES, Maria Celina. *Na medida da pessoa humana*: estudos de direito civil-constitucional. Rio de Janeiro: Renovar, 2010.

BRANCO, Sérgio. *Memória e esquecimento na Internet*. Porto Alegre: Arquipélago Editorial, 2017.

BRANDEIS, Louis; WARREN, Samuel. The right to privacy. *Harvard Law Review*, v. 4, n. 5, 1890.

BRASIL. Câmara dos Deputados. Projeto de Lei nº 1.144, de 2021. Dispõe sobre os dados pessoais inseridos na internet após a morte do usuário. Disponível em: https://www.camara.leg.br/proposicoesWeb/fichadetramitacao?idProposicao=2275941. Acesso em: 18 dez. 2022.

BRASIL. Câmara dos Deputados. Projeto de Lei nº 1.331, de 2015. Altera a Lei nº 12.965, de 23 de abril de 2014 – Marco Civil da Internet, dispondo sobre o armazenamento de dados de usuários inativos na rede mundial de computadores. Disponível em: http://www.camara.gov.br/proposicoesWeb/fichadetramitacao?idProposicao=1227967. Acesso em: 18 dez. 2022.

BRASIL. Câmara dos Deputados. Projeto de Lei nº 1.689, de 2021. Altera a Lei 10.406, de 10 de janeiro de 2002, para dispor sobre perfis, páginas contas, publicações e os dados pessoais de pessoa falecida, incluindo seu tratamento por testamentos e codicilos. Disponível em: https://www.camara.leg.br/propostas-legislativas/2280308. Acesso em: 18 dez. 2022.

BRASIL. Câmara dos Deputados. Projeto de Lei nº 4.099, de 2012. Altera o art. 1.788 da lei nº 10.406, de 10 de janeiro de 2002. Disponível em: https://www.camara.leg.br/proposicoesWeb/fichadetramitacao?idProposicao=548678. Acesso em: 18 dez. 2022.

BRASIL. Câmara dos Deputados. Projeto de Lei nº 4.847, de 2012. Acrescenta o Capítulo II-A e os arts. 1.797-A a 1.797-C à Lei nº 10.406, de 10 de janeiro de 2002. Disponível em: http://www.camara.gov.br/proposicoesWeb/fichadetramitacao?idProposicao=563396. Acesso em: 18 dez. 2022.

BRASIL. Câmara dos Deputados. Projeto de Lei nº 410, de 2021. Acrescenta artigo à Lei do Marco Civil da Internet – Lei no 12.965, de 23 de abril de 2014, a fim de dispor sobre a destinação das contas de internet após a morte de seu titular. Disponível em: https://www.camara.leg.br/proposicoesWeb/fichadetramitacao?idProposicao=2270016. Acesso em: 18 dez. 2022.

BRASIL. Câmara dos Deputados. Projeto de Lei nº 5.820, de 2019. Dá nova redação ao art. 1.881 da Lei nº 10.406, de 2002, que institui o Código Civil. Disponível em: https://www.camara.leg.br/proposicoesWeb/prop_mostrarintegra?codteor=1829027&filename=PL%205820/2019. Acesso em: 26 dez. 2022.

BRASIL. Câmara dos Deputados. Projeto de Lei nº 5.820-B, de 2019. Altera os arts. 1.862, 1.864, 1.876 e 1.881 da Lei nº 10.406, de 10 de janeiro de 2002 (Código Civil). Disponível em: https://www.camara.leg.br/proposicoesWeb/prop_mostrarintegra?codteor=2125102&filename=Tramitacao-PL%205820/2019. Acesso em: 26 dez. 2022.

BRASIL. Câmara dos Deputados. Projeto de Lei nº 7.742, de 2017. Acrescenta o art. 10-A à Lei nº 12.965, de 23 de abril de 2014 (Marco Civil da Internet), a fim de dispor sobre a destinação das contas de aplicações de internet após a morte de seu titular. Disponível em: http://www.camara.gov.br/proposicoesWeb/fichadetramitacao?idProposicao=2139508. Acesso em: 18 dez. 2022.

BRASIL. Decreto nº 789, de 27 de setembro de 1890. Estabelece a secularisação dos cemiterios. Disponível em: https://www2.camara.leg.br/legin/fed/decret/1824-1899/decreto-789-27-setembro-1890-552270-publicacaooriginal-69398-pe.html. Acesso em: 25 nov. 2022.

BRASIL. Decreto nº 9.175, de 18 de outubro de 2017. Regulamenta a Lei nº 9.434, de 4 de fevereiro de 1997, para tratar da disposição de órgãos, tecidos, células e partes do corpo humano para fins de transplante e tratamento. Disponível em: https://www.planalto.gov.br/ccivil_03/_ato2015-2018/2017/decreto/d9175.htm. Acesso em: 25 nov. 2022.

BRASIL. Decreto-lei nº 2.848, de 7 de dezembro de 1940. Código Penal. Disponível em: https://www.planalto.gov.br/ccivil_03/decreto-lei/del2848compilado.htm. Acesso em: 25 nov. 2022.

BRASIL. Lei nº 13.105, de 16 de março de 2015. Código de Processo Civil. Disponível em: https://www.planalto.gov.br/ccivil_03/_ato2015-2018/2015/lei/l13105.htm. Acesso em: 27 dez. 2022.

BRASIL. Lei nº 3.071, de 1º de janeiro de 1916. Código Civil dos Estados Unidos do Brasil. Disponível em: http://www.planalto.gov.br/ccivil_03/leis/l3071.htm. Acesso em: 26 nov. 2022.

BRASIL. Lei nº 5.250, de 9 de fevereiro de 1967. Regula a liberdade de manifestação do pensamento e de informação. Disponível em: http://www.planalto.gov.br/ccivil_03/leis/l5250.htm. Acesso em: 26 nov. 2022.

BRASIL. Lei nº 6.015, de 31 de dezembro de 1973. Dispõe sobre os registros públicos, e dá outras providências. Disponível em: http://www.planalto.gov.br/ccivil_03/leis/l6015compilada.htm. Acesso em: 25 nov. 2022.

BRASIL. Lei nº 9.434, de 4 de fevereiro de 1997. Dispõe sobre a remoção de órgãos, tecidos e partes do corpo humano para fins de transplante e tratamento e dá outras providências. Disponível em: http://www.planalto.gov.br/ccivil_03/leis/l9434.htm. Acesso em: 25 nov. 2022.

BRASIL. Lei nº 9.610, de 19 de fevereiro de 1998. Altera, atualiza e consolida a legislação sobre direitos autorais e dá outras providências. Disponível em: https://www.planalto.gov.br/ccivil_03/leis/l9610.htm. Acesso em: 26 nov. 2022.

BRASIL. Lei nº 14.478, de 21 de dezembro de 2022. Dispõe sobre diretrizes a serem observadas na prestação de serviços de ativos virtuais e na regulamentação das prestadoras de serviços de ativos virtuais; altera o Decreto-Lei nº 2.848, de 7 de dezembro de 1940 (Código Penal), para prever o crime de fraude com a utilização de ativos virtuais, valores mobiliários ou ativos financeiros; e altera a Lei nº 7.492, de 16 de junho de 1986, que define crimes contra o sistema financeiro nacional, e a Lei nº 9.613, de 3 de março de 1998, que dispõe sobre lavagem de dinheiro, para incluir as prestadoras de serviços de ativos virtuais no rol de suas disposições. Disponível em: http://www.planalto.gov.br/ccivil_03/_ato2019-2022/2022/lei/L14478.htm. Acesso em: 03 jan. 2023.

BRASIL. Medida Provisória nº 2.200-2, de 24 de agosto de 2001. Institui a Infraestrutura de Chaves Públicas Brasileira – ICP-Brasil, transforma o Instituto Nacional de Tecnologia da Informação em autarquia, e dá outras providências. Disponível em: https://www.planalto.gov.br/ccivil_03/mpv/antigas_2001/2200-2.htm. Acesso em: 27 dez. 2022.

BRASIL. Senado Federal. Projeto de Lei nº 6468, de 2019. Altera o art. 1.788 da Lei nº 10.406, de 10 de janeiro de 2002, que institui o Código Civil, para dispor sobre a sucessão dos bens e contas digitais do autor da herança. Disponível em: https://www25.senado.leg.br/web/atividade/materias/-/materia/140239. Acesso em: 18 dez. 2022.

BRASIL. Senado Federal. Projeto de Lei nº 365, de 2022. Dispõe sobre a herança digital. Disponível em: https://www25.senado.leg.br/web/atividade/materias/-/materia/151903. Acesso em: 18 dez. 2022.

BRASIL. Senado Federal. Projeto de Lei nº 3.592, de 2023. Estabelece diretrizes para o uso de imagens e áudios de pessoas falecidas por meio de inteligência artificial (IA), com o intuito de preservar a dignidade, a privacidade e os direitos dos indivíduos mesmo após sua morte. Disponível em: https://www25.senado.leg.br/web/atividade/materias/-/materia/158816. Acesso em: 02 ago. 2023.

BULGARIA. Bulgarian Personal Data Protection Act. Disponível em: https://www.refworld.org/pdfid/4c2dc37c2.pdf. Acesso em: 26 dez. 2022.

CAMPOS, Diogo Leite de. Lições de direitos da personalidade. *Boletim da Faculdade de Direito da Universidade de Coimbra*. Coimbra, n. 67, 1991.

CAMPOS, Ligia Fabris. *O direito de ser si mesmo: a tutela da identidade pessoal no ordenamento jurídico brasileiro*. 2006. Dissertação (Mestrado em Direito) – Departamento de Direito, PUC-Rio, 2006. Disponível em: http://www.dominiopublico.gov.br/download/teste/arqs/cp077214.pdf. Acesso em: 18 dez. 2022.

CARVALHO, Luiz Paulo Viera de. *Direito das Sucessões*. 2. ed. São Paulo: Atlas, 2015.

CASTELLS, Manuel. *Sociedade em rede*. 17. ed. São Paulo: Paz e Terra, 2016.

CAVALIERI FILHO, Sérgio. *Programa de responsabilidade civil*. 12. ed. São Paulo: Atlas, 2015.

CETIC.BR. *TIC Domicílios 2021*. Disponível em: https://cetic.br/media/analises/tic_domicilios_2021_coletiva_imprensa.pdf. Acesso em: 13 out. 2022.

CHIZZOTTI, Camila; KRAMEL, Karim. A proteção dos dados pessoais das pessoas falecidas. *Conjur*. Disponível em: https://www.conjur.com.br/2020-jul-27/chizzotti-kramel-protecao-dados-pessoas-falecidas. Acesso em: 27 dez. 2022.

CHOERI, Raul Cleber da Silva. *O direito à identidade na perspectiva civil-constitucional*. Rio de Janeiro: Renovar, 2010.

CIAMPA, Antonio da Costa. Identidade. In: LANE, Silvia T. M.; CODO, Wanderley (org.). *Psicologia social*: o homem em movimento. 8. ed. São Paulo: Editora Brasiliense, 1984.

COLOMBO, Cristiano; GOULART, Guilherme Damasio. Direito póstumo à portabilidade de dados pessoais no ciberespaço à luz do direito brasileiro. In: POLIDO, Fabrício Bertini Pasquot; ANJOS, Lucas Costa dos; BRANDÃO, Luiza Couto Chaves (org.). *Políticas, Internet e Sociedade*. Belo Horizonte, IRIS, 2019.

CONSELHO DA JUSTIÇA FEDERAL. *IX Jornada Direito Civil*: comemoração dos 20 anos da Lei nº 10.406/2022 e da instituição da Jornada de Direito Civil: enunciados aprovados. Brasília: Conselho da Justiça Federal, Centro de Estudos Judiciários, 2022. Disponível em: https://www.cjf.jus.br/cjf/corregedoria-da-justica-federal/centro-de-estudos-judiciarios-1/publicacoes-1/jornadas-cej/enunciados-aprovados-2022-vf.pdf. Acesso em: 29 nov. 2022.

CONSELHO FEDERAL DE MEDICINA. Resolução CFM nº 1.480, de 21 de agosto de 1997. Disponível em: https://sistemas.cfm.org.br/normas/visualizar/resolucoes/BR/1997/1480. Acesso em: 26 nov. 2022.

CONSELHO FEDERAL DE MEDICINA. Resolução nº 2.173, de 23 de novembro de 2017. Define os critérios do diagnóstico de morte encefálica. Disponível em: https://sistemas.cfm.org.br/normas/visualizar/resolucoes/BR/2017/2173. Acesso em: 26 nov. 2022.

CONTAGRAM. *Qual valor da conta do Instagram?* Disponível em: https://contagram.com.br/quanto-vale-o-meu-instagram. Acesso em: 18 dez. 2022.

CORRÊA, Cynthia Harumy Watanabe. Comunidades virtuais gerando identidades na sociedade em rede. *Ciberlegenda*, Rio de Janeiro: UFF, n. 13, 2004. Disponível em: https://periodicos.uff.br/ciberlegenda/article/view/36730/21307. Acesso em: 12 out. 2022.

DADALTO, Luciana; FALEIROS JÚNIOR, José Luiz de Moura. "Testamento vital eletrônico": considerações quanto ao uso da tecnologia para o implemento desta espécie de Diretivas Antecipadas de Vontade na sociedade da informação. *Civilistica.com*. Rio de Janeiro, a. 8, n. 3, 2019. Disponível em: http://civilistica.com/testamento-vital-eletronico/. Acesso em: 14 nov. 2022.

DANTAS, San Tiago. *Programa de direito civil*. Aulas proferidas na Faculdade Nacional de Direito [1942- 1945]. Parte Geral. Rio de Janeiro: Editora Rio, 1977.

DE CUPIS, Adriano. *Os direitos da personalidade*. São Paulo: Quorum, 2008.

DEBORD, Guy. *A sociedade do espetáculo*. 2. ed. Rio de Janeiro: Contraponto, 2017.

DEL PRIORE, Mary. *História da vida privada no Brasil*. Companhia das Letras. E-book. v. 1.

DI BLASI, Gabriel; CANTARINO, Rodrigo. Limite da IA frente aos dilemas éticos e morais. Jota. Disponível em: https://www.jota.info/opiniao-e-analise/artigos/limite-da-ia-frente-aos-dilemas-eticos-e-morais-08122017. Acesso em: 17 out. 2022.

DONEDA, Danilo. *Da privacidade à proteção de dados pessoais*. Rio de Janeiro: Renovar, 2006.

DONEDA, Danilo. Os direitos da personalidade no Código Civil. In: TEPEDINO, Gustavo (coord.). *A parte geral do novo Código Civil*. Estudos na perspectiva civil-constitucional. 3. ed. Rio de Janeiro: Renovar, 2007.

EHRHARDT JÚNIOR, Marcos; SILVA, Gabriela Buarque Pereira. Pessoa e sujeito de direito: reflexões sobre a proposta europeia de personalidade jurídica eletrônica. *Revista Brasileira de Direito Civil – RBDCivil*, Belo Horizonte, v. 23, p. 57-79, jan./mar. 2020.

ELIAS, Norbert. *A Solidão dos Moribundos*. Rio de Janeiro: Zahar, 2001. E-book.

ESPANHA. Carta de Derechos Digitales. Disponível em: https://www.lamoncloa.gob.es/presidente/actividades/Documents/2021/140721-Carta_Derechos_Digitales_RedEs.pdf. Acesso em: 26 dez. 2022.

ESPANHA. Comunidade Autônoma de Catalunha. Ley 10/2017, de 27 de junio, de las voluntades digitales y de modificación de los libros segundo y cuarto del Código civil de Cataluña. Disponível em: https://www.boe.es/diario_boe/txt.php?id=BOE-A-2017-8525. Acesso em: 27 dez. 2022.

ESPANHA. Ley Orgánica 1/1982, de 5 de mayo, de protección civil del derecho al honor, a la intimidad personal y familiar y a la propia imagen. Disponível em: https://www.boe.es/buscar/act.php?id=BOE-A-1982-11196&b=6&tn=1&p=20100623#acuarto. Acesso em: 30 out. 2022.

ESPANHA. Ley Orgánica 3/2018, de 5 de diciembre, de Protección de Datos Personales y garantía de los derechos digitales. Disponível em: https://www.boe.es/buscar/doc.php?id=BOE-A-2018-16673. Acesso em: 26 dez. 2022.

ESTÔNIA. Personal Data Protection Act. Disponível em: https://www.riigiteataja.ee/en/eli/ee/529012015008/consolide/current. Acesso em: 26 dez. 2022.

FACEBOOK. *Como faço para denunciar uma conta falsa?* Disponível em: https://pt-br.facebook.com/business/help/173435393294159?id=867336363714190. Acesso em: 16 dez. 2022.

FACEBOOK. *Enviando uma ID*. Disponível em: https://pt-br.facebook.com/help/contact/183000765122339?locale2=pt_BR. Acesso em: 16 dez. 2022.

FACEBOOK. *Escolha um contato herdeiro*. Disponível em: https://www.facebook.com/help/660987010672165#faq_%201568013990080948. Acesso em: 21 out. 2022.

FACEBOOK. *Messenger*. https://www.messenger.com/. Disponível em: https://www.messenger.com/. Acesso em: 26 dez. 2022.

FACEBOOK. *O que é um contato herdeiro e o que ele pode fazer com minha conta do Facebook?* Disponível em: https://www.facebook.com/help/1568013990080948. Acesso em: 21 out. 2022.

FACEBOOK. *Solicitar a remoção da conta de um familiar falecido do Facebook*. Disponível em: https://pt-br.facebook.com/help/1518259735093203. Acesso em: 27 dez. 2022.

FACEBOOK. *Termos de serviço*. Disponível em: https://www.facebook.com/terms.php. Acesso em: 16 dez. 2022.

FACHIN, Luiz Edson. *Análise Crítica, Construtiva e de Índole Constitucional da Disciplina dos Direitos da Personalidade no Código Civil Brasileiro*: Fundamentos, Limites e Transmissibilidade. Disponível em: http://www.abdireitocivil.com.br/wp-content/uploads/2013/07/An%C3%A1lise-Cr%C3%ADtica-Construtiva-e-de-%C3%8Dndole-Constitucional-da--Disciplina-dos-Direitos-da-Personalidade-no-C%C3%B3digo-Civil-Brasileiro-Fundamentos-Limites-e-Transmissibilidade.pdf. Acesso em: 16 dez. 2022.

FACHIN, Luiz Edson; RUZYK, Carlos Eduardo Pianovski. Direitos fundamentais, dignidade da pessoa humana e o novo Código Civil: uma análise crítica. In: SARLET, Ingo Wolfgang (org.). *Constituição, direitos fundamentais e direito privado*. 3. ed. Porto Alegre: Livraria do Advogado, 2010.

FLORIDI, Luciano. *The Fourth Revolution*: how the infosphere is reshaping human reality. Oxford: Oxford University Press, 2014.

FOUCAULT, Michel. *História da sexualidade I*: a vontade de saber. 13. ed. Rio de Janeiro: Graal, 1999.

FRANÇA. Code civil. Disponível em: https://www.legifrance.gouv.fr/codes/id/LEGITEXT000006070721/. Acesso em: 30 out. 2022.

FRANÇA. Loi nº 78-17 du 6 janvier 1978 relative à l'informatique, aux fichiers et aux libertés. Disponível em: https://www.legifrance.gouv.fr/loda/id/JORFTEXT000000886460. Acesso em: 28 dez. 2022.

FRAZÃO, Ana. Objetivos e alcance da Lei Geral de Proteção de Dados. In: FRAZÃO, Ana; TEPEDINO, Gustavo; OLIVA, Milena Donato. *Lei Geral de Proteção de Dados Pessoais e suas repercussões no Direito Brasileiro*. São Paulo: Thomson Reuters Brasil, 2019.

GOMES, Orlando. *Introdução ao direito civil*. 21. ed. Atualizado por Edvaldo Brito e Reginalda Paranhos de Brito. Rio de Janeiro: Forense, 2016.

GONDAR, Jô. Memória individual, memória coletiva, memória social. *Morpheus – Revista Eletrônica em Ciências Humanas*, a. 08, n. 13, 2008.

GUTIERREZ, Gustavo Luis; ALMEIDA, Marco Antonio Bettine de. Teoria da Ação Comunicativa (Habermas): estrutura, fundamentos e implicações do modelo. *Veritas*, v. 58, n. 1, jan./abr. 2013.

HABERMAS, Jürgen. *Teoria de la Acción Comunicativa*. Trad. Manuel Jiménez Redondo. Madrid: Taurus, 1988.

HALBWACHS, Maurice. *A memória coletiva*. São Paulo: Vértice, 1990.

HALL, Stuart. *A Identidade Cultural na Pós-Modernidade*. 12. ed. Rio de Janeiro: Lamparina, 2020. E-book.

HARBINJA, Edina. Does the EU data protection regime protect post-mortem privacy and what could be the potentialalternatives? *SCRIPTed*, v. 10, Issue 1, April 2013.

HIRONAKA, Giselda Maria Fernandes Novaes. *Morrer e suceder*. 2. ed. São Paulo: Ed. RT, 2014.

HONNETH, Axel. *Luta por reconhecimento*: a gramática moral dos conflitos sociais. Trad. Luiz Repa. São Paulo: Editora 34, 2003.

HONORATO, Gabriel; LEAL, Livia Teixeira. Herança digital: o que se transmite aos herdeiros?. In: TEIXEIRA, Ana Carolina Brochado; NEVARES, Ana Luiza Maia (org.). Direito das Sucessões: problemas e tendências. Indaiatuba: Foco, 2021.

HONORATO, Gabriel; LEAL, Livia Teixeira. Propostas para a regulação da herança digital no direito brasileiro. In: EHRHARDT JÚNIOR, Marcos; CATALAN, Marcos; MALHEIROS, Pablo (coord.). *Direito Civil e tecnologia*. 2. ed. Belo Horizonte: Fórum, 2021.

INIESTA, Javier Belda; SERNA, Francisco José Aranda. El paradigma de la identidad: hacia una regulación del mundo digital. *Revista Forense*, v. 422, 2016.

INSTAGRAM. *Como denunciar a conta de uma pessoa falecida*. Disponível em: https://help.instagram.com/151636988358045/?helpref=hc_fnav. Acesso em: 21 out. 2022.

INSTAGRAM. *Denunciar uma conta que está se passando por você no Instagram*. Disponível em: https://pt-br.facebook.com/help/instagram/370054663112783/?helpref=related_articles. Acesso em: 16 dez. 2022.

INSTAGRAM. *Instagram Direct Messenger*. Disponível em: https://about.instagram.com/pt-br/features/direct. Acesso em: 26 dez. 2022.

INSTAGRAM. *O que acontece quando a conta do Instagram de uma pessoa falecida é transformada em memorial?* Disponível em: https://pt-br.facebook.com/help/instagram/231764660354188. Acesso em: 26 dez. 2022.

INSTAGRAM. *Por que devo carregar um documento de identificação no Instagram?*. https://help.instagram.com/293775921768331?helpref=faq_content. Acesso em: 16 dez. 2022.

INSTAGRAM. *Sendo você mesmo no Instagram*. Disponível em: https://pt-br.facebook.com/help/instagram/401525221649141/?helpref=hc_fnav. Acesso em: 16 dez. 2022.

INSTAGRAM. *Sobre o Instagram*. Disponível em: https://about.instagram.com/pt-br/about-us. Acesso em: 20 out. 2022.

INSTAGRAM. *Termos de Uso e Impressão*. Disponível em: https://www.facebook.com/help/instagram/478745558852511. Acesso em: 16 dez. 2022.

ITÁLIA. Decreto legislativo 30 giugno 2003, n. 196. Codici in materia di protezione dei dati personali. Disponível em: https://www.garanteprivacy.it/documents/10160/0/Codice+in+materia+di+protezione+dei+dati+personali+%28Testo+coordinato%29.pdf/b1787d6b-6bce-07da-a38f-3742e3888c1d?version=1.8. Acesso em: 28 dez. 2022.

IZQUIERDO, Ivan. *Memória*. 3. ed. Porto Alegre: Artmed, 2018.

KANSTEINER, Wulf. Finding Meaning in Memory: A Methodological Critique of Collective Memory Studies. *History and Theory*, v. 41, n. 2, p. 179-197, May, 2002. Disponível em: http://links.jstor.org/sici?sici=0018-2656%28200205%2941%3A2%3C179%3AFMIMAM%3E2.0.CO%3B2-V. Acesso em: 02 dez. 2022.

KONDER, Carlos Nelson de Paula. O alcance do direito à identidade pessoal no direito civil brasileiro. *Pensar*, Fortaleza, v. 23, n. 1, p. 1-11, jan./mar. 2018.

LE GOFF, Jacques. *História e memória*. 7. ed. Campinas, SP: Editora da Unicamp, 2013.

LEJEUNE, Philippe. *O pacto autobiográfico*: de Rousseau à internet. Belo Horizonte: UFMG, 2008.

LEMOS, André. *Cibercultura*: tecnologia e vida social na cultura contemporânea. 7. ed. Porto Alegre: Sulina, 2015.

LÉVY, Pierre. *Cibercultura*. São Paulo: Editora 34, 2010.

LIMA, Aluísio Ferreira de. Acepções de identidade na obra de Jürgen Habermas: subsídios para uma psicologia social criticamente orientada. *Psicologia & Sociedade*, 24(2), 253-262, p. 257. 2012.

LIMA, Maria Tereza Gomes de Almeida; JAQUES, Ketly Mayara de Melo; ÁVILA, Tamires Maria Pereira. Facebook – Um novo espaço autobiográfico? *Letras&Letras*, v. 31, n. 1, jan./jun. 2015.

LINKEDIN. *Falecimento de usuário do LinkedIn*. Disponível em: https://www.linkedin.com/help/linkedin/answer/7285/falecimento-de-usuario-do-linkedin-remocao-de-perfil?lang=pt. Acesso em: 21 out. 2022.

LINKEDIN. *Sobre o LinkedIn*. Disponível em: https://about.linkedin.com/pt-br?trk=homepage-basic_directory_aboutUrl&lr=1. Acesso em: 20 out. 2022.

LISBOA, Roberto Senise. A inviolabilidade de correspondência na Internet. In: LUCCA, Newton de; SIMÃO FILHO, Adalberto (coord.). *Direito & Internet* – aspectos jurídicos relevantes. 2. ed. São Paulo: Quartier, 2005.

LÔBO, Paulo Luiz N. *Direito Civil*. São Paulo: Saraiva, 2022. v. 1 – Parte Geral . E-book. Disponível em: https://integrada.minhabiblioteca.com.br/#/books/9786555596816/. Acesso em: 29 nov. 2022.

MACEDO JÚNIOR, Ronaldo Porto (coord.). *Curso de Filosofia Política*: do nascimento da filosofia a Kant. São Paulo: Atlas, 2008.

MARTINS FILHO, Antônio Colaço. *Direito e memória*. Rio de Janeiro: Lumen Juris, 2022.

MARTINS-COSTA, Judith. Os danos à pessoa no direito brasileiro e a natureza da sua reparação. In: MARTINS-COSTA, Judith (org.). *A reconstrução do direito privado*: reflexos dos princípios, diretrizes e direitos fundamentais constitucionais no direito privado. São Paulo: Ed. RT, 2002.

MAYER-SCHÖNBERGER, Viktor. *Delete:* the virtue of forgetting in the digital age. Princeton: Princeton University Press, 2009.

MEIRELES, Rose Melo Vencelau. *Autonomia privada e dignidade humana*. Rio de Janeiro: Renovar, 2009.

MENDES, Laura Schertel Ferreira; FRITZ, Karina Nunes. Case Report: Corte Alemã Reconhece a Transmissibilidade da Herança Digital. *RDU*. Porto Alegre, v. 15, n. 85, 2019.

MENEZES, Joyceane Bezerra de; CIRÍACO, Patrícia K. de Deus. Direito à morte do corpo virtual: (im)possibilidade de um direito à sucessão de bens virtuais existenciais. In: TEIXEIRA, Daniele Chaves. *Arquitetura do planejamento sucessório*. Belo Horizonte: Fórum, 2022. t. III.

MICROSOFT. *Contrato de Serviços Microsoft*. Disponível em: https://www.microsoft.com/pt-br/servicesagreement/. Acesso em: 16 dez. 2022.

MIGLIORE, Alfredo Domingues Barbosa. *Direito além da vida*: um ensaio sobre os direitos da personalidade *post mortem*. São Paulo: LTr, 2009.

MIRANDA, Pontes de. *Tratado de direito privado*. Introdução: pessoas físicas e jurídicas. São Paulo: Ed. RT, 2012.

MULHOLLAND, Caitlin Sampaio. Dados pessoais sensíveis e a tutela de direitos fundamentais: uma análise à luz da Lei Geral de Proteção de Dados (Lei 13.709/18). *R. Dir. Gar. Fund.*, Vitória, v. 19, n. 3, p. 159-180, set./dez. 2018.

MULHOLLAND, Caitlin Sampaio. Responsabilidade civil e processos decisórios autônomos em sistemas de Inteligência Artificial (IA): autonomia, imputabilidade e responsabilidade. In: FRAZÃO, Ana; MULHOLLAND, Caitlin Sampaio (coord.). *Inteligência artificial e direito*: ética, regulação e responsabilidade. São Paulo: Thomson Reuters Brasil, 2019.

NETFLIX. *Como funciona o sistema de recomendações da Netflix*. Disponível em: https://help.netflix.com/pt/node/100639. Acesso em: 20 out. 2022.

NEVARES, Ana Luiza Maia. *A função promocional do testamento*: tendências do Direito Sucessório. Rio de Janeiro: Renovar, 2009.

O'REILLY, Tim. *Web 2.0*: Compact Definition?. October 1, 2005. Disponível em: http://radar.oreilly.com/2005/10/web-20-compact-definition.html. Acesso em: 13 out. 2022.

ORGANIZAÇÃO DAS NAÇÕES UNIDAS (ONU). *Declaração Universal dos Direitos Humanos*. Disponível em https://www.ohchr.org/sites/default/files/UDHR/Documents/UDHR_Translations/por.pdf. Acesso em: 17 out. 2022.

PARISER, Eli. *O filtro invisível*. Rio de Janeiro: Zahar, 2012. E-book.

PEREIRA, Caio Mário da Silva. *Direito civil*: alguns aspectos da sua evolução. Rio de Janeiro: Forense, 2001.

PEREIRA, Caio Mário da Silva. *Instituições de direito civil*. 32. ed. Atualizada por Maria Celina Bodin de Moraes. Rio de Janeiro: Forense, 2019. v. I: Introdução ao direito civil. Teoria geral do direito civil.

PEREIRA, Caio Mário da Silva. *Instituições de Direito Civil*. 27. ed. Atualizado por Carlos Roberto Barbosa Moreira. Rio de Janeiro: Forense, 2020. v. VI: Direito das Sucessões.

PERLINGIERI, Pietro. *Perfis do direito civil*: introdução ao Direito Civil Constitucional. 3. ed. Trad. Maria Cristina De Cicco. Rio de Janeiro: Renovar, 2002.

PERU. Código Civil. Decreto Legislativo nº 295. Disponível em: https://www.minjus.gob.pe/wp-content/uploads/2015/01/Codigo-Civil-MINJUS-BCP.pdf Acesso em: 30 out. 2022.

PIRES, Thatiane Cristina Fontão; SILVA, Rafael Peteffi da. A responsabilidade civil pelos atos autônomos da inteligência artificial: notas iniciais sobre a resolução do Parlamento Europeu. *Rev. Bras. Polít. Públicas*, Brasília, v. 7, n. 3, 2017.

PLATÃO. *A República*. 9. Ed. Lisboa: Fundação Calouste Gulbenkian, 2001.

POLLAK, Michael. Memória e identidade social. *Estudos históricos*, v. 5 n. 10: Teoria e História, 1992.

PONTES DE MIRANDA, Francisco Cavalcante. *Tratado de direito privado*. Direito de personalidade. Direito de Família: direito matrimonial. Atualizado por Rosa Maria de Andrade Nery. São Paulo:Ed. RT, 2012.

PORTELLA SILVEIRA, Paulo Vítor *et al*. Aspectos éticos da legislação de transplante e doação de órgãos no Brasil. *Revista Bioética*, v. 17, n. 1, p. 61-75, 2009.

RECUERO, Raquel. Curtir, compartilhar, comentar: trabalho de face, conversação e redes sociais no Facebook. *Verso e Reverso*, v. XXVIII, n. 68, maio/ago. 2014.

RECUERO, Raquel. *Redes sociais na internet*. Porto Alegre: Sulina, 2009.

REIS, João José. *A morte é uma festa*: ritos fúnebres e revolta popular no Brasil do século XIX. São Paulo: Companhia das Letras, 1991.

REIS, João José. *História da vida privada no Brasil*. Companhia de Bolso. E-book. v. 2.

REPÚBLICA PORTUGUESA. Decreto-Lei nº 47344. Código Civil. Disponível em: https://dre.pt/dre/legislacao-consolidada/decreto-lei/1966-34509075-49761175. Acesso em: 30 out. 2022.

REPÚBLICA PORTUGUESA. Lei nº 27/2021. Carta Portuguesa de Direitos Humanos na Era Digital. Disponível em: https://files.dre.pt/1s/2021/05/09500/0000500010.pdf. Acesso em: 26 dez. 2022.

RESTA, Giorgio. La "morte" digitale. *Il diritto dell'informazione e dell'informatica*, a. XXIX, Fasc. 6. Milano: Giuffrè Editore, 2014.

RIBEIRO, Renata Rezende. *A morte midiatizada*: como as redes sociais atualizam a experiência do fim da vida. Eduff, 2016.

RICOEUR, Paul. *Tempo e narrativa*. 1. A intriga e a narrativa histórica. Trad. Clausia Berliner. São Paulo: Martins Fontes, 2010.

RODOTÀ, Stefano. *A vida na sociedade da vigilância:* a privacidade hoje. Org. Maria Celina Bodin de Moraes. Trad. Danilo Doneda e Luciana Cabral Doneda. Rio de Janeiro: Renovar, 2008.

RODOTÀ, Stefano. *Globalização e o Direito*. Palestra proferida em 2003, no Rio de Janeiro. Trad. Myriam de Filippis. Disponível em: http://www.rio.rj.gov.br/dlstatic/10112/151613/DLFE-4314.pdf/GlobalizacaoeoDireito.pdf. Acesso em: 16 out. 2022.

RODOTÀ, Stefano. *Il diritto di avere diritti*. RomaBari: Laterza, 2012.

RODOTÀ, Stefano. Por que é necessária uma Carta de Direitos da Internet?. Trad. Bernardo Diniz Accioli de Vasconcellos e Chiara Spadaccini de Teffé. *Civilistica.com*. Rio de Janeiro, a. 4, n. 2, jul./dez. 2015. Disponível em: http://civilistica.com/por-que-e-necessaria-uma-carta-de-direitos-da-internet/. Acesso em: 28 dez. 2022.

RODOTÁ, Stefano. Transformações do corpo. *RTDC*, v. 19, p. 91-107, jul./set. 2004.

SÁ, Maria de Fátima Freire de; NAVES, Bruno Torquato de Oliveira. Manual de biodireito. 3. ed. Belo Horizonte: Del Rey, 2015.

SÁ, Maria de Fátima Freire de; NAVES, Bruno Torquato de Oliveira. Honra e imagem do morto? *Revista de Informação Legislativa*, Brasília a. 44, n. 175 jul./set. 2007.

SALVADORI, Mateus. HONNETH, Axel. Luta por reconhecimento: a gramática moral dos conflitos sociais, *Conjectura*, v. 16, n. 1, jan./abr. 2011.

SANTOS, Deborah Rodríguez. O que os olhos não veem: construção de memórias autobiográficas no Facebook. *Revista GEMInIS*, p. 327-344, v. 12, n. 2, maio/ago. 2021.

SARAMAGO, José. *Todos os nomes*. São Paulo: Companhia das Letras, 1997.

SARAPU, Daniel Vieira. *Direito e memória*: uma compreensão temporal do direito. Belo Horizonte: Arraes Editores, 2012.

SARMENTO, Daniel. Parecer. Liberdades Comunicativas e "Direito ao Esquecimento" na ordem constitucional brasileira. *Revista Brasileira de Direito Civil – RBDCivil*, v. 7, jan./mar. 2016. Disponível em: https://rbdcivil.ibdcivil.org.br/rbdc/article/view/76/70. Acesso em: 14 nov. 2022.

SARMENTO, Daniel. Parecer. Liberdades Comunicativas e "Direito ao Esquecimento" na ordem constitucional brasileira. *Revista Brasileira de Direito Civil – RBDCivil*, v. 7, jan./mar. 2016. Disponível em: https://rbdcivil.ibdcivil.org.br/rbdc/article/view/76/70. Acesso em: 14 nov. 2022.

SCHAPOCHNIK, Nelson. *História da vida privada no Brasil*. Companhia de Bolso. E-book. v. 3.

SCHOPENHAUER, Arthur. *Sobre a morte:* pensamentos e conclusões sobre as últimas coisas. São Paulo: WMF Martins Fontes, 2013.

SCHREIBER, Anderson. *As três correntes do direito ao esquecimento*. Disponível em: https://jota.info/artigos/as-tres-correntes-do-direito-ao-esquecimento-18062017. Acesso em: 14 nov. 2022.

SCHREIBER, Anderson. *Direitos da personalidade*. 3. ed. São Paulo: Atlas, 2014.

SCHREIBER, Anderson. *Manual de direito civil contemporâneo*. São Paulo: Saraiva, 2018.

SCHREIBER, Anderson. Marco Civil da Internet: Avanço ou Retrocesso? A responsabilidade civil por danos derivado do conteúdo gerado por terceiro. In: LUCCA, Newton de; SIMÃO FILHO, Adalberto; LIMA, Cíntia Rosa Pereira. *Direito e Internet III*: Marco Civil da Internet, Lei nº 12.965/2014, Tomo II. São Paulo: Quartier Latin, 2015.

SCHREIBER, Anderson. *Nossa ordem jurídica não admite proprietários de passado*. Disponível em: http://www.conjur.com.br/2017-jun-12/anderson-schreiber-nossas-leis-nao-admitem-proprietarios-passado. Acesso em: 14 nov. 2022.

SCHREIBER, Anderson; TARTUCE, Flávio; SIMÃO, José Fernando; MELO, Marco Aurélio Bezerra de; DELGADO, Mário Luiz. *Código civil comentado*: doutrina e jurisprudência. Rio de Janeiro: Forense, 2019.

SEGALEN, Martine. *Ritos e rituais contemporâneos*. Trad. Maria de Lourdes Menezes. Rio de Janeiro: FGV, 2002.

SIBILIA, Paula. *O show do eu*: a intimidade como espetáculo. 2. ed. Rio de Janeiro: Contraponto, 2016.

SOUSA, Luana Neres de; SANTOS, Bruna de Oliveira. Morte e religiosidade no Egito Antigo: uma análise do Livro dos Mortos. *Revista Mundo Antigo*, a. V, v. 5, n. 11, dez. 2016.

SOUSA, Rabindranath Capelo de. *O direito geral de personalidade*. Coimbra: Coimbra Editora, 1995.

SOUZA, Carlos Affonso. Contornos atuais do direito à imagem. *Revista trimestral de direito civil*, Rio de Janeiro, v. 13, p. 33-71, jan./mar. 2003.

SOUZA, Carlos Affonso. O debate sobre personalidade jurídica para robô. *Jota*. Disponível em: https://www.jota.info/opiniao-e-analise/artigos/o-debate-sobre-personalidade-juridica-para-robos-10102017. Acesso em: 20 jun. 2022.

SOUZA, Carlos Affonso; PADRÃO Vinícius. IA transformará o Direito, mas o Direito transformará IA? Direito e Inteligência Artificial: primeiros passos. *Jota*. Disponível em: www.jota.info/opiniao-e-analise/artigos/ia-transformara-o-direito-mas-o-direito-transformara-ia-26092017. Acesso em: 17 out. 2022.

SOUZA, Eduardo Nunes de. Dilemas atuais do conceito jurídico de personalidade: uma crítica às propostas de subjetivação de animais e de mecanismos de inteligência artificial. *Civilistica.com*. Rio de Janeiro, a. 9, n. 2, 2020. Disponível em: http://civilistica.com/dilemas-atuais-do-conceito-juridico-depersonalidade/. Acesso em: 17 out. 2022.

SOUZA, Eduardo Nunes de. Situações jurídicas subjetivas: aspectos controversos. *Civilistica.com*. Rio de Janeiro: a. 4, n. 1, 2015. Disponível em: http://civilistica.com/situacoesjuridicas-subjetivas-aspectos-controversos/. Acesso em: 18 dez. 2022.

STATISTA RESEARCH DEPARTMENT. *Social media usage in Brazil* – statistics & facts. 02 ago. 2022. Disponível em: https://www.statista.com/topics/6949/social-media-usage-in-brazil/#dossierKeyfigures. Acesso em: 14 out. 2022.

SZANIAWSKI, Elimar. *Direitos de personalidade e sua tutela*. 2. ed. São Paulo: Ed. RT, 2005.

TEFFÉ, Chiara Spadaccini de; BODIN DE MORAES, Maria Celina. Redes sociais virtuais: privacidade e responsabilidade civil: Análise a partir do Marco Civil da Internet, *Pensar*, Fortaleza, v. 22, n. 1, p. 108-146, jan./abr. 2017.

TEIXEIRA, Ana Carolina Brochado; KONDER, Carlos Nelson. Autonomia e solidariedade na disposição de órgãos para depois da morte. *Revista da Faculdade de Direito da UERJ – RFD*, n. 18, 2010.

TEIXEIRA, Ana Carolina Brochado; KONDER, Carlos Nelson. Situações jurídicas dúplices: controvérsias na nebulosa fronteira entre patrimonialidade e extrapatrimonialidade. In: TEPEDINO, Gustavo; FACHIN, Luiz Edson. *Diálogos sobre direito civil*. Rio de Janeiro: Renovar, 2012. v. IIII.

TEIXEIRA, Ana Carolina Brochado; LEAL, Livia Teixeira. *Herança digital*: controvérsias e alternativas. 2. ed. Indaiatuba/SP: Foco, 2022. t. 1.

TEIXEIRA, Ana Carolina Brochado; LEAL, Livia Teixeira. *Herança digital*: controvérsias e alternativas. Indaiatuba/SP: Foco, 2022. t. 2.

TEPEDINO, Gustavo. A tutela da personalidade no ordenamento civil-constitucional brasileiro. In: TEPEDINO, Gustavo. *Temas de Direito Civil*. 3. ed. Rio de Janeiro: Renovar, 2004.

TEPEDINO, Gustavo. Crise de fontes normativas e técnica legislativa na parte geral do Código Civil de 2002. In: TEPEDINO, Gustavo (coord.). *A parte geral do novo Código Civil*. Estudos na perspectiva civil-constitucional. 3. ed. Rio de Janeiro: Renovar, 2007.

TEPEDINO, Gustavo. Liberdades, tecnologia e teoria da interpretação. *Revista Forense*, Rio de Janeiro: Forense, v. 419, a. 110, jan./jun. 2014.

TEPEDINO, Gustavo; BARBOZA, Heloisa Helena; BODIN DE MORAES, Maria Celina. *Código Civil interpretado conforme a Constituição da República*. 2. ed. Rio de Janeiro: Renovar, 2007. v. I. Parte geral e obrigações (arts. 1º a 420).

TEPEDINO, Gustavo; OLIVA, Milena Donato. *Fundamentos do direito civil*. Rio de Janeiro: Forense, 2020. v. 1: Teoria geral do direito civil.

TEPEDINO, Gustavo; OLIVA, Milena Donato. Personalidade e capacidade na legalidade constitucional. In: MENEZES, Joyceane Bezerra de (org.). *Direito das pessoas com deficiência psíquica e intelectual nas relações privadas*: Convenção sobre os direitos da pessoa com deficiência e Lei Brasileira de Inclusão. Rio de Janeiro: Processo, 2016.

TEPEDINO, Gustavo; SILVA, Rodrigo da Guia. Desafios da inteligência artificial em matéria de responsabilidade civil. *Revista Brasileira de Direito Civil – RBDCivil*, Belo Horizonte, v. 21, p. 61-86, jul./set. 2019.

TWITTER. *Como entrar em contato com o Twitter para falar de um usuário falecido ou sobre conteúdo multimídia relacionado a um familiar falecido*. Disponível em: https://help.twitter.com/pt/rules-and-policies/contact-twitter-about-a-deceased-family-members-account. Acesso em: 21 out. 2022.

UNIÃO EUROPEIA. Regulamento (UE) 2016/679 do Parlamento Europeu e do Conselho, de 27 de abril de 2016. Disponível em: http://eur-lex.europa.eu/legal-content/PT/TXT/?uri=celex%3A32016R0679. Acesso em: 26 dez. 2022.

WANG, Qi; BROCKMEIER, Jens. Autobiographical remembering as cultural practice: Understanding the interplay between memory, self and culture. *Culture & Psychology*, v. 8, n. 1, p. 45-64, 2002.

YAHOO. *Como funciona a ordem de visualização do Instagram?*. Disponível em: https://br.financas.yahoo.com/noticias/como-funciona-ordem-visualiza%C3%A7%C3%A3o--instagram-133000025.html. Acesso em: 20 out. 2022.

ZAMPIER, Bruno. *Bens digitais*: cybercultura, redes sociais, e-mails, músicas, livros, milhas aéreas, moedas virtuais. 2. ed. Indaiatuba: Foco, 2021.

Anotações